ATLANTIS

Ralf Sartori · Petra Steidl

Tango
Die einende Kraft
des tanzenden Eros

BASTEI
LÜBBE

Bastei Lübbe Taschenbuch
Band 70185

1. Auflage: September 2001

Die Abbildung S. 180 zeigt das Motiv »Der Todeskuß«
auf einem Grabstein der Friedhofsinsel San Michele
vor Venedig. Sie stammt von Ralf Sartori.
Auf S. 234 ist der Autor mit seiner Tanzpartnerin
Marie-Josées Reyes zu sehen. Es ist ein Bild
der Fotografin Bettina Böhmer.
Alle Zeichnungen wurden von der argentinischen Künstlerin Valeria Ulman
Vivaldo eigens für dieses Buch angefertigt.

Vollständige Taschenbuchausgabe
der im Heinrich Hugendubel Verlag, Kreuzlingen/München,
erschienenen Hardcover-Ausgabe.

Bastei Lübbe Taschenbücher ist ein Imprint
der Verlagsgruppe Lübbe

© 1999 by Heinrich Hugendubel Verlag, Kreuzlingen/München.
Lizenzausgabe: Verlagsgruppe Lübbe GmbH & Co. KG,
Bergisch Gladbach
Umschlaggestaltung: Wustmann & Ziegenfeuter,
Dortmund
Satz: Design-Typo-Print, Ismaning
Druck und Verarbeitung: Ebner Ulm
Printed in Germany
ISBN 3-404-70185-2

Sie finden uns im Internet unter
http://www.luebbe.de

Der Preis dieses Bandes versteht sich einschließlich
der gesetzlichen Mehrwertsteuer.

Inhalt

II. DIE BÜHNE DES EROS

Alle sagen, daß der Tango mehr als nur ein
Tanz sei, nämlich eine Philosophie, doch hat
sich bisher noch niemand der Mühe unterzogen,
sich schreibend suchend dieser Philosophie zu nähern.

Man bekommt immer wieder zu hören,
daß der Tango wie das Leben sei.
Doch was heißt das schon und warum?
Und was hat das mit dem Eros zu tun?
Das sind unsere Fragen.
Um sie dreht sich unser Tanz.

Prolog

Ausgehend von Paris und Berlin erlebte der Tango unter dem Namen »Tango Argentino« erneut eine Renaissance in Europa. Da dieses Etikett jedoch den Anteil Uruguays und speziell Montevideos an der Entstehungs- und Entwicklungsgeschichte dieses Phänomens unterschlägt, wird im weiteren Verlauf nur noch vom *Tango* an sich die Rede sein. Wir weisen ausdrücklich darauf hin, daß dieser Tanz, der in unserem Buch Gegenstand der Betrachtung sein wird, über den Namen hinaus kaum mehr Gemeinsamkeiten zu dem gleichnamigen Tanz aufweist, welcher einer der internationalen Standardtänze ist. Der Tango, den wir beschreiben, entstieg den brodelnden Schmelztiegeln der Einwandererviertel am Rio de la Plata, hauptsächlich der *arrabales* (Vororte) von Buenos Aires, in der zweiten Hälfte des 19. Jahrhunderts. Er ist international, wie seine sprunghafte Verbreitung zeigt, ohne daß er jemals einer Standardisierung unterworfen wurde. Das ist einer der Gründe, weshalb er über die Wahrnehmbarkeit seiner bloßen Existenz hinaus immer noch sehr lebendig und aktuell ist. Die Prinzipien, auf denen er beruht, sind zeitlos und universell. Er ist die getanzte Geschichte der Liebe in ihren unterschiedlichen Schattierungen, sich ewig wiederholend, variierend und immer neu. Er spiegelt unsere momentane Realität des Umgangs mit dem Erospartner. Doch um sich selbst entfalten zu können, fordert er von uns die Verwirklichung eines Idealbilds des Eros, welches sich in seiner Tanztechnik manifestiert. Um die Essenz dieses Tanzes, seine *Doppelgesichtigkeit* und sein polares Wesen kreisen die Essays in diesem Buch. Sie sind Ausdruck unseres Tanzes und auch der Sehnsucht, das subjektiv Empfundene zu objektivieren, wohl wissend, daß dies immer nur Versuch sein kann. Wir wollen keine absoluten Wahrheiten propagieren. Das wäre bei einem so individuellen und vielschichtigen Tanz auch absurd. Die Beschreibung und inhaltliche Auslotung der Tanztechnik im ersten Teil des Buches und im Anhang sind rein subjektiv und legitimieren sich ausschließlich über meine Erfahrung als Tangotänzer – und Lehrer. Jegliche Interpretationen, die sich aus der Analyse ergeben, sind von meinem ganz persönlichen Erleben und dem von Freunden und Schülern beeinflußt sowie von meiner persönlichen Wertehaltung mitgeprägt. Die Beschreibung eines Tanzes mit einer spirituell-metaphysischen Dimension, wie sie dem Tango zu eigen ist, kann wissenschaftlichen Kriterien schwerlich genügen. Doch wir würden uns freuen, zu der nie endenden Auseinandersetzung mit dem Phänomen Tango und seinem philosophischen Gehalt mit neuer Anregung und Nahrung beitragen zu können. Auf die Frühgeschichte möchten wir nicht mehr in aller Ausführlichkeit eingehen, da dies in einigen anderen Büchern bereits geschehen ist. Mehr dazu in den Literaturempfehlungen am Ende des Buches. Wir möchten unser Augenmerk hauptsächlich auf die erneute Wiederkehr des Tangos richten. Und das wird in diesem Buch aus rein europäischer Sicht geschehen.

Im Anhang befindet sich eine kurzgefaßte Beschreibung der subtilen Mechanik des Tanzes. Sie ist Grundlage für die folgenden Essays, welche sich ebenso mit den *höheren Prinzipien und Inhalten* des Tangos befassen, wie auch seine psychologisch-paartherapeutische Dimension beleuchten. In Verbindung mit der Betrachtung seiner philosophischen Aspekte, seinem Potential für die erotische Liebe sowie seiner Bedeutung als Kunstform, wird dort der Versuch eines Brückenschlages zum Thema Eros gewagt. Der zweite Teil knüpft an die herausgearbeiteten Thesen an und richtet seinen Blick ausschließlich auf das Thema Eros. Wenn wir in diesem Buch mit *Tänzer* lediglich die männliche Form gebrauchen, auch dann, wenn es beiderlei Geschlechter betrifft, geschieht das im Interesse der Vereinfachung. Wir versichern, daß es sich dabei um kein *Übergehen* der Tänzerinnen handelt. Diese befinden sich, wie sich den Leserinnen durch die Lektüre dieses Buches alsbald erschließen wird, meist im Mittelpunkt der Betrachtungen.

Wenn wir in diesem Buch gewisse Eigenschaften als typisch männlich oder typisch weiblich herausarbeiten, bedeutet das nicht, daß wir damit der Idee den Vorrang geben, Mann oder Frau haben ausschließlich dem männlichen *oder* weiblichen Prinzip zu entsprechen. Die Ideen von Männlich und Weiblich haben eher archetypischen Charakter, da sie zu allen Zeiten, in den unterschiedlichsten Kulturen hervorgetreten sind. Wir gehen davon aus, daß in jedem Menschen in unterschiedlichem Maße männliche und weibliche

Anteile vorhanden sind. Wir gehen weiter davon aus, daß die Entwicklung der männlichen Qualitäten auch die Vertiefung der weiblichen Fähigkeiten im Sinne einer ganzheitlichen Entwicklung nach sich ziehen sollte und umgekehrt. Beide Seiten sind notwendig, um einem Menschen die Ganzheit des Seins zu eröffnen.

Auf der *persönlichen Ebene* fordert der Tango vom Mann neben den typisch männlichen Qualitäten wie Entscheidungs- und Führungsbereitschaft, ein Höchstmaß an Empfindsamkeit, Einfühlungsvermögen und Hingabefähigkeit und von der Frau die männliche Fähigkeit der Strukturgebung in Haltung und Bewegung, sowie formaler Disziplin. Das Erlernen des Tangos verlangt von beiden sowohl die männliche Eigenschaft zu differenzieren, wie auch die weibliche, sich der Ganzheit des Geschehens hinzugeben, sich auf eine gegebene Situation einzustellen. Beide entwickeln, miteinander lernend, männliche und weibliche Qualitäten, um sie in sich selbst zu einer Einheit zu verbinden. Aber auf der äußeren, der *Paarebene* fordert der Tango im Sinne der Anziehung zwischen den erotischen Partnern die *maximale Polarisierung des Männlichen und des Weiblichen auf zwei unterschiedliche Personen*, auf Mann und Frau. Neben der Einheit der männlichen und weiblichen Anteile auf der inneren Ebene strebt der Tango also die Einheit von Mann und Frau auf der Paarebene an, und zwar auf der Grundlage größtmöglicher äußerer Verschiedenheit.

Auf der *Paarebene* ist der Mann *vordergründig* sehr männlich und die Frau *vordergründig* sehr weiblich. *Er gibt sich aktiv, führend. Sie gibt sich passiv, sich hingebend. Doch auf der inneren Ebene nimmt er die Inspiration für die Führung aus der Hingabe an sie. Ebenso ist ihre Empfänglichkeit ein höchst aktiver Zustand.* Das Wiedererscheinen des Tangos in Europa steht womöglich auch für eine gewiße Stufe in der gesellschaftlichen Entwicklung zwischen den Geschlechtern. In der Zeit vor der Emanzipation wurden Mann und Frau durch Sozialisation und gesellschaftlichen Druck genötigt, ganz in ihrem jeweiligen geschlechtsspezifischen Rollenbild aufzugehen. Dadurch kam es zu einer ausgeprägten Polarisierung der Geschlechter. Diese Polarisierung geschah unbewußt, da sie von außen aufgezwungen und anerzogen wurde. Man bedurfte einander damals noch stärker als heute zur Ergänzung, da sowohl der Mann, als auch die Frau einseitig nur auf einen Pol hinerzogen wurden. Die Anziehung war groß und das Zueinanderkommen wurde durch Konventionen erschwert, was wiederum die Anziehung weiter erhöhte. Durch die einseitige Rollenerziehung waren Männer und Frauen jedoch kaum in der Lage, die Regungen des anderen nachzuvollziehen. Zu hoch waren die Zäune, welche die Gesellschaft zwischen den Geschlechtern errichtet hatte. Dadurch mündete die Anziehung nicht selten nach Überwindung der äußeren Hindernisse in den Krieg der Geschlechter, was eine wirkliche Partnerschaft zwischen Mann und Frau erschwerte. Die Feministinnen negierten die Normen dieser Rollenerziehung und lehnten die alten Rollenbilder ab. Die dadurch auftretende Verunsicherung führte zunächst zu einer Depolarisierung. Viele aufgeklärte Männer mühten sich nun, weibliche Qualitäten zu erwerben und negierten in sich das Männliche. Viele Frauen erwarben in ihren emanzipatorischen Anstrengungen männliche Qualitäten und befreiten sich gleichsam von ihrer Weiblichkeit, da diese für sie den Teil repräsentierte, der sich verletzt, unterdrückt und gedemütigt fühlte. Der Kampf der Geschlechter trat in den Hintergrund. Dadurch jedoch, daß viele Männer tendenziell das Männliche negierten und die Frauen das Weibliche, nahmen auch Leidenschaft und Anziehung ab.

Wir sind mittlerweile an einem Punkt angelangt, an dem viele Menschen spüren, daß auch das noch nicht der Weisheit letzter Schluß ist. Die erotische Herausforderung unserer Zeit dürfte darin liegen, die gegengeschlechtlichen Anteile in uns zwar zu entwickeln, um die Regungen des Gegenübers nachvollziehen und mit ihm Freundschaft schließen zu können, anstatt den Krieg der Geschlechter zu inszenieren, doch ebenso müssen wir uns mit dem eigenen Pol aussöhnen und ihn wieder neu, und zwar positiv bewerten.

In voremanzipatorischer Zeit unterdrückten Mann und Frau das jeweils andere Prinzip in sich selbst. Nach der *Wende* kämpfte man gegen das eigene Prinzip an. Unsere These ist: Wenn Mann und Frau den Geschlechterkampf im eigenen Inneren beigelegt haben, also der Mann bereit ist, seine Männlichkeit wieder zu genießen und die Frau ihre Weiblichkeit, beide aber auch die andersgeschlechtlichen Qualitäten achten und entwickeln können, kann es beides geben: eine intensive Anziehung und einen fruchtbaren Dialog. Dann sind sowohl Depolarisierung zwischen Mann und Frau als auch der Krieg der Geschlechter überwindbar. *Die Zukunftsvision kann nur sein, daß Mann und Frau, ausgehend von einer Kooperation des ma-*

ximal entfalteten männlichen, wie auch weiblichen Prinzips auf der persönlichen und auf der Paarebene zu ihrer eigenen Männlichkeit bzw. Weiblichkeit finden. Und genau dort setzt der Tango an. Denn er hat nichts mit unserer Vorstellung vom lateinamerikanischen Machismo gemeinsam. Er ist ein subtiler Dialog zwischen Mann und Frau, der von beiden fordert, ganz bei sich zu bleiben, aber auch in den anderen hineinzugehen. Tango ist kein Kampf, sondern ein feines Spiel mit der Grenze, welches Kooperation verlangt; der Kampf hat jedoch gelegentlich Anteil an der *Inszenierung*. In jedem Fall kann uns der Tango dieser Utopie näherbringen, als *ein Werkzeug auf dem Weg* unserer inneren Ganzwerdung. Er macht uns Lust, wieder ganz Mann bzw. ganz Frau zu sein. Das ist unserer Ansicht nach einer der Gründe für die zunehmende Verbreitung des Tangos. *Außerdem drückt sich in der Technik eine hohe Stufe des Eros, eine ideelle Form aus.* Diese Tanztechnik ist dafür wie ein Symbol in Bewegung. Die meisten spüren sein Potential mehr oder weniger bewußt. Wenn wir in diesem Modell immer nur von Mann und Frau sprechen, so bedeutet das kein Ignorieren der Homosexualität. Gleichgeschlechtlichen Paaren dürfte es auch möglich sein, dieses Modell anzunehmen, wenn sie die Rollen von Mann und Frau auf ihre eigene Beziehung übertragen.

Der Tango kann aber auch zu einer Bedrohung für uns selbst werden. Er besitzt eine starke Magie. Und diese Magie ist bei all seinem positiven Entwicklungspotential nicht nur förderlich. Er berauscht und umnebelt, ist eine Schein- und Ersatzwelt. Tango ist faszinierend. Trotzdem, oder gerade deswegen, sollten wir uns nicht von seiner Welt blenden lassen, sondern die Sensibilität und Rezeptivität für Kräfte, die er von uns verlangt und in uns fördert, auf das Wesentliche, die lichte Kraft unseres Herzens richten. Der Tango ist ein Spiel der Kräfte, ein Spiel mit verschiedenen Kräften. Er hat Raffinesse und lehrt uns die Verfeinerung der Form. Er kann zum Instrument der Verführung werden, dem wir letztlich selbst zu erliegen drohen. Und er füttert unser Ego. Man sollte nie vergessen, bewußt zu bleiben und das narzißtische Spiel mit dem Eros nicht über die Liebe zu stellen.

Venedig, 1998   *Ralf Sartori und Petra Steidl*

Eine Begegnung

Die Geschichte dieses Buches begann wie alle Geschichten im Tango mit einer Begegnung, einer Begegnung zwischen einer Frau und einem Mann. Wie bereits das erste Gespräch zwischen den beiden Spaziergängern enthüllte, lebte die Frau gerade sehr zurückgezogen. Sie hielt sich vom *lärmenden Irrsinn* der Welt gewollt fern und war im Begriff, eine Dissertation auf dem Gebiet der Musik- und Bildungsphilosophie zu verfassen. Sie sprach sehr bald über ihr Bedauern, daß ihre Arbeit streng wissenschaftlichen Kriterien zu genügen habe und sie nicht auch künstlerisch schreiben dürfe. Denn die Auseinandersetzung mit ihrem Thema ließ ihre Gedanken zunehmend um Eros und Kunst sowie deren gemeinsame spirituelle Wurzel kreisen. Einer der Gründe, die diese Begegnung auf Anhieb wie Fügung erscheinen ließen, war, daß sich zu jenem Zeitpunkt gleichfalls bei dem Mann, mit dem sie spazierenging, eine über viele Jahre während Auseinandersetzung mit diesen Themen zu einer schriftlichen Arbeit zu verdichten begann, welche einmal die Gestalt eines Buches annehmen sollte. Jener denkwürdige Spaziergang ereignete sich an einem melancholisch-grau verklärten Novembertag. Nach einiger Zeit bezogen diese Frau und der Mann eine gemeinsame Wohnung in einem sehr alten Haus in Venedig mit einer kleinen Dachterrasse und Blick auf die Lagune, groß genug, um darauf Tango zu tanzen. Das kam unserem Spaziergänger sehr gelegen, da er Tangolehrer ist. Und in dieser venezianischen Entrücktheit befreite sich nach endlosen Gesprächen auf weiteren Spaziergängen dieses Buch.

Es ist in Form und Aufbau einem getanzten Tango nicht unähnlich. Dem Tangolehrer wurde die Ehre zuteil, führen zu dürfen. Er stellt dabei seinen Tanz in den Vordergrund des Geschehens. Dieser seltsame Tanz ist wie ein endloses Reservoir für all die Themen des Lebens, seine dunklen sowie seine lichten Seiten und erweist sich als vielgestaltiges Gefäß dafür. Der getanzte Tango basiert auf drei wesentlichen Säulen: der Tanztechnik, der Tänzerin und dem Tänzer. Und auf diesen drei Säulen entfalteten wir auch unseren Tanz der Worte. Als Orientierung diente uns die Beschreibung der

Tanztechnik zu Beginn und im Anhang des Buches. Diese ist jedoch nur Gefäß und Ausgangspunkt für alle weiteren Essays. Der Tangolehrer hält sich dabei so nahe wie möglich an die technische Wirkungsweise des Tanzes und bemüht sich, seine Gedanken logisch davon abzuleiten und inhaltlich mit dieser Technik zu *belegen*. Seine *Tänzerin* und er umkreisen einander in ihren Essays gedanklich, nähern sich aus unterschiedlichen Richtungen kommend an und finden weitgehend Übereinstimmung in den Kernaussagen. Er führt auf der Grundlage der Technik. Sie formt die Bewegung aus, setzt sie fort und bringt sie zu Ende, so wie das auch im Tango geschieht. Und passend zum Tango, wurde in diesem Text der Versuch unternommen, die Grundbestandteile dieses Tanzes, die technischen, aber auch inhaltlichen und wesenstypischen, immer wieder neu zu variieren und zueinander in Beziehung zu setzen; sie in neuem Licht erscheinen zu lassen, indem der Blick auf sie aus stetig wechselnden Perspektiven und auf immer neue Verknüpfungen gerichtet wird. Es ist, wie wenn das Kameraauge jedesmal von einer anderen Stelle aus auf unseren Gegenstand gehalten wird, wodurch sich zwar immer wieder der Bildmittelpunkt ändert, doch nicht die *mitabgelichteten* Bildbestandteile. In einem komplexen Gewebe, in dem jeder Aspekt untrennbar mit dem Ganzen verflochten ist, lassen sich die Einzelteile nicht ohne Bezugnahme auf ihre Zusammenhänge zu den anderen beschreiben. Dadurch sind gewisse Wiederholungen in den Grundaussagen unvermeidbar. Wir bitten dafür um Nachsicht. Und da an diesem Buch im wesentlichen zwei Autoren beteiligt sind, haben wir uns bemüht, es zu einer gedanklichen Einheit zu verschmelzen, ohne dabei Unterschiede in den Sichtweisen und stilistischer Art gewaltsam einzuebnen. Der Tango ist eben die Einheit auf der Grundlage der Verschiedenheit und Autonomie. Die übergeordnete Einheit des Paares gewinnt in dem Maße, in dem die Individualität der daran Teilhabenden gewahrt bleibt und darin reifen kann. Möglich wurde unser *Tanz* ohnehin erst aufgrund der Tatsache, daß in unser beider Sichtweise der Liebe weitgehend Einklang bestand. Und im Tango fanden wir ein vollendetes Instrument, dies auszudrücken.

I
DER TANZ DES LEBENS

Über Ursprung und Wesen des Tangos

Der Tango aus dem Mündungsgebiet des Rio de la Plata ist ein merkwürdiger Tanz. Er stellt sich uns mit kunstvoll eleganten Schrittkombinationen dar, bei denen die Schritte von Mann und Frau durch komplizierte, arabeskenhafte Muster in scheinbar unüberschaubarer Weise ineinander verschlungen und verwoben sind. Dennoch ist dieser Tanz ein Tanz der Achsen, bei dem der Impuls für die Bewegung aus dem Zentrum nach außen läuft, und nicht primär ein Tanz der Schritte. Er ist ein Tanz der Herzen und des Rückgrats. Alles Wesentliche geschieht aus der stabilen Einheit der Oberkörper, in der Umarmung des Tangos. Die Schritte, denen zwar eine große Bedeutung in der Wirkung des Tanzes nach außen zukommt, sind dennoch *Sekundärbewegungen*. Das Gehen oder *Caminar* im Tango bildet die Grundlage für alle Schrittkombinationen. Diese sind niemals festgefügte, schablonenhafte Muster, die lediglich reproduziert zu werden brauchen, sondern jedes eingeflochtene Element ist führbar, also auch in Zusammenhang, Inhalt und Ausdruck veränderbar. Daraus ergeben sich die große Improvisationskraft und Vielfalt der Möglichkeiten. Der Tango ist ein sehr erdiger und katzenhafter Tanz, bei dem der Impuls von der Achse des Mannes ausgeht, genaugenommen vom Herzen. Jenen Impuls nimmt die Frau aus ihrer Mitte heraus auf, und zwar ebenfalls am Herzen und lenkt ihn, von dort aus, ohne im Oberkörper nachzugeben, in die Streckung ihres Schrittes. Diese Beschreibung gilt uns bereits als erstes Beispiel, wie wenig sich diese Technik der reinen Funktionalität mechanischer Abläufe unterwirft und wie sehr in ihr bereits die ganze Philosophie und Metaphysik dieses Tanzes enthalten sind. Wir behaupten, daß der Tango ein Tanz ist, welcher auf universellen Prinzipien beruht, die im multikulturellen Schöpfungsprozeß des Tangos vermutlich unbewußt herangezogen und berücksichtigt worden waren. Inwieweit diese Behauptung an den Haaren herbeigezogen ist, möge jeder Tänzer, anhand seiner eigenen Erfahrungen und Reflexionen und jeder Nichttänzer nach der Lektüre unseres Buches, selbst entscheiden. Wir alle, die wir in den sogenannten *entwickelten Ländern* leben, in denen der Tango mittlerweile großen Anklang findet, nicht zuletzt gerade wegen der Verknüpfung von Eros, dem kreativen Potential im Rollenspiel der Geschlechter, und jener universalen Prinzipien, sind nicht die Schöpfer des Tangos, selbst wenn wir ihn immer wieder neu entstehen lassen. Doch die zeitliche und kulturelle Distanz zu seiner historischen Entstehung läßt uns manches von außen vielleicht klarer sehen und lädt gerade uns europäische Tänzer zum Philosophieren und Analysieren ein. In Argentinien selbst war der Tango seit den 60er Jahren beinahe tot. Doch er schlief nur unter den Erscheinungen der Zeit, bis er auf der anderen Seite der Welt erneut sein Haupt erhob. Die Tänzer früherer Generationen am Rio de la Plata, die Milongueros, Tangotänzer aus Überzeugung und Leidenschaft, waren mit diesem Tanz kulturell verwoben. Er war die Milch ihrer Kindheit und der Tango ihr Leben. Sie trugen sein pochendes Herz fort durch die Zeit, bis die Zeiten sich änderten und die Jugend nach anderem verlangte. Auch in Argentinien gab es einen Bruch zwischen den Generationen. Die Beatles und die Stones verdrängten Carlos Gardel von seinem Sockel; man tanzte lieber ohne *einengendes* Reglement. Und die alten Tänzer, die dieser ungebrochenen Tradition entwachsen waren, konnten wohl kaum die Selbstdistanz finden, welche in ihrem Falle gleichbedeutend mit der nötigen Distanz zum Phänomen Tango ist, ohne die sich jenes nur schwerlich analysieren läßt. So sind es nun wir Europäer, die diesen *Diamanten* Tango mit Hilfe argentinischer und uruguayischer Tänzer und Musiker zu fassen versuchen, auf daß er uns allen gehöre, die wir ihn lieben und tanzen und manchmal auch verfluchen.

Der Tango ist ein rätselhafter innerer Zustand, um den dieses Buch kreisen wird. Er gehört den engumschlungenen Paaren. Diese kulturelle Schöpfung der Menschen am Rio de la Plata, welche ihr Geschenk an die Menschheit ist, wird helfen, ihre Kultur zu bewahren und weiterzutragen in einer Zeit, in der gelebte Kultur ohnehin weltweit immer mehr von Unterhaltungsmedien verdrängt wird. Wenn eine neue Tanzkultur mit ihrer ganz eigenen Musik irgendwo entsteht und in einem Milieu Verbreitung findet, muß sie mindestens zweierlei Voraussetzungen erfüllen: Sie muß das ausdrücken und auf den Punkt bringen, was alle empfinden, so etwas wie ein Lebensgefühl, und sie muß an die Sehnsucht und Bedürfnisse der Menschen rühren – was beides im Tango geschah. Der kulturelle Schöpfungsprozeß des Tangos verlief parallel zur Entstehung einer neuen Kultur und wurde zu ihrem eigenen Ausdruck. Er war das Resultat einer brodelnden Verschmelzung verschiedener aufeinanderprallender Kulturen im Überlebenskampf *entwurzelter Menschen*. Interessant ist in diesem Zusammenhang, daß gerade mit dem Tango ein besonders erdiger Tanz kreiert worden war, bei dem die *Verwurzelung der Tänzer mit der Erde*, dem Boden, auf dem der *Tanz* stattfindet, große Bedeutung hat. Tatsächlich wurde dieser Tango eine Heimat für die Heimatlosen.

Während des 19. Jahrhunderts gab es in Argentinien Bestrebungen der Mächtigen, das Land zu besiedeln und zu erschließen. Dazu holte man massenhaft europäische Einwanderer ins Land, indem man ihnen versprach, günstig Land erwerben zu können. Man tötete und vertrieb die Indianer aus Patagonien, die Araukaner, und verkaufte Land an ausländische, meist englische Konzerne. Mit der Einzäunung der Weideflächen verloren viele Gauchos ihre Arbeit. Industrialisierungsprogramme führten zur Entwurzelung der Campesinos. Es entstanden zwei Gruppen, welche in den schnell anwachsenden Elendsvierteln von Buenos Aires aufeinanderprallten: Auf der einen Seite die entwurzelte Landbevölkerung, auf der anderen Seite drängten massenhaft europäische Emigranten ins Land, denen meist nur noch der Weg in die Slums offenstand, nachdem die Preise für Grund und Boden durch Spekulation rapide gestiegen waren. Zwischen Mitte und Ende des 19. Jahrhunderts wuchs Buenos Aires explosionsartig, und der ausländische Bevölkerungsanteil übertraf die Zahl der Einheimischen um ein Vielfaches. Beide Gruppen, die hauptsächlich europäischen Einwanderer sowie die entwurzelte Landbevölkerung Argentiniens, die ihr Glück dann im städtischen Leben finden wollten, stießen in den ärmlichen *arrabales* (Vororten) von Buenos Aires und Montevideo aufeinander. Jorge Aravena beschreibt in seiner Biographie über Carlos Gardel die Entstehung des Tangos folgendermaßen: *»Hier an diesem vitalen Ort begegneten sich menschliche Naturen und kulturelle Eigenarten europäischer, kreolischer und mestizischer Provenienz in einem Glücksfall von Paarung, die mehr Kampf als Liebe war, gekennzeichnet von Rivalität und jähen Zusammenstößen... – dies war der Nährboden eines notwendig gewordenen kollektiven Ausdrucks, der sich zu einem Produkt kristallisieren sollte, das ein wahrheitsgetreuer Reflex dieser Turbulenzen ist... Musik, Poesie und Tanz, drei stets präsente Elemente im Alltag, den sie zugleich repräsentie-*

ren und der sie auf bestimmte Weise prägt, wurden Mittel der Kommunikation und der Konfrontation.«

Für einen gewissen Menschentypus männlichen Geschlechtes, den sogenannten *Compadre*, eine beinahe mythisch verklärte Figur, halb ritterlicher Edel- und Ehrenmann, halb Zuhälter, Ganove und Finsterling, wurde der Tango Mittel zur Eigenstilisierung und Lebensstil. Die meisten Compadres waren ehemalige Soldaten oder Gauchos, denen der gesellschaftliche Aufstieg versagt blieb. Ihre wichtigsten Ideale waren männlicher Mut und elegantes Auftreten. Nicht selten bescherte ihnen ihr Draufgängertum ein jähes Ende in einem Messerduell, später oft kopiert von einer etwas langlebigeren, salontauglicheren Erscheinungsform, dem angeberischen *Compadrito*.

Der Tango ist kein folkloristischer Tanz, da er von der Landbevölkerung niemals übernommen wurde. Er ist untrennbar mit dem Leben der städtischen Nächte verbunden. Er entstand in den Bordellen der Vorstädte, hauptsächlich denen von Buenos Aires, wo man sich ein Ensemble von Musikern leisten konnte. Sehr viel später infizierte der Tango-Virus die Pariser High-Society, über das Meer getragen von argentinischen Tänzern und Musikern, die in Frankreich ihr Glück versuchen wollten. In ihre Schar reihte sich später auch der legendäre Carlos Gardel ein. Über den Umweg des vom argentinischen Großbürgertum bewunderten Paris kehrte der Tango in Ehren nach Buenos Aires zurück, wo er nun von immer weiteren Schichten der städtischen Bevölkerung angenommen wurde und schließlich Einlaß in die höchsten Salons fand. Auch das Kleinbürgertum übernahm ihn. Und zwischen den 30er und 50er Jahren durfte er auf keinem Fest fehlen. Nachdem der Tango über sein anrüchiges Geburts-Milieu hinausgewachsen war, bildete sich ein neuer Typus des Tangotänzers aus, der *Milonguero*, der auch heute noch überall dort zu finden ist, wo Tango getanzt wird. Im Gegensatz zum Compadre übt der typische Milonguero einen bürgerlichen Beruf aus und widmet seine Freizeit voller Hingabe dem Tango. Auch er hält viel auf geschliffene Umgangsformen. Sowohl sein Umgang außerhalb, wie auch innerhalb des *Salons* zeichnet sich durch Achtsamkeit, sein Verhalten durch Sozialverträglichkeit aus.

Der Milonguero und die Milonguera

Versuchen wir die Begriffe *Milonguera* und *Milonguero* wörtlich zu fassen, so bezeichnen sie Menschen, die mit auffallender Regelmäßigkeit Besucher von *Milongas* sind. Milonga ist nicht nur ein Tanz aus der Ahnenreihe des Tangos, der auch heute noch als spezielle Form existiert. Milonga nannte man Tanzveranstaltungen, auf denen u. a. Tangos gespielt wurden. Doch ein Milonguero, bzw. sein weibliches Pendant, ist viel mehr als nur ein regelmäßiger Besucher von Tango-Veranstaltungen. Es sind vielmehr die Menschen, die den Tango zu ihrem Lebenstanz gemacht haben, die sich von ihm, so oft es geht, auf den verschlungenen Strömen der Nacht mitreißen lassen. Eigentlich entzieht sich dieser Begriff einer vollständigen Definition. Zumindest sind es langjährige Tänzer, die nur selten eine Milonga verpassen. In der Regel kommen sie spät und bleiben meist bis zum Ende. Sie tanzen Herz an Herz (die Oberkörper kleben immer zusammen, Becken und Füße halten deutlich Abstand zueinander, beide behalten bei stark nach vorne verlagertem Schwerpunkt und gerader Wirbelsäule ihre Achse noch bei). Er tanzt mit großer Hingabe an sie, wobei er mit seiner Interpretation eine Einheit mit ihr und der Musik anstrebt. Sein Gang ist immer vorwärts gerichtet und folgt der Tanzrichtung (gegen den Uhrzeigersinn). Sein Tanz zeichnet sich durch größte Achtsamkeit im Sozialbezug und Respekt vor der Partnerin aus. Er überholt nicht, noch würde er anderen den Weg abschneiden oder es gar zu Berührungen kommen lassen. Er ist ein Könner darin, jeden nur verfügbaren Raum zu nutzen, ohne sich zusätzlichen zu erzwingen. Sein Tanz bewegt sich harmonisch mit dem Fluß der anderen Paare mit. Er gibt keinen Anlaß zu Stauungen, die entstünden, wenn sich ein Tänzer auf Kosten des Raumes und der Bewegungsfreiheit aller darstellen und damit den gemeinsamen Fluß auf dem Parkett ins Stocken oder durcheinanderbringen würde. Er tanzt nicht um darzustellen, sondern nur für sich, seiner Milonguera hingegeben. Dabei bestimmen allein das Gefühl und die Musik seine Interpretation, was nicht bedeutet, daß die beiden ganz unempfindlich für den Glanz sind, den ihr selbstvergessenes

Tun über die Augen der Zusehenden zaubert. Ein Milonguero ist kein Marathontänzer. Er versteht es immer, sich rechtzeitig zurückzuziehen, bevor seine Aufmerksamkeit und damit die Qualität des Tanzes nachläßt. Oft sitzt er nur und beobachtet die anderen Tänzer, lauscht dem Orchester oder genießt die Gesellschaft seiner Freunde, wobei eine weitere Nacht des Tangos wie ein golddurchwirktes Seidentuch vom Wind des Lebens leise fortgetragen wird. Im Tango können wir die Freiheit finden, Raum und Zeit zu verlassen. Unser Tanz ist eine sich im steten Wandel stabilisierende Gemeinsamkeit, im gemeinsamen Dahingleiten von Gegenwart zu Gegenwart. Wir entziehen uns im Tango dieser Welt und schaffen uns mit Hilfe gewisser Regeln und einer subtilen Mechanik unsere eigene. Und genau darin liegt auch eine große Gefahr: daß uns diese glanzvolle Inszenierung ganz in ihren Bann schlägt und uns von unserem wahren Weg und unserem wahren Selbst abbringt, welches sich eher in der klaren, frischen Luft und der Stille offenbart und vor dem glamourösen Ritual endloser Melancholie verstummt. Der Tango scheint mir manchmal wie ein schillerndes Spielzeug, das Mephisto vor unsere Kinderaugen hält, während unsere Zeit verrinnt.

Die Symbolsprache des hohen Eros

Autonomie in der Einheit

Die Verbindung zwischen den Tanzenden basiert auf der Achtung der Achse, der Mitte, des Partners und dessen Gleichgewicht. Jeder ist für sein eigenes Gleichgewicht verantwortlich und wird dadurch auch der Verantwortung für das *Du* gerecht, weil so keine Notwendigkeit besteht, sich am anderen festzuhalten. Mann und Frau sorgen dafür, die eigene Bewegung in einer Weise zu gestalten, daß sie die Bewegungsfreiheit des Gegenübers, bei maximal möglicher Nähe, nicht beeinträchtigen. Zwei selbständige Menschen verbinden sich zu einem Paar, indem beide Ebenen gewahrt bleiben, nämlich die des autonomen einzelnen sowie die des Paares, wobei beide einander bedürfen. Im Tango findet dies idealtypischen Ausdruck.

Das Herz als Sender und Empfänger

Beide Herzen bleiben immer verbunden und voreinander, als ob ein Pfeil durch sie hindurchginge. Der Impuls tritt aus dem Herzen des Mannes aus, um vom Herzen der Frau aufgenommen zu werden. Es ist das Prinzip von Sender und Empfänger. Und das *Übertragungsmedium* ist ein konstanter, aber weicher Gegendruck von Brustkorb zu Brustkorb, oder, wenn man mit Abstand tanzt, der Spannungsbogen, der sich dann aus der Armhaltung ergibt, welche im Anhang beschrieben wird. Die Bewegung des Tangos geht, sowohl beim Mann als auch bei der Frau, vom Herzen aus. Ein anderer Aspekt des Herzens, neben dem der Liebe, ist der des Mutes. Das drückt sich bereits in der Umgangssprache aus: im *»beherzten Vorgehen«*, *»sich ein Herz fassen«*. Unter einem Menschen mit Löwenherz verstehen wir jemanden mit herausragendem Mut, der ohne Rücksicht auf sich selbst der *edlen Tat* den Vorrang einräumt. Diese mutige Entschlossenheit drückt sich in der Körper- und Bewegungsform des Tangos aus. Die Haltung ist bei Mann und Frau gleich. Beim Mann, der sich zumeist vorwärts bewegt, findet sie jedoch den aktiveren Ausdruck. Charakteristisch für seine Schritte ist das entschlossene Vorwärtsstreben aus dem Brustbein heraus. Dieser Punkt taucht zuerst in die Bewegung ein. Die Beine folgen mit einem kurzen Verzögern dieser Bahn. Dem *beherzten Vorgehen* hält der Tango eine getanzte Entsprechung entgegen, das Gehen aus dem Herzen heraus. Der Brustkorb wölbt sich etwas nach vorne, ohne daß der Tänzer dabei ins Hohlkreuz fällt. In dieser Haltung drücken sich Mut und ein ausgeprägtes Bewußtsein für die eigene Würde aus. Die Wirbelsäule bleibt gerade und hält die Spannung durch die entsprechende Ausrichtung des Beckens. Auch hier findet der Körperausdruck seine sprachliche Entsprechung. Wir sprechen von einem Menschen mit Rückgrat, wenn wir ihn couragiert erleben. Jemand, dessen Rückgrat nicht nachgibt, ist integer. Er fällt weder aus der Form, noch bricht er in der Achse ein. Es ist das Gegenbild zu quallenhafter Anpassung. Er verleugnet seine Werte nicht, ordnet sein Handeln nicht Erwägungen von Vorteil und Nachteil unter und läßt sich nicht korrumpieren. Und gerade diese Haltung spiegelt eine gewisse Wertorientierung der Menschen am Rio de la Plata in der Gründerzeit des Tangos wider, mit der wir heute durch diesen Tanz konfrontiert werden. Jene innere Haltung ist in der Form des Tangos konserviert geblieben. Natürlich läßt sich diese auch zu einer inhaltsleeren Attitüde übersteigern, und nur ein wenig übertrieben, verleiht sie dem Tänzer den Ausdruck eines aufgeblasenen Angebers. Doch in jedem Fall bleibt etwas vom Geschmack ihres ursprünglichen Gehaltes zurück. *Die polare Kreisbewegung des Herzens zwischen Anspannung und Entspannung findet im Tanz ebenfalls ihre Entsprechung, wo sich innerhalb verschiedener Polaritäten ein permanenter Wechsel, ähnlich dem eines pulsierenden Herzens vollzieht.* Dieser Wechsel erlaubt uns, den musikalischen Rhythmus im Tanz zu betonen. Ausgehend von diesem Rhythmus läßt uns der Tango eine große Freiheit in der tänzerischen Umsetzung. Er erlaubt uns Tempo-Verdoppelungen sowie -Halbierungen und Pausen. Auch der Grundtakt in der Musik ähnelt einem Pulsschlag, mit dem sich der Tänzer zu Beginn seines Tanzes verbindet. Und dieser Pulsschlag der Musik ist es, der die Bewegungen von Mann und Frau vereint. Er bringt beider Bewegungen trotz ihrer Verschiedenheit in synchrone Intervalle.

Ruhe und Bewegung

In Argentinien sagt man: *»Ein Tangopaar ist ein Körper mit zwei Herzen und vier Beinen.«* Ein anderer Spruch besagt: *»Tango sind zwei ernste Gesichter und zwei Hinterteile, die sich amüsieren.«*

Hier wird die Trennlinie zwischen den lotrecht und ruhig miteinander verbundenen Oberkörpern und den dynamischen Bewegungen der Beine veranschaulicht. So wie auf der *inneren Ebene* die Bewegung aus der Ruhe kommt, finden wir dieses Prinzip auch in der Technik des Tangos verankert. Wir benötigen für die Führung und Koordination der komplizierten Beinbewegungen im Tango das ruhige Medium der stabil miteinander verbundenen Oberkörper, zwischen denen das Senden und Empfangen der differenzierten Führungsimpulse nicht durch unkontrollierte Zufallsbewegungen gestört wird.

Eine Kalligraphie des Herzens

Alles Wesentliche geschieht also zwischen den Oberkörpern. Die Frau bewegt primär nie mit ihrer eigenen Energie, sondern läßt sich vom Mann bewegen, in einer Art, die für sie immer unvorhersehbar sein sollte. Sie bleibt pausenlos im Kontakt und macht sich ganz zum Gefäß, durchlässig für seine Bewegung, um seine individuelle Energie zu erfahren und durch sich hindurch in den Schritt zu leiten. Der Mann spürt die Frau dadurch, wie sie auf seine Führung reagiert, auf ihre Art des Hindurchlassens und Mitgehens, ihre Widerstände, ihr Einlassen, oder ihre *Angebote* und Verzierungen. Das sei ihm Inspiration. Ein guter Tänzer hat die Aufgabe, die Erwartung seiner Tänzerin permanent zu enttäuschen, bereits wenn er sie im Ansatz spürt, da ihm die Führung, je mehr die Frau zu wissen glaubt, was kommt, um so mehr aus der Hand genommen wird. Das erzeugt bei ihr Langeweile, bestärkt ihn in seiner Führungsschwäche und reduziert die Möglichkeiten des Tanzes fortschreitend. Ihm obliegt also die Aufgabe positiver Enttäuschung so lange, bis sie aufgibt, etwas wissen zu wollen und sich in Vertrauen demgegenüber öffnet, was kommt. *Die Aufgabe des Mannes ist also zweierlei: feste Erwartung zu enttäuschen und Vertrauen in seine Eindeutigkeit, Klarheit und Kompetenz zu schaffen.* Sein Bemühen um Unberechenbarkeit findet jedoch dort die Grenze, wo seine ständige Suche nach dem Unerwarteten beginnt, Unsicherheit und Streß bei ihr auszulösen. *So ist ein Thema im Tango immer, die Extreme in der Balance zu halten, um das Funktionieren zu gewährleisten und diese Balance immer wieder aufs neue zu suchen. Eine Grundregel für die Frau besagt: Glaube, was du fühlst. Zerstöre die Klarheit nicht durch spekulatives Denken. Vertraue dem Mann. Irrtümer im Tango sind harmlos. Setze die Schritte nie selbst und nimm an, daß er dir mit seinen Füßen und seinen Schultern immer dort Platz macht, wohin er dich gerade führt.* Der Mann sollte stets dafür sorgen, diesem Vertrauen gerecht zu werden und sein Bestes zu geben. Die Führung ist sehr subtil. *Die Schritte sind nicht das eigentliche Problem,* sondern in ihrem Grundwesen schon dessen Lösung, da der Tanz im wesentlichen von den miteinander verbundenen Oberkörpern, aus dem Dialog der Achsen, seinen Ausgang nimmt. *Die Bahnen des Körpers werden durch die Beine und Füße lediglich auf den Boden übertragen.* Ähnlich der Kalligraphie, wenn die Schreiblinien durch die feste Achse eines stabilen Federhalters, in präziser Eleganz zu Papier gebracht werden, lassen sich durch die stabile Achse der Tänzerin die von ihm geführten Oberkörperbewegungen exakt auf ihre Beine übertragen, die die Bewegung lediglich noch ausformen müssen. Der Mann muß ihr aber auch *Spielräume* für Verzierungen lassen. Diese Form der Bewegungsübertragung auf die Beine gilt auch für den Mann. Nur kommt ihm eine größere Wahlfreiheit zu, in welche Schritte er die Grundbewegung aus seiner Achse lenkt. Aber die Frau ist im Tango natürlich viel mehr als seine Kalligraphie-Feder. Durch sie erblühen die Impulse aus seiner Mitte in der für sie typischen Weise und entsprechend ihrer Körperkontrolle und Wesensfreiheit zu Gestalt und Form. Sie ist inspirierende Muse und Empfängerin seiner Poesie und Dialogpartnerin. Früher sagte man: Der Mann führt und die Frau begleitet ihn. Auf einer äußeren Ebene ist das nicht zu bestreiten. Doch ist das letztlich nur eine Frage des Blickwinkels oder der Persönlichkeit des Tänzers. Da seine Bewegungen im Tanz der Frau, durch sie ausgeformt, Gestalt annehmen, bleibt ihm nur noch, ihren Tanz mit seinen Schritten zu umrahmen und zu untermalen, was auch als eine Form der Begleitung gesehen werden kann. Trotzdem sind seine Schritte in der Regel komplexer und spektakulärer als die ihren. Das hängt damit zusammen, daß sie durch ihn selbst initiiert sind und ihm daraus mehr Möglichkeiten erwachsen, und nicht zuletzt dürfte es auch an der historischen Entwicklung des Tangos liegen. Dem Mann oblag seit Anbeginn auch die Rolle, das Pfauenrad für seine Tänzerin zu schlagen, da in der Anfangszeit ein enormer Frauenmangel im Einwanderungsmilieu der Vororte herrschte. So drücken sich im Tango auch Sehnsucht, Begehren und leidenschaftliches Werben aus. Natürlich versucht jeder Mann aus dem Gefühl von Sehnsucht heraus sein Bestes zu geben und seine Grenzen zu erweitern. Doch kann das Werben um Zuwendung und Hingabe einer Frau im Tango leicht in narzißtische Selbstverliebtheit umschlagen. Je nach Wesensart und Persönlichkeit bietet der Tango dem Mann die Möglichkeit, ganz hingegeben an die Frau und die Musik zu tanzen, oder, gehen wir vom anderen Extrem aus, sie nur als Mittel zur eitlen Selbstdarstellung zu gebrauchen, indem er sie im Feuerwerk seiner Schritte untergehen läßt und zur Randfigur degradiert. Die Männer übten ihre Schritte aus Frauenmangel meist unter sich. Ihre Lebenssituation ließ sie aber in extreme Konkurrenz um die Gunst der wenigen Frauen treten. So wetteiferten sie im Tango, einander in Eleganz und Kunstfertigkeit zu übertreffen.

In einer Zeit, in der es für einen Mann schwierig war, eine Frau als Lebensgefährtin zu finden, gab es das dringende Bedürfnis, innige Nähe und lustvolle Umarmung außerhalb einer festen Bindung zu erleben, so wie das heute in unserer Single-Kultur aus ganz anderen Gründen wieder der Fall ist. Hauptsächlich männliche Einsamkeit, das Bedürfnis nach Nähe und sexueller Berührung, waren vor dem Hintergrund akuten Frauenmangels gewiß treibende Kräfte bei der Entstehung des Tangos. Man kann daher ruhig die These wagen, daß der Tango ein Tanz ist, der vor allem von Männern kreiert worden war, um die weibliche Gunst zu erlangen. Er ist also sicher kein Machotanz, sondern ein Tanz, in dem der Mann zwar ganz Mann sein durfte, jedoch gefühlvoll und einfühlsam sein mußte. Natürlich gab es auch den anderen Tango, der zudringlich und derb war und eher in den Bordellen getanzt wurde, nicht zuletzt zur Kontaktaufnahme in eindeutiger Absicht, oder von den Zuhältern, um ihre Mädchen zu präsentieren. Doch hätte der Tango sich nie so sehr verbreiten können, hätte er sich darauf beschränkt. Um noch einmal zu dem Beispiel mit der Kalligraphie zurückzukehren: Mann und Frau sollten ihre Linien so auf den Boden zeichnen, als würde dieser ersatzhalber die Liebkosungen erhalten, die eigentlich für den Partner bestimmt sind. Die Beziehung zum Boden ist im Tango zärtlich. So spricht man in

Argentinien von der Art und Weise, wie man in diesem Tanz die Schritte setzt, »es como cariciar la tierra« (Es ist, wie den Boden zärtlich zu streicheln). Die Füße scheinen im Intervall von Verzögern und Beschleunigen, dicht über den Boden hinweggleitend, diesen zu berühren. Doch läßt sich dabei kaum ein Geräusch vernehmen.

Das kontrapunktische Wesen des Tangos

Der Mann, der die Grundbewegungen der Frau führt, welche sich zumeist von den seinen unterscheiden, hat in diesen Ablauf noch seine eigene Bewegungslinie hineinzuweben, die wie eine zweite, die erste Melodie begleitend umrankt und kontrapunktiert. Die zunehmende Differenzierung der männlichen und weiblichen Chiffren brachte es mit sich, daß man immer weniger parallel tanzte. Die beiden Linien verzahnen und vereinen sich so nahtlos, daß dadurch die stille Harmonie der Umarmung zwischen den Oberkörpern nie gestört wird, egal welch verwirrendes und für den Betrachter undurchschaubares Feuerwerk unten abgeschossen wird. Die Herzen lösen sich nie aus der tiefen Ruhe der Vereinigung. Je fortgeschrittener die Tänzer sind, um so mehr erlaubt es ihre Kunstfertigkeit, wobei es vor allem auf die des Mannes ankommt, zeit- bzw. schrittversetzt, also mit Asymmetrien rhythmischer wie kalligraphischer Art zu arbeiten. Diese Eigenheit drückt sich auch in den oft schrägen und asymmetrisch verwobenen musikalischen Kompositionen aus. Hier liegt die Vermutung nahe, daß Musiker und Tänzer sich über all die Jahre gegenseitig anspornten und befruchteten. Ein Teil des Tangos ist zwar ausschließlich konzertanter Natur, oder stellt den Sänger bzw. die Sängerin in den Vordergrund. Der weitaus größere Teil ist aber den Tänzern gewidmet und orientiert sich an ihren Bedürfnissen. Wie wahr ist doch der Satz, den man oftmals im Tango-Milieu zu hören bekommt: *Die Melodie spricht unsere Seele an und nimmt sie mit, der Rhythmus unseren Körper.* Es gibt manchmal zwischen Musikern und Tänzern, so sehr sie einander bedürfen, auch Gegensätzlichkeiten. So sind die Tänzer nicht gerade erfreut, falls die Musiker sich von dem Zwang lösen, den ihnen die Anforderungen an die *Tanzbarkeit* ihrer Musik auferlegen. Man sagt auch, die Traurigkeit in der Musik rühre nicht zuletzt daher, daß die Musiker nur ihr Instrument im Arm halten, anstatt einen warmen, anschmiegsam hingegebenen menschlichen

Körper. Doch ist die Ursache für das Klagen des Bandoneons sicher nicht nur darin zu suchen. Denn die melancholische Grundstimmung findet sich bei Musikern wie Tänzern.

Führen und Verführen

Der Tango ist ein unterirdisches Feuer, dessen Intensität mit der Langsamkeit, der Verdichtung der Bewegung, zunimmt – ein Tanz auf dem Vulkan. Er ist aber auch etwas Drittes, das über die Tänzerin und den Tänzer hinausweist. Der Tango lebt von der völligen Hingabe der Tanzenden aneinander sowie von der Hingabe an die Musik. Er ist es, der das tanzende Paar transzendiert.

Der Mann führt, die Frau gibt sich der Führung hin. So sieht es der oberflächliche Betrachter. Doch ist hier der Führende, so wie das immer sein sollte, eher der Dienende.

Und dieser Dienst kann ein Liebesdienst oder ein Mephisto-Dienst sein. Der Tango ist nach beiden Seiten hin offen.

Eigentlich dreht sich im Tango alles um die Frau, darum, daß sie sich dem Mann anvertraut, sich ihm öffnet und hingibt. Im Tango liegt es am Mann, sich immer auf seine Tänzerin einzustellen. Als Führender muß er sich ihr anpassen. Er kann die Anforderungen, die er an sie stellt, ihrer Rückmeldung entsprechend, dosiert erhöhen. Dabei stellt er sich natürlich nicht nur rein technisch auf sie ein. Es ist ihr Wohlbefinden, das im Mittelpunkt seiner Führung stehen sollte. Denn der Tango ist ein Spiel des Eros und kein Exerzierfeld des technisch gerade noch Machbaren. Rein äußerlich führt er, doch auf der Meta-Ebene ist es eher die Frau, die einen großen Teil der Führung in der Hand hält. Und was die Möglichkeit der Verführung durch sie betrifft, ist ihre Position sicher nicht schwächer besetzt als die seine. Der Tango erlaubt ein großes Maß an Freiheit, wie man die Musik in Tanz umsetzt. Es funktioniert nicht, wenn der Mann nicht auf das Musikempfinden seiner Partnerin eingeht. Beide begegnen einander in bezug auf etwas Drittes, nämlich der Musik. Dort müssen sie sich auch treffen können. Die Melodie kontrastiert oft stark zum Rhythmus. Wenn einer der Tanzenden eher vom vorantreibenden Rhythmus mitgenommen wird, wo der andere sich gerade mehr von der Melodie getragen fühlt, muß der Mann sehr fein lavieren zwischen seinem Einsatz, die Frau von seiner Interpretation zu begeistern, aber auch auf ihre Auffassung einzugehen.

Polarität und Eros

Um auf einer höheren Ebene zu vereinen, ist es nötig, vorher klar zu trennen. Der Tango dehnt die Gegensätze, wodurch der persönliche Kosmos des einzelnen Partners, wie der des Paares maximal geweitet wird. Das erhöht die Anziehung und schärft die Unterscheidungsfähigkeit. Nur in einer Sphäre deutlicher Polarität kann sich der Eros entfalten. Nur zwischen den Gegensätzen ist Raum für die Sehnsucht. Und der Tango verbindet die äußersten Gegensätze zu einem harmonischen Ganzen, welches gelegentlich tiefere Erlebnisse der Einheit gewährt.

Auf der psychologischen, erotischen und künstlerischen Ebene sind seine Themen: Männlich und weiblich, Mann und Frau, Hingabe und Autonomie, Vereinigung und Grenze, Gefühl und Gestalt, Form und Inhalt, Geometrie und Leidenschaft, Feuer und Eis, Engel und Teufel, Liebe und Verführung, Führen und Führenlassen, Herz und Rückgrat, Poesie und Reflexion, Geist und Sinnlichkeit, Kampf und Zärtlichkeit, Annäherung und Entfremdung, Abschied und Rückkehr.

Im fließenden Wechselspiel der Gegensätze in der Tanzbewegung, dem steten Wandel des Ganzen im dynamischen Spiel seiner Pole geht es um: Spannung und Auflösung, Verzögern und Beschleunigen, Beugen und Strecken, Ausdehnen und Zusammenziehen.

Das Evolutionsprinzip im Tango

Die Prinzipien, die alle Erscheinungen hervorbringen, sind meist einfach, die Erscheinungsformen an sich sehr komplex. Wenn man die Grundprinzipien nicht kennt, ist jedes Erforschen und Erarbeiten der Formen zunächst mühsam und führt bei Anfängern von falschen Vorstellungen oft zu falschen Gewohnheiten, deren man sich nur mühsam wieder entledigt, selbst dann, wenn man die Prinzipien später noch entdeckt. Deshalb sollte der Unterricht so angelegt sein, daß die Schüler über die Schritte und Figuren vor allem Wesen und Funktionsweise des Tangos entdecken können. Der Tango ist ein Tanz, der stetig an Komplexität zugenommen hat. Es gab zum Glück keinen Verein, der Normen festschrieb. Niemand begann den Tango zu standardisieren. Deshalb konnte jeder Tänzer selbst immer wieder neue Figuren erfinden und entdecken. Was davon auf allgemeine Begeisterung und Akzeptanz stieß, wurde von den anderen übernommen, der Rest wieder verworfen. Auch die Vielzahl der Orchester trug zu der großen Vielfalt an Stilrichtungen bei. Ein jedes gab den Tänzern eine spezielle Art der Interpretation vor.

Ähnlich wie der Kosmos und das Leben gestaltete sich der Tango auf der Grundlage einer gewissen Anzahl fester Gesetzmäßigkeiten und Grundelemente, die sich nach und nach herauskristallisierten, auf der Basis der Dualität, welche polare Spannung erzeugt. Wie in der Evolution des Lebens sind Mutation und Selektion sowie ein schöpferischer Geist, der sich zunehmend seiner selbst bewußt wird, der Motor der *Entwicklung*. Der Kampf gegen die Beschränkung durch festgefügte Gestaltungsprinzipien und Formen geschieht durch äußerste schöpferische Ausnutzung ihrer Möglichkeiten, in der Entstehung immer komplexerer Gebilde und zunehmender Differenzierung.

Ungefähr ab den 40er Jahren unseres Jahrhunderts war der Tango an einem Punkt angelangt, an dem sich Schritte und Beinbewegungen von Mann und Frau deutlich auseinander entwickelt hatten. Zuvor wurde noch mehr parallel getanzt, zumindest bis in die 20er Jahre. Die meisten Bewegungsabläufe unterscheiden sich aber heute deutlich voneinander. Die betonte Differenzierung trägt dazu bei, die Polarität zwischen den Tanzenden weiter zu erhöhen und dadurch die Anziehung zu steigern – eine Spannung, die nie aufgelöst wird. Es ist vor allem die weibliche Anmut und Schönheit, deren magnetische Wirkung die Kreativität des Mannes weiter anspornt. Durch die zunehmende Differenzierung trägt die Technik dazu bei, das typisch Männliche und das typisch Weibliche zu einer immer kontrastreicheren Einheit zu verbinden. Nicht nur die Schritte sind bei beiden verschieden. Sie bewegen sich oft auch in unterschiedlichen Rhythmen zur selben Zeit. Eine Zunahme der Kreativität des Tanzes beim Mann verlangt auch der Frau ein Mehr an Kreativität im Dialog ab. Mann und Frau sind auf der Grundlage der Verschiedenheit im Tango völlig gleichwertig und voneinander abhängig. Denn ohne die Frau kann der Mann seine Rolle nicht ausfüllen und umgekehrt. Der eine Pol definiert sich aus dem Vorhandensein des anderen. Genauso kann ein guter Tänzer seinen Tanz nur mit einer auf technischer Ebene zumindest gleichwertigen Tänzerin entfalten, wie umgekehrt. D.h. der

Schwächere begrenzt in beiden Richtungen, zwischen Mann und Frau, das technische wie auch das substantielle Niveau, das im Ausdruck von der Qualität der technischen Form mit abhängt. Mit substantiellem Niveau meinen wir die Ausdruckskraft der Persönlichkeit und den Grad des individuellen männlichen sowie weiblichen Potentials. Wie sehr sind beide fähig, ihre Männlichkeit bzw. Weiblichkeit durch die Kraft ihrer Persönlichkeit auszudrücken? Auf der technischen Ebene bedeutet es, daß der schwächere Partner die Qualität und Möglichkeiten des gemeinsamen Tanzes bestimmt. Und lassen wir die Technik einmal außer acht, indem wir sie auf beiden Seiten voraussetzen, und betrachten nur das substantielle Niveau, so entfalten sich Persönlichkeit und erotische Ausstrahlung eines Menschen auch nur, wenn er ein ähnliches *Kaliber* vor sich hat, das all seine Ebenen voll anspricht und die *Chemie* stimmt, der Cocktail die richtige Mischung hat.

Tango, ein Spiegel innerer Vorgänge

Es bestätigt sich immer wieder in der Einzelarbeit mit Paaren wie auch einzelnen Personen und rückblickend in der eigenen tänzerischen Entwicklung, daß sich im Tango sowohl die Weite der inneren Möglichkeiten, als auch deren Grenzen deutlich ausdrücken. Damit ist zum einen die Freiheit des Ausdrucks und das Maß der inneren Verbundenheit mit dem eigenen Körper gemeint, wie auch die Fähigkeit, mit einem anderen Menschen an der Lösung von gemeinsamen Problemen zu arbeiten. Letzteres setzt eine gewisse Selbstdistanz voraus. Dadurch wird der Tango zu einem Instrument, an dem innere Vorgänge der Entwicklung und Erweiterung im Sinne der Zunahme von Freiheit ablesbar werden.

Der Tango verlangt ein hohes Maß an Selbstbewußtsein im wahrsten Sinne des Wortes: sich seiner selbst bewußt zu sein, seiner realen Fähigkeiten und auch realen Grenzen. Um *voranzugehen* ist es nötig zu spüren, *wo man steht.* In der großen Freiheit, die dieser Tanz trotz und gerade wegen seiner Formstrenge gewährt, sind Aktion und Reaktion auf allen Ebenen so sehr miteinander verflochten, daß jedes Hintendieren zu Schuldzuweisungen beim gemeinsamen Erarbeiten seiner Formgebilde ein fruchtbares Zusammenarbeiten unmöglich macht. Nicht selten wird im Tanzunterricht und noch mehr beim darauffolgenden Üben ein konstruktives Arbeiten durch Schuldzuweisungen und das Projizieren eigener Schwächen auf den Partner sowie die fehlende Bereitschaft und Fähigkeit, die Spannung von Unsicherheiten aushalten zu können, erschwert.

Möglicherweise beklagt sich eine Frau bei ihrem Partner, daß dieser sie immer aus dem Gleichgewicht bringt, bemerkt aber gar nicht, daß sie in den Ochos so sehr an ihm herumzerrt, daß er sich selbst nicht mehr in der Achse halten kann. Oder er sagt zu seiner Partnerin: Du mußt leichter in die Drehung gehen, während er ihr aber noch mit seiner Schulter den Weg versperrt. Der Tango fordert einen geduldigen und liebevollen Umgang miteinander. Diese persönlichen und nur allzu menschlichen Schwächen können einzelne Risse in der Beziehung zu einer schließlich unüberbrückba-

ren Kluft vertiefen. Ironischerweise beginnen viele Paare genau dann einen Tangokurs, wenn es in der Beziehung richtig *kriselt*, um wieder mehr gemeinsam zu unternehmen und einander erneut näherzukommen. Für manche Paare bringt der Tango dann genau die Bewegung in festgefahrene, wirkliche Nähe verhindernde Verhaltensmuster, die sie brauchen, um ihre Beziehung wieder zu beleben – Krise als Chance. Andere Paare, die schon lange keine mehr sind und vielleicht nie wirklich welche waren, trennt der Tango endlich, um den Weg für die Liebe wieder zu öffnen – meist mit einem Zuwachs an Erkenntnis. Auch zeigt die Beobachtung, daß viele Menschen, die gerade eine Trennung erleben, oder eine solche in ihrem Inneren noch als frische Wunde tragen, in dieser Situation den Tango für sich entdecken.

Die vorangegangenen Zeilen lassen bereits zu Recht vermuten, daß einem verantwortungsbewußten Tangolehrer, der individuell arbeitet und nicht nur Schrittkombinationen unterrichtet, immer auch die Rolle des Vermittlers, des neutralen Dritten, des unparteiischen Schlichters zukommt. Er darf sich nie in die Paardynamik hineinziehen lassen, muß versuchen, den Überblick aus der Distanz zu wahren und behutsam zu führen. Doch sollte er auch die Grenzen eines Paares respektieren. Denn die Vermeidungsmechanismen sind nicht selten die Konstruktionen, die es den Paaren gerade noch erlauben zusammenzubleiben. Hinter ihnen versteckt sich viel Schmerz und Verletzung. Sie haben ihre Berechtigung. Doch bei Paaren, die offen sind für das Liebesideal des Tangos, hält dieser viele Leitmotive und eine Vision bereit. Wenn ein Paar erst einmal beginnt, die Teufelskreise ihrer leidvollen Rollenspiele zu durchschauen, und jeder der beiden Tanzenden sich mehr dazu aufschwingt, seinen eigenen Anteil daran zu erkennen, kann eine Auflösung dieser Muster und der Prozeß des Loslassens und gegenseitigen Verzeihens in Gang kommen. Doch sei an dieser Stelle zur Warnung deutlich gesagt, daß der Tango gefährlich ist, was in seiner polaren *Doppelnatur* liegt. Er kann unser Potential weiter entfalten, denn er ist ein Spiegel der Selbsterkenntnis, der manchmal transparent wird und den Ausblick auf die Vision eines freieren Handelns, den Vorgeschmack auf einen liebevolleren, großzügigeren, geduldigeren und selbstbewußteren Umgang miteinander, auf erweiterte Ausdrucks- und Kommunikationsmöglichkeiten eröffnet.

Doch er kann unser *Haus* und unsere Liebe anhand unserer eigenen Schwächen, Eitelkeiten und Verführbarkeiten auch zerstören oder verdunkeln. *Und eines wird der Tango ganz gewiß tun: er wird uns bei unserer Eitelkeit und unserer Lust packen, wenn diese noch keine feste Heimat hat im Haus der Liebe. Doch ebenso sicher ist, daß, wenn wir die Versuchungen im Tango überwunden haben, sie uns auch in den restlichen Lebensbereichen kaum mehr ein Bein stellen werden.* Wir müssen jedoch die von uns begangenen Fehler annehmen. Für sie zu bezahlen offenbart den Wert der verlorenen Dinge. Sie weiten in negativer Form den Blick für den Weg, wo wir für das positive Erkennen noch blind waren. Wir werden den Versuchungen und *Fallgruben* eher erliegen, solange wir uns unserer eigenen *Schattenanteile* noch nicht bewußt geworden sind. Und Versuchungen und erotische Reize hält der Tango bereit – in großer Fülle. Doch wenn wir einmal *abstürzen*, sollten wir uns in diesen *Gruben* nicht allzu bequem einrichten, da das Dunkle über zunehmende Abstumpfung und Gewöhnung nur allzu leicht Macht über uns erlangt. Wer das bezweifelt, der lese »*Das Bildnis des Dorian Gray*« von Oscar Wilde. Man könnte unter der Macht der Gewohnheit, sich immer mehr den Trieb-Kräften des Eros blind zu überlassen, leicht das Wesentliche, die Liebe und die Menschlichkeit, vergessen. Wichtig in jeder Hinsicht ist die Vorbild-Wirkung der Lehrer und der bedeutenden Tänzer. *Tanz ist viel zu essentiell und existentiell, um ihn begrifflich auf körperliche Bewegung zu reduzieren. Ein wahrer Tänzer kann sich der Aufgabe nicht auf Dauer entziehen, sein äußeres und inneres Wesen ganzheitlich zu entfalten. Wer sich Tänzer nennen will, sollte sich stets nur von seinen höchsten Idealen leiten lassen und auch seinen Lebenstanz in formvollendeter Schönheit gestalten, wie auch jede Choreographie nur Gefäß ist für die Kraft und Schönheit des Ausdrucks und eine gute Geschichte, die erzählt wird, Gefäß ist für den Dialog mit dem Gegenüber und der Lebendigkeit in einem selbst.* Jeder Tänzer braucht Vorbilder, benötigt strahlende Sterne. – Doch zurück zur Paarproblematik: Auf der einen Seite thematisiert der Tango pausenlos die Harmonie in der Einheit auf der Basis *abhängiger Autonomie* und tut erst einmal kaum etwas anderes, als die bereits vorhandene Dissonanz im Umgang miteinander noch zu verstärken und in den Vordergrund zu heben. Auf der anderen Seite schafft er im tänzerisch promiskuitiven Milieu der Tango-Salons eine Vielzahl an erotischen Reizen und Signalen, die nicht selten zu Versuchungen werden, die Wunden aus dem eigenen Beziehungskampf in *fremden*

Gewässern zu lindern. Der Tango trifft nicht selten auf die Schwäche, die aktuellen Konflikte mit dem Beziehungs-Partner, die sich auch im Tanzunterricht und beim Üben niederschlagen, durch *Liebes-Partner-Wechsel* lösen zu wollen, da dies scheinbar der bequemere Weg ist. Doch gerade diese Partnerwechsel sind es, sofern sie in eine neue Beziehung münden, die uns alsbald eines besseren belehren werden, wenn sich der alte Konflikt in neuer Besetzung wiederholt. Auf diesem Schlachtfeld zwischen Eros und Sexus sind wir Tango-lehrer nicht nur Kampfkunstlehrer und Ärzte in einem, sondern auch oftmals hilflose Diplomaten, die nach *friedlichen Lösungen* im Krieg der Geschlechter suchen. Ein Zyniker würde vermutlich ver-merken, daß dies den idealen Stoff für unterhaltsame Komödien bietet, ein Teufel würde kräftig in die Flammen der brennenden Dörfer pusten und ein Altruist sich zum Therapeuten aufschwingen.

Partnertausch

In einer Kursstunde ist es immer sinnvoll, ab und zu mit jemand anderem zu *probieren*. Nach anfänglicher Verunsicherung durch die ungewohnte körperliche Nähe mit einem unbekannten Menschen sind die Anfänger meist erstaunt, wenn sich ein festgefahrenes Pro-blem nach einem Partnertausch bald entspannt, was daran liegt, daß man mit einem fremden Menschen, meist aus einer rücksichts-vollen Distanz, behutsamer und bereitwilliger umgeht, als das mit dem eigenen Beziehungspartner der Fall ist. Die *Luft* mit einem neuen Partner ist noch *rein*. Man bemüht sich mehr und ergeht sich weniger in Schuldzuweisungen. Wenn nach einigen Tänzen alle wieder zu ihrem Partner zurückkehren, hat sich die Situation meist auch dort bereinigt, der *Knoten gelöst*. Fast alle, außer hartnäckige Anhänger von Verschwörungstheorien, haben dann normalerweise bemerkt, daß die eine oder andere auftretende Schwierigkeit beim Erarbeiten einer neuen Form, wenn sie sich mit unterschiedlichen Tanzpartnern wiederholt, durchaus irgendwie mit dem eigenen Unvermögen in Verbindung stehen kann. So ist vorübergehender Partnerwechsel eine der besten Deeskalationsstrategien, die im Unterricht zur Verfügung stehen.

Unterschwellige, unter dem Teppich gehaltene Aggressionen und gewisse Verhaltenstendenzen schlagen im Tanz früher oder später immer durch. Das Unterbewußte wirkt direkt über den Körper. Der Tanzpartnerwechsel kann uns enthüllen, daß die aktuellen Schwierigkeiten mit uns selbst in Zusammenhang stehen. Doch kann bei oberflächlicher Betrachtungsweise durchaus die Schlußfolgerung vermieden werden, daß sich die Schwierigkeiten im Unterricht mit unserem Beziehungsalltag allgemein in Verbindung setzen lassen. Jeder muß seine Entscheidung treffen. Niemand kann gezwungen werden, sich zu bewegen. Jeder Mensch hat das Recht, sich endlos zu wiederholen. Neben der krisenentspannenden Wirkung werden aber auch die Erfahrungsmöglichkeiten durch Tanzpartnerwechsel vervielfältigt. Der Partnerwechsel hilft u.a., das Allgemeingültige aus den Einzelerfahrungen abzuleiten und zu lernen, sich flexibler auf andere Partner einzustellen. Außerdem verfestigen sich, wenn man immer nur mit dem gleichen Partner tanzt, die eigenen Fehler; und zwar alleine dadurch, daß der Partner sie nach und nach durch sein Verhalten ausgleicht. Dadurch entstehen zusätzlich neue Fehler und Irrtümer, wie in einer echten Beziehung eben oft auch. Der Partnerwechsel ist eine Sache. Doch zur Überwindung innerer Hürden, zum Lösen manch hartnäckiger Knoten und zur persönlichen Weiterentwicklung braucht man auch die Bereitschaft zur Verbindlichkeit in einer dauerhaften Tangobeziehung und den Willen, Konfrontationen und Konflikten nicht auszuweichen. Man lernt, daß durch Dominanz kein Durchbruch erreicht werden kann, daß es keinen Fortschritt mit und durch Gewalt gibt und daß man nur im Loslassen gewinnt. Ironischerweise kitzelt der Tango unsere Eitelkeit und den versteckten Narzißmus heraus, zwingt uns jedoch gleichermaßen, unsere Empfindlichkeiten des Egos in der gemeinsamen Arbeit zu überwinden. Er lehrt uns, uns selbst nicht mehr allzu ernst zu nehmen. Dort, wo wir diesen *falschen Ernst* des *kleinen Menschen* in unserem Inneren loslassen, beginnen wir, uns von unserer Lächerlichkeit zu befreien und uns in einer tieferen und natürlicheren Weise selbst ernst zu nehmen. Um im Tango voranzukommen, brauchen wir beides: Wir müssen viele Erfahrungen mit wechselnden Tanzpartnern sammeln. Wir brauchen aber auch die Ausdauer, eine *feste Beziehung* über alle Höhen und Tiefen miteinander aufrechtzuerhalten, um daran zu wachsen. Es ist leicht, immer wieder einen Kelch auszutrinken, ihn wegzustellen, den nächsten zu leeren. Doch verlieren wir dabei an Tiefe, lassen über dem *Faszinosum* unsere Liebesfähigkeit verkümmern, und vor allem bleiben wir stehen. Schwerer, doch ungleich bereichernder ist es, diesen *Kelch der Beziehung* gemeinsam, gegen alle Hindernisse, zu füllen, anstatt sich an fremdem Wein zu berauschen. Sonst gleichen wir eher einem Alkoholiker als einem Liebenden.

Tango bei Paaren

Zu Beginn einer Tangolaufbahn zeigen Paare im Tanz unbewußt dieselben Mechanismen, die auch ihren Beziehungsalltag kennzeichnen. Doch nach und nach, wenn sie *die Bewegung in der Krise* nicht *aus dem Sattel geworfen hat,* beginnen sie an sich zu arbeiten und mit Hilfe des Tangolehrers Lösungsstrategien für die Arbeit am Tanz zu entdecken, die nicht selten auch ihren Niederschlag im Beziehungsalltag finden. Denn der Umgang miteinander entspricht bei den wenigsten Paaren dem Idealbild des Eros, das sich im Tango ausdrücken kann. Der Vermittlung dieses Idealbildes sollte ein Tangolehrer gegenüber dem Exerzieren *immer neuer Schritte* unbedingten Vorrang einräumen. Die Hauptschwierigkeit für die Frauen, die darin besteht, sich vertrauensvoll hinzugeben und führen zu lassen, wird dadurch entschärft, was wiederum auch den Männern in ihrer Rolle Erleichterung verschafft. In der *guten alten Zeit* am Rio de la Plata übten oft die Männer gemeinsam. Sie waren vielseitig und erarbeiteten sich auch die Frauenrolle. Man war eher bestrebt, den Genuß mit der Frau zu teilen und nicht das Üben. Frauen waren knapp und man wollte sich nicht erlauben, sich allzuoft nicht von der besten Seite zu zeigen. Auch die Frauen lernten voneinander. Und es gab in den *academias,* die manchmal Bordellcharakter hatten, Miettänzerinnen für die Männer zum Tanzen und Üben, für die man bezahlen mußte. Natürlich wollen wir nicht propagieren, die alten Zeiten wiederzuleben. Der Tanz ist seitdem komplexer geworden, und vielleicht fällt es auch heute in Europa den Frauen schwerer, sich führen zu lassen und den Männern schwerer zu führen? *Nur eines sollte klar sein. Tango ist kein Sport. Er ist Ausdruck dessen, was unter Beachtung gewisser Regeln zwischen dem weiblichen und männlichen Innenleben durch eine äußerst subtile verinnerlichte Feinmechanik abläuft und gestaltet werden kann.*

Bei vielen Paaren haben sich ein Teil oder aber beide aus Verletzung verschlossen. Oder man hat sich irgendwie damit arrangiert, daß man auch sonst gegenseitig nicht genügend aufeinander eingeht, was natürlich den Tango erschwert, da man unter diesen

Voraussetzungen nicht mehr wirklich in Kontakt gehen, sich miteinander verbinden kann. Man trifft auf die *Nähe mit Vorbehalt und Einschränkung. Der Körper ist nicht fähig auszudrücken, wogegen sich das Innere widersetzt,* bei Anfängern noch weniger als bei Geübten. Doch auch bei Geübten geht es nicht wirklich. Die Verweigerungen äußern sich nur subtiler, was aber auf dem entsprechend höheren Niveau des Tanzes ähnlich hinderlich wirkt.

Der Körper lügt nie

Vielleicht fehlt es aber auch an gegenseitigem Respekt, oder ein alter mühsam unter der Oberfläche gehaltener Groll *schlägt durch* und er zerrt sie in die Figuren, die er tanzen will hinein, ungeachtet ihrer Unsicherheiten und Widerstände, ohne Rücksicht auf ihre Mitte und ihre Balance. Oder sie erträgt es vielleicht nicht mehr, sich von ihm führen zu lassen.

Das hohe Maß an Freiheit, das man erlangt, wenn die strenge Form zu einer zweiten Natur geworden ist, schafft eine unendliche Vielfalt an Möglichkeiten gemeinsam verschlungener Pfade und Ornamentik im Tango. Das erfordert von der Frau jedoch ein viel höheres Maß an Sich-Einlassen und Sich-Hingeben, als bei anderen Tänzen, eine stärkere Präsenz für beide und ein klares Verantwortung-Übernehmen des Mannes hinsichtlich der Führung der Frau und gegenüber den eigenen Entscheidungen. Denn diese beruhen vor dem Hintergrund unendlicher Möglichkeiten auf maximaler Freiheit der Wahl. Die große Freiheit, in der nie einfach nur Schritte wiederholt werden, wie in standardisierten Tänzen, kann sehr viel Verunsicherung erzeugen. Man kann in diesem Tanz nicht innerlich abgeschaltet funktionieren. Gerade die Verbindung zwischen großer Freiheit und Formgebot macht den Tango auch zu einem therapeutischen Instrument. Die Themen sind einerseits Haltung, gegenseitige Akzeptanz und Respekt, Form, Grenze, Grundsatztreue, Entscheidungsfähigkeit, Klarheit, Konsequenz, Achtsamkeit und Verantwortlichkeit, Loslassen, Verbindlichkeit und Autonomie, andererseits Lust, Spiel, Zärtlichkeit, Leichtigkeit, Offenheit, Innigkeit, Spontaneität, Anziehung, Zuneigung, sich seinen Raum zu schaffen für die eigene Bewegung, aber auch der gemeinsamen Bewegung Raum zu geben und den zur Verfügung stehenden Raum optimal zu nutzen.

Das Zerfließen im Kontakt

Natürlich ist es einfacher, wenn der Tanzpartner nicht Beziehungspartner ist. Die Beziehung erschwert den Tango. Und nicht selten belastet dann der Tango die Beziehung. Doch liegt gerade im bewußten Umgang damit, was er an unbewußten Beziehungsmustern hervorholt, die Chance, die Beziehung von diesen unbewußten Mustern zu bereinigen, d.h. selbst bewußter in der Beziehung zu sein und zu agieren. Wenn man sich jedoch dafür entscheidet, Tangopartnerschaft und Liebesbeziehung nicht zu vermischen, sollte man sich sehr klar darüber sein, was man eigentlich voneinander will. (Wenn man einige Male aus einer diffusen Anziehung heraus in irgendwelche *Geschichten hineinrutscht*, könnte auch das mit der Zeit ein gesteigertes Maß an Bewußtheit im Umgang mit dem Eros erzeugen.) Wir haben zuvor über Blockaden bei Paaren gesprochen. Kommen wir nun zum anderen Extrem, das man am häufigsten bei frisch verliebten Paaren oder Schülern vorfindet, die gerade im Begriff sind, der gegenseitigen Anziehung zu erliegen: Bei solchen Tanzpaaren ist das Phänomen, des *Zerfließens im Kontakt* eher frauentypisch, da der Mann durch die Forderung zu führen noch mehr zur Wahrung der Form gezwungen ist. Eine Voraussetzung miteinander zu tanzen ist, sich einander zuzuwenden und anzuvertrauen, ohne die Grenze aufzugeben, *aus der Form zu gehen*, und im Kontakt völlig zu zerfließen. Das sind wichtige Aspekte des Spannunghaltens auf der inneren und der erotischen Ebene. Wir sprechen hier von der Spannung gegenseitiger Anziehung. Für die meisten Europäer, die zum Tango kommen, ist die in unserer Kultur eher ungewöhnliche Tuchfühlung erst einmal verwirrend. In der lateinamerikanischen Kultur ist das erotische Spiel im täglichen Umgang und die große körperliche Nähe in den Tänzen alltäglich. Wir sind jedoch eher gewöhnt, diese Art von Nähe, Einlassen und gegenseitiges Spüren in der Regel erst dann zuzulassen, wenn wir eine gewisse Grenze in eindeutiger Absicht überschritten haben. Ein Lernprozeß im Tango ist daher, daß diese Anziehung, die man im Tanz öfter erlebt, kein Signal ist, in unserer Annäherung über einen, durch den Tanz gesetzten Rahmen hinauszugehen. Man kann im Tango Eros und Intimität graduell für einige Tänze mit einem Menschen teilen, den man noch nie zuvor gesehen hat. Dazu gehört aber, diese Grenze selbst zu besitzen, ohne der erotischen Anziehung im Tanz dauernd zu erliegen, da dies nicht gerade zur Erleichterung unseres Lebens beitrüge. Und wenn wir auf unser Leben keine Rücksicht nehmen wollen, sollten wir als Tangotänzer, die zu sein wir beanspruchen, doch zumindest auf die Erfordernisse des Tanzes eingehen, der von uns Form, Grenze und Gleichgewicht verlangt. Wie bereits erwähnt, ist dieses Zerfließen im Kontakt beim Tango eher typisch weiblich. Bei den Männern drückt sich die Preisgabe der Grenze mehr in einer schlechteren Haltung und einem Nachvornebeugen des Kopfes aus, was dazu führt, daß der Kopf der Frau über ihrer Achse weggedrückt wird. Frauen neigen eher dazu, die Spannung in der Achse aufzugeben, mit geschlossenen Augen am Mann zu kleben, die Kontrolle über ihre Bewegungen zu verlieren. Und beide haben dabei die Tendenz, den körperlichen Kontakt nicht mehr allein auf den Brustkorb zu beschränken, was die Bewegung zu einem unsauberen symbiotischen Verschmelzen degenerieren läßt, in dem es weder souveräne Achsen noch dynamisches Gleichgewicht oder Autonomie in der Einheit gibt, sondern vor allem eingeschränkte Bewegungsfreiheit. Der Tango thematisiert uns selbst auf der Beziehungsebene, in Wesen, Persönlichkeit und Beziehungsverhalten. Er ist sowohl Spiegel wie auch Symbol in Bewegung. Im symbiotischen Verschmelzen drücken sich Regression und Identitätsverlust aus. Das Ideal im Tango weist jedoch in eine andere Richtung, nämlich die Identität im Du zu finden, welche einen Gegenpol zu diesem Du formt. Dies ist bekanntermaßen auch die wirksamste Methode, die Anziehung aufrechtzuerhalten. Wie oft begegnet man beim Tango jenem Strohfeuer der *Liebe*, das bald verbrannt ist. Und nach einigen Monaten hängen die beiden jeweils bei jemand anderem am Hals, um die Einschränkung der eigenen Bewegung einmal mehr mit einem neuen, aber gleichgesinnten Partner zu zelebrieren.

Die Idee der Komplementärtypen

Das Gegenteil zum Phänomen des Zerfließens der Frau im Kontakt mit dem Mann, das wir zuletzt beschrieben haben, wäre, gar nicht erst in den Kontakt zu gehen, sich nicht einzulassen. Oder gehen wir von diesem Verhaltenstypus in abgeschwächter Form aus, dann gelingt es ihr einfach nicht, gleichmäßig über ihren Oberkörper, mit leichtem Andruck gegen den seinen durch alle Richtungswechsel hindurch, mit ihm in Verbindung zu bleiben. Es ist so eine Art Stotterkontakt, der immer wieder abreißt. Durch den fehlenden oder mangelnden Kontakt ist sie mehr oder weniger auf sich gestellt, da sie keine klaren Führungssignale aufnehmen kann. Einzelkämpferin, wie sie im Leben meistens auch ist, trägt sie ausdauernd und tapfer ihren Streß, der dadurch entsteht, daß sie ihre Schritte selbst tut und nach eigenem Gutdünken ausführt, was so gut wie nie mit seinen Bewegungen harmonieren wird. Ihre Chance liegt darin, wie bei Vertretern anderer Verhaltenstypen auch, daß sie, wenn nötig durch Hinweise des Lehrers, auf den Mechanismus, durch dessen Ausdruck im Tanz, während der Selbstwahrnehmung, aufmerksam wird und loslassend die Grenze ihrer Freiheit schrittweise erweitert.

Fest steht, daß für beide Komplementärtypen Verbindung, Form und Grenze Thema sind. Erster Typus hat im Kontakt zu Form und Grenze zu finden, zweiter durch Form und Grenze den verbindenden Kontakt herzustellen. Für beide geht es darum, die Gegensätze zu integrieren und zu verbinden, und Autonomie nicht als Widerspruch zu Einheit und Verbindung zu erleben, sondern als ihre Voraussetzung. Von dieser Notwendigkeit sind wir ebenso überzeugt wie von der Gültigkeit jener Erfahrung, daß jede Gruppe der entwickelten Individualität und inneren Souveränität ihrer Mitglieder bedarf, um ihr Potential voll entfalten zu können und nicht zur grauen Masse trägen Kollektives zu verkommen. Verhält es sich auf der Paarebene nicht ebenso? Auch hier geht es um Vereinigung der Gegensätze. – Wir kommen zum nächsten Komplementär-Paar. Fairerweise wenden wir uns nun den Männern zu. Es gibt Männer, die sich hingebungsvoll der Führung der Frau widmen und darüber ganz ihre eigenen Schritte, wenn nicht gar vergessen, so doch hinter jene in einer Weise zurückfallen, daß der Zug der gemeinsamen Bewegung für sie immer bereits abgefahren ist, wenn sie gerade auf diesen aufspringen wollen, sich aber nicht mehr *einfädeln* können. Zumindest nicht weniger selten sind jedoch jene Männer, die sich vor allem um ihre eigenen Schritte kümmern und dabei ganz vergessen, die Frau mitzunehmen. Man könnte beide Extreme mit dem Hinweis quittieren, daß der Mann ohnehin so vielen Anforderungen ausgesetzt ist, daß man dem nicht so viel Bedeutung beimessen darf, wenn er mal die eine oder andere Seite vernachlässigt. Das mag schon sein. Doch gibt es immer wieder Männer, bei denen die eine oder andere Seite in einer Form überrepräsentiert ist, welche sie schon fast als typisch charakterisiert.

Der spirituelle Aspekt

Geben und Nehmen im Fluß der Ereignisse

Auch letzteres Komplementär-Paar besitzt zumindest eine Gemeinsamkeit. Ihr gemeinsames Thema ist, ausgehend davon, daß zum *Wir* sowohl das *Ich* als auch das *Du* gehören, beides miteinander in Einklang zu bringen: Er darf sich nicht nur auf seine Schritte konzentrieren und die Frau darüber vergessen. Wenn er sich aber nur um die Führung seiner Partnerin sorgt, darüber aber die eigenen Schritte vergißt, bleibt der Tango ebenso auf der Strecke. Ist die Balance außen gefunden, kann auf der inneren Ebene sein Geben zu einem Nehmen und ihr Nehmen über ihre Hingabe zu einem Geben werden. Und wenn ein Teil des Tanzpaares dieses Geben und Nehmen in Einklang miteinander bringen möchte, ist er völlig davon abhängig, daß sein Gegenüber mit in diesen Prozeß hineingeht. Die Voraussetzung dafür ist, räumlich, zeitlich und mental miteinander in Kontakt zu bleiben und sich zu öffnen. Dieses *dialogische Miteinanderverbundensein* in Bewegung und dynamischem Gleichgewicht, im gegenwärtigen Fluß der Augenblicke, ohne vorauszudenken oder an Vergangenem festzuhalten, ist die erotisch-meditative Seite im Tango. Es ist eine der Grundvisionen, die der Tango schenkt, den Eros im Leben nach dem gleichen Prinzip zu gestalten. Wir sprechen hier im Zusammenhang mit *Geben und Nehmen* nicht von einer Art Geschäft, sondern von einem höchst erfüllenden, sich wie von selbst gestaltenden Dialog. So überträgt der Tänzer die Freude und das Vergnügen, das er im Tanz empfindet, mit Lust auf ihren Körper. Sie schmiegt sich enger an ihn und erwidert jede seiner Bewegungen entgegenkommend, was ihn weiter anspornt. Wie formulierte es einmal ein alter Milonguero: *»Sie haftet an ihm wie der Duft seines Rasierwassers.«* In diesem getanzten Dialog wird jedes Geben dadurch zu einem Geschenk des Nehmenden, weil dieser es durch seine Offenheit, sein Nehmen-Können aus uns hervorgebracht hat und es zu schätzen weiß. Die Vorzeichen können sich umdrehen und der Nehmende wird durch sein Nehmen zum Gebenden. So kann man im Tango zeitweise in einen Zustand höchst erfüllter und erfüllender Stille fallen, wenn man sich absichtslos, aber unter Wahrung der Prinzipien einander völlig in der Musik hingibt. Diese merkwürdige Stille kann niemals durch rationales Tun erreicht werden, sondern nur durch loslassendes Geschehenlassen. Diese erfüllte und beseelte Stille im Tango ist Ausdruck eines gesteigerten Bewußtseins, über das der göttliche Mantel des Eros gebreitet ist. Diese Stille steht niemals im Widerspruch zu äußerer Aktivität und Geschwindigkeit, benötigt sie aber auch nicht. Diese Stille steht auch nicht in Widerspruch zu komplizierten Schritten, benötigt sie jedoch ebensowenig. Sie befindet sich jenseits der Dualität von äußerer Ruhe und äußerer Aktivität. *»Tango es caminar, no correr«* sagt man in Argentinien. Tango ist gehen, nicht laufen. Das gilt selbstverständlich immer, ungeachtet der Geschwindigkeit des Tanzes. Je höher die Geschwindigkeit, desto mehr muß man sich von der Idee des Schrittemachens lossagen. Die Beine folgen immer ruhig dem Körper. Ihre Bewegungen sind geschnitten scharf, präzise und gestreckt, trotz der Weichheit ihres ruhigen, aber wechselhaften Flusses.

Doch hat der Tango nicht nur diese unendlich tiefe Seite. Manchmal ist er einfach nur dazu da, miteinander herumzualbern und zu spielen.

Es gibt keine zweite Chance

Jeder Schritt bleibt bestehen, ist er einmal gesetzt. Die Bewegungen im Tango, wie sie vom Mann initiiert werden, sollten immer gesammelte Ruhe und Entschiedenheit ausdrücken, räumlich zielgerichtet, klar und ohne jede Eile ausgeführt sein. Für beide, doch im besonderen für die Frau, gilt: Es gibt nach einem Fehlschritt niemals eine zweite Chance. Jeder Schritt ist eine Setzung, somit eine Entscheidung und schafft die, im wahrsten Sinn des Wortes, unverrückbare Grundlage für den Weitergang der Bewegung. Es gibt kein Nachkorrigieren oder nochmaliges Verrücken. Der Mann hat die Aufgabe, bei einem Mißverständnis immer ausgleichend zu wirken. Ihm obliegt es, falls sie den Schritt anders setzt, als von ihm vorgesehen, darauf einzugehen und von dieser Situation ausgehend, weiterzutanzen. Er muß lernen, sich in seinem Tanz immer flexibel auf eine unvorhergesehene Situation einzustellen und ihren *Fehltritt* so in seinen Tanzfluß zu integrieren, als wäre es keiner gewesen. Die Mißverständnisse können von beiden verursacht werden und gehören, wie bei einer verbalen Sprache auch, eben dazu. Sie können ein kreatives Element darstellen, etwas, das die Formgebilde mutieren, den Mann neue Übergänge, Verbindungen und Zusammenhänge entdecken läßt. Wenn die Frau nachkorrigiert, erschwert sie dem Mann, sich auf das Geschehene einzustellen und erzeugt ein Klima zunehmender beidseitiger Nervosität, in dem sie dort die Tatsachen wieder verändert, wo er vielleicht schon im Begriff war, das *Problem* zu lösen, was sie damit durchkreuzt. Außerdem sollte sie immer im gegenwärtigen Fluß der Augenblicke bleiben. Wenn sie sich innerlich mit einem begangenen Fehler befaßt, ist sie nicht mehr in der Gegenwart, also aus dem Kontakt mit dem Mann, was die Quote der Fehler weiter erhöht und beide immer mehr voneinander trennt.

Vom Sehen und Zerdenken zum Spüren und Erfühlen

Der Blick im Tango fixiert nicht. Unsere Gesichter sind zu nah, als daß wir einander in die Augen sehen könnten. Unsere Wangen berühren sich manchmal sanft. Wir wechseln gelegentlich die Kopfhaltung. Entweder schauen wir in die gleiche Richtung oder aneinander vorbei. Die Blicke sind verinnerlicht, weit, entspannt, in eine unbestimmte Ferne gerichtet. Die Blickachse verläuft parallel zur Erde, über sie hinaus. Wir gewahren jede Bewegung mit den Augen, doch halten wir mit dem Blick an nichts und niemandem fest. Wenn wir mit Abstand tanzen, ist der Blick bei ruhiger Pupille immer in die jeweiligen Drehrichtungen der Körper, das bedeutet über eine entsprechende Ausrichtung des Kopfes, integriert. Vielleicht tauschen wir ein kurzes Lächeln mit Vorbeitanzenden oder ein Augenzwinkern, doch niemals ist unser Blick zu Boden gerichtet, auf unsere Füße gar. Niemals sollten wir ihnen beim Tanzen zusehen, da uns das verleitet, über die Schritte nachzudenken, was uns vom unmittelbaren Erleben der Bewegung abschnitte und dem Fluß des Gegenwärtigen entrisse. Die Frau wäre wahrscheinlich verunsichert, sobald sie der Andersartigkeit seiner Figuren und Schrittkombinationen gewahr würde, zu denen sie, ohne hinzusehen und nur auf seine Führung achtend, mit schlafwandlerischer Sicherheit ihren Teil in passender Weise beitragen könnte. Und den Mann verleitet das Betrachten seiner Schritte eventuell, sich mehr um deren Glanz und äußere Wirkung zu kümmern, als um das Geleiten und Wohlergehen der Frau, die er für die kostbare Zeit einiger weniger Tangos in seinem Arm halten darf. Ein Tango hat das Potential, ein hohes Maß an gesteigertem Erleben zu schenken, mit einem Menschen, den man nicht oder kaum kennt; und er hält das Äußerste bereit, wenn man ihn mit seiner Liebsten, seinem Liebsten tanzt. Denn er ist Spiegel und Brücke in einem. Er schenkt den Vorgeschmack auf die Einheit, in der die Autonomie gewahrt wird, auf die völlige Hingabe aneinander und den Augenblick, ohne sich darin zu verlieren. Doch er macht auch Hindernisse und Blockaden bewußt. *Der nach innen gerichtete sowie nach außen geweitete Blick, der nichts hält, spiegelt das Spüren und Erfühlen sowohl über den Körper wie auch des sich weitenden Geistes und begünstigt beides.* Dieses Spüren ist ganzheitlich und völlig mit dem Geschehen auf allen Ebenen verknüpft. Es bezieht sowohl das äußere Geschehen auf dem Parkett, die Selbstwahrnehmung, als auch das *Du* mit ein. Nur wenn man die eigenen Schritte loslassen und sich vom Nachdenken darüber befreien kann, beginnt man, mit seinem Partner aus dem Herzen heraus zu tanzen. Die Schritte folgen der Bewegung, die sowohl konkret physikalisch wie auch metaphorisch ihren Ausgang vom Herzen nimmt.

Man kann nicht gerade behaupten, daß der Tango ganz ohne rationale Kontrolle auskommt, doch sollte diese sich nur zwischen *Notsteuerung und Autopilot* im Hintergrund halten. Man sollte sie nicht immer wieder dazu benutzen, sich ständig etwas ganz Besonderes auszudenken. Generell gilt: Die optische Kontrolle durch beobachtendes Hinsehen, fixierenden Blickes, nährt das rationale Denken und überfüttert es schnell in einer, dem Tango wenig bekömmlichen Weise. In den Körper hineinzuspüren, und unfokussiert zu schauen, fördern das gefühlsmäßige Erspüren und die Intuition. Gewiß hat jede Tanguera schon einmal die Erfahrung gemacht, um wieviel leichter sich die Führung erfühlen läßt, wenn man beim Tanzen die Augen geschlossen hält. Ein unnötiges Festhalten an der Technik fesselt im Tanz auch an die Ratio. Man sollte deshalb die Technik in dem Maße loslassen, wie man sie sich bereits einverleibt hat. Doch die Technik im Tanz zu verkörpern ist eine Sache, ihre Essenz im Leben zu verwirklichen, eine ganz andere. Zum Üben sind die Studios und Praktikas vorbehalten. Doch der Ball als festliches Ereignis sollte das innere, das erotische und soziale

Ereignis einladen dürfen, anstatt als Experimentierfeld für die Technik herhalten zu müssen – *das Ereignis eines wirklichen Tangos, das sich entzieht, wenn man nach ihm greift, das einen unerwartet streift, wenn man es selbstvergessen spielend vergißt, das man seufzend vermißt, während man es im Innern bewahrt.*

Die hohe Kunst des Gehens

Das Bein tritt gegenüber dem Oberkörper verzögert in die Bewegung ein. Daraufhin überholt es, abhängig von lockeren Gelenken, vor allem der Knie, den Körper und geht in die Streckung, wo es der Bewegung der Achse vorauseilend, den Fuß gestreckt auf den Boden setzt. So integrieren sich die Schritte vollständig in den Lauf der Achsen. Dabei gilt: Der Oberkörper gibt den Bewegungsimpuls für das Bein. Der Schritt beeinträchtigt jedoch nie die Ruhe der miteinander verbundenen Achsen. Das Bein streckt zwar, doch bleibt man selbst immer in der eigenen Mitte zentriert. Aus der Verschiebung der Bewegungsphasen zwischen Bein und Körper ergibt sich zwangsläufig eine Verzögerung zu Anfang der Beinbewegung und eine Beschleunigung zu ihrem Ende hin. Alles Notwendige geschieht fein aufeinander abgestimmt, um fließend und gleichgewichtig in dieser weich pulsierenden Bewegung dahinzugleiten

Das Verzögern im Tango hat nichts mit Zögern im Sinne von *zögerlich sein* zu tun; sondern es ist das entspannte, kaltblütige Annähern an den letztmöglichen Augenblick, das Bein in den Schritt gleiten zu lassen, bevor sich Ungleichgewicht einstellt. *Der Moment des Aufsetzens auf den Boden ist in der Bewegung nicht höher zu bewerten als jedes andere Atom im ganzen Bewegungsfluß.* Der Geist sollte die gesamte Bewegung in jedem Augenblick völlig ausfüllen, wie guter Wein ein schönes Gefäß. Er sollte wahrnehmend begleiten und behutsam einwirken, ohne die Harmonie des Ablaufes durch *äußeres Tun* zu beeinträchtigen. Der Weg ist das Ziel, nicht einzelne Schritte, bei denen die Aufmerksamkeit allein auf den Moment des Setzens gerichtet ist. Das heißt: *Der Weg von A nach B steht im Vordergrund und nicht A oder B. Nur das gewährleistet eine hohe Qualität von A und B.* Ein Ziel in der Tanzbewegung ist, diese inhaltlich maximal zu verdichten. Das bedeutet, daß die Zahl der in ihr gefühlten Momente zunimmt. Die Zahl der *Bewegungspunkte*, die wir wahrnehmen, steigt an. Wir gehen immer mehr in die Tiefe; und zwischen zwei Punkten, die wir zuvor hintereinander, modellhaft gesprochen, wahrgenommen haben, spüren wir noch weitere. Es ist, wie wenn wir nachts in den Sternenhimmel schauen. Zuerst sehen wir nur einige Sterne. Doch je länger wir unsere Aufmerksamkeit auf eine Stelle richten, um so mehr Sterne werden für uns sichtbar. Wir füllen die Bewegung zunehmend nach innen aus und dringen in sie ein. Es ist, wie die Bewegung zu schmecken, sie auf der Zunge zergehen zu lassen. Unsere *Bildauflösung* wächst dabei immer mehr, entsprechend der Zunahme der Kapazität unserer Wahrnehmung, die wir im Tango schulen.

Neben dieser Verdichtung der Kommunikation zwischen Geist und Körper vertiefen wir auch die Kommunikation mit unserem Tanzpartner und die Wahrnehmung des Raumes sowie der anderen Paare.

Augenblick und Zeit – Der Weg als Ziel

Die Begegnung mit unserem Partner ist nur in der Gegenwart möglich, im Augenblick, also außerhalb der Zeit. Nur im Augenblick erfahren wir Wirklichkeit und spüren das Ewige. Den Augenblicken des *wahren Begegnens* entsprechen auf der Ebene der Bewegung die in ihr *gefühlten Atome*, von denen bereits die Rede war. Zeit spielt im Tango keine Rolle, auch nicht Geschwindigkeit, welche abhängig ist von der Zeit. Die Zeit ist, solange wir uns im Augenblick befinden, keine Größe in unserem Bewußtsein. Das Ziel der Bewegung liegt nicht in Raum und Zeit. Es liegt nicht außerhalb von uns. Es geht nicht darum, irgendwohin zu wollen. Wir sind schon da, in jedem Augenblick, fortlaufend fließend. Jede wahre Begegnung bedarf dieser Gegenwart der Augenblicke außerhalb der Zeit. Unser Tanz gewinnt in dem Maße an Substanz, je mehr es uns gelingt, die Augenblicke zum kontinuierlichen *Daseinsstrom* zu verdichten, zu einer einzigen Präsenz auszudehnen. Und wenn man tanzt, tut man es ganz und gar, mit dem ganzen Wesen. Man wirft alles in die Waagschale, immer aber abhängig davon, wie weit das Gegenüber mithält. Man gibt sich völlig in diese eine Handlung, mit wachem Bewußtsein. Denn der Tango ist kein Gesellschaftstanz. Er will brennen. Auf einer höheren Ebene drückt sich dieses *Geschehenlassen*, von dem zuvor die Rede war, darin aus, daß der Mann kaum mehr über seine Schritte nachdenkt. Er ist wie ein Zeuge. Alles scheint wie von selbst zu gehen und in sich ganz harmonisch und stimmig zu sein. Sie geschehen teils durch Inspiration des Augenblickes, durch hingebungsvolles Erspüren, im Kontakt mit der Musik, den Regungen der Frau, wie auch aus den Erfordernissen des rücksichtsvollen Umgangs mit anderen Tanzpaaren, in der Dynamik auf dem Parkett. Alle Ebenen sind gleich wichtig. Natürlich bedarf es für einen solch souveränen Umgang der Erfahrung. Eine andere wesentliche Voraussetzung ist, die Technik auf dem entsprechenden Niveau ihrer Anwendung so verinnerlicht zu haben, daß es nicht mehr nötig ist, über sie nachzudenken. Technisch nicht über die eigenen Verhältnisse hinauszutanzen ist eine wesentliche Forderung, die die ganze Lebens-Art des Tangos an den Mann stellt. Im Grunde zerstört jedes Zuviel an Berechnung den Zauber der Unmittelbarkeit, der der Verbundenheit miteinander entwächst. Und genau um diese Berechnung geht es: Wir denken im Tango nicht über die Form nach, ebensowenig, wie wir über den geeigneten Zeitpunkt der Bewegung nachdenken. Es ist nicht so, daß wir erst denken und uns dann bewegen. Das komplexe Zusammenspiel zwischen Mann und Frau funktioniert nur durch feines Erspüren unter der Führung der Intuition und instinktiver Berücksichtigung aller Wahrnehmungen. Ein angestrebter Zustand im Tango, ebenso wie in den Kampfkünsten, in denen sich der Geist des Zen ausdrückt, ist die Einheit zwischen Geist, Körper und Technik. Von dieser Einheit ausgehend, wird auf der nächsten Ebene die Einheit von Mann und Frau, auf der Grundlage maximaler Differenzierung in den Rollen, möglich. Wenn das Denken führt und nicht die Intuition, entsteht ein Moment des Abwartens, wodurch uns der Fluß des realen Geschehens überholt. In einem Zen-Koan drückt sich diese hellwache, aber meditativ in sich ruhende Geistesverfassung, welche für die Kampfkünste, wie auch für den Tango von Bedeutung ist, in einem kurzen und passenden Bild aus:

Das Bild des Mondes im Fluß ist immer in Bewegung.
Doch der Mond ist da und er verschwindet nicht.
Er bleibt und er bewegt sich doch.

Dieser Zen-Koan beschreibt den unbewegt in sich ruhenden Geist in Bewegung. Und schon wieder haben wir es mit einem Paradox zu tun, zumindest mit einem scheinbaren. Der Fluß symbolisiert sowohl die Zeit als auch die körperliche Bewegung. Der an sich unbewegte Mond steht für den still im Augenblick verweilenden Geist. Er bewegt sich nur scheinbar, dort wo er sich im Fluß spiegelt. Doch der Mond haftet nicht am Fluß an. Denn der Fluß ist keinen Augenblick der gleiche. Genausowenig haftet im Tanz unser Geist an vergehenden Augenblicken an. Sonst könnte er nicht mehr in der Gegenwart sein. Er verweilt stets unbewegt im gerade gegenwärtigen Augenblick. So bleibt er in jedem Moment frisch und im Kontakt mit der lebendigen Realität der unentwegt fließenden Augenblicke. Er schläft nicht ein.

Ein Weiser hat einmal gesagt, man könne nie zweimal in denselben Fluß steigen. Beherzigen wir diese Wahrheit wirklich, bedeutet das auch, daß wir nie zweimal dieselbe Frau umarmen und nie zweimal in derselben Weise mit ihr in den Bewegungsfluß eines wirklichen Dialoges eintauchen können.

Körper und Geist

Eine der zentralen Herausforderungen im Tanz ist es, Körper und Geist zusammenzuführen, dabei durchlässig für das Leuchten ichvergessener Schönheit im Zustand gemeinsamer Hingabe an etwas Drittes zu werden. Es geht darum, die Formen zu fühlen und zu füllen, sie zu erfüllen. Das formende Suchen hat den Sinn, unserem Empfinden und Wesen körperliche Ausdrucksformen zu erschließen, natürlich immer verbunden mit dem Risiko, im Tanz, vor allem beim Tango, dem blanken Narzißmus anheimzufallen, welcher uns ins gegenteilige Extrem fallen ließe, das zutiefst erosfeindlich ist. Paradoxerweise würde dann dieser *Tanz der Herzen* zu einem Tanz, der unser Herz zunehmend erkalten läßt. Wir sollten nicht vergessen, daß unser Wesen gerade im Tango sowohl die dunkle Färbung des Magiers, wie auch die der liebenden Hingabe annehmen kann. Widmen wir unseren Tanz dem Gott Eros oder lassen wir uns von Mephisto blenden?

Es gibt vier Ausdrucks-Ebenen im Tango:

1. Wir sind während des Tanzes mit dem Geist konfrontiert, welcher in Haltung und Formen eingeschlossen ist: Dieser ist stolz, geschliffen, elegant, funkelnd und verführerisch, was neben all dem

anderen Potential auch eine gewisse Herausforderung an unseren Charakter darstellt. Denn dieser *Geist der Bewegungsform* hat durch die prägende Kraft der Gewohnheit eine Rückwirkung auf unseren individuellen Geist.

2. Der Tango benötigt innere Sammlung. Er besitzt einen seinen Bewegungen übergeordneten Sinngehalt. Die Feinheit und Ökonomie der Bewegung, das nicht vorherbestimmbare, also freie Zusammenspiel der Partner, die Forderung an Sensibilität, Feinabstimmung der Koordination, das ruhige und höchst wache Agieren aus unserer inneren Mitte heraus, unsere Beziehung zur Erde und zum Raum, wären einige Parallelen, die der Tango zum Tai Chi und anderen spirituellen Bewegungskünsten aufweist, wenngleich er natürlich in mancherlei Hinsicht begrenzter ist. Doch genügen seine Kraft und sein Potential durchaus, uns transzendente Erfahrungen zu erschließen.

3. Wir können die Formen auch ganz bewußt *schauspielerisch* mit bestimmten Ausdrucksinhalten füllen.

4. Und nicht zuletzt drücken sich im Tango all unsere Blockaden und Verhinderungsmechanismen aus, die uns zu diesen Erfahrungen im Wege stehen.

Ein Tanz zwischen Konkurrenz und Hingabe

Wesentlich zur Entwicklungsdynamik des Tangos in dessen Anfangszeit hat einerseits der Frauenmangel und andererseits das Profilierungsbedürfnis und der Konkurrenzwille sozial deklassierter Männer, menschlichen Strandgutes an der Schwelle zum Industriezeitalter beigetragen. Obwohl sich der Tango heute in Europa völlig von diesem gesellschaftlichen Hintergrund gelöst hat, scheint er immer noch wie geschaffen dafür, uns durch sein individualistisch elegantes Potential zu verführen, uns mit seiner Hilfe von den anderen abheben und hervortun zu wollen. Er gab in seinen jungen Jahren am Rio de la Plata den Kreolen und Einwanderern eine gemeinsame kulturelle Identität, diente ihnen aber auch als Mittel zur Abgrenzung gegen weitere Neuankömmlinge und zur Eigenstilisierung. Man empfand Ressentiments gegen die Neuen, durch die man sich in der eigenen dürftigen Existenzgrundlage noch mehr gefährdet sah. Diese Seite, die zum kalten äußeren Glanz und hemmungslosen Narzißmus einlädt, läßt sich nicht leugnen. Und genau diese Seite ist es, die auch heute wieder unsere latente Konkurrenzbereitschaft zum Ausbruch bringen kann und uns und andere damit konfrontiert. Diese Seite wirkt sich vor allem auf die Männer aus, da sie als Führende und Initiierende seit jeher die Träger der treibenden kreativen Kraft in der Entwicklung dieses Tanzes waren.

So tragen jene auch heute noch in verstärktem Maße die Last der Vorstellung, irgendwie besser sein zu müssen als die anderen, mit souveräner Eleganz und Virtuosität die männliche Konkurrenz auszustechen – dieses Bild ist nicht ganz unpassend, gehörten doch Messerduelle bei den *Compadres* zur Tagesordnung, um Mut und Männlichkeit zu beweisen. Jener Geist, der in seinen Bewegungen und Figuren noch mitschwingt, wirkt heute wieder auf uns zurück. Dadurch gießt gerade dieser wundervolle Tanz Wasser auf die Mühlen männlichen Leistungsdruckes, der wiederum dem Wesen des Eros und auch der Essenz des Tangos so sehr zuwiderläuft. Die Gründe, aus denen dieser Wille zur Abgrenzung herrührt, sind heute nicht mehr so einfach durch soziale Not und das zahlenmäßige Mißverhältnis zwischen den Geschlechtern zu erklären. Das Bedürfnis nach Eigenstilisierung jedoch ist auch in unserer vereinheitlichenden Konsumkultur nicht zu leugnen. Ein kluger Mensch hat einmal gesagt: *»Je weniger Individuen es in dieser Welt gibt, um so mehr wächst die Sucht nach Individualismus. Die Fülle möchte sich ausdrücken, die Armut sucht sich zu schmücken.«* Man trifft im Tango beide Möglichkeiten an. Wir sprechen jetzt von dieser dunklen Seite des Tangos, zu welcher die äußerlich glanzvolle Seite manchmal zu mutieren scheint. Auf der anderen Seite birgt der Tango aber auch jede Menge Stoff für menschliche Utopien. Ebenso finden Freundschaft, Brüderlichkeit und männliche Solidarität in jener Tanzkultur ihren Ausdruck. Doch vergehen manchmal für die Männer Jahre der Kämpfe mit dem Figurenmaterial, den Frauen und vor allem dem eigenen Geist und Ego, bevor Gelassenheit und tatsächliche Souveränität zum eigentlichen Tanzen führen. Der Mann muß seine Balance finden, zwischen diszipliniertem Arbeiten und die Arbeit im Tanz wieder loszulassen, sich der Frau mit Hingabe zuzuwenden, anstatt sie als Gegenstand tänzerischer Probleme zu betrachten, die es um jeden Preis, auch den einer zerbrochenen Liebe, zu lösen gilt. Auch hier äußert sich des Tangos Doppelnatur, zwischen Äußerlichkeit und

Innerlichkeit, Angeberei und Ichvergessenheit, zwischen Hingabe an die Frau oder sie für die Zwecke des Egos zu benutzen, zwischen Verführung und liebevollem Umgang, zwischen streßreichem Nahkampf und Annäherung an die Vereinigung im Unendlichen. Der Tango bietet immer beides. Jeder muß selbst entscheiden, was er daraus macht. Mein persönlicher Eindruck ist, daß sich durch den Tango viele Menschen zuerst einmal eher zum Negativen hin verändern. Der Tango schafft zwar Kontakt, doch menschliche Beziehungen treten vor ihm nicht selten in den Hintergrund. Bei manchen steigert sich die Tangomanie zu einer Art Besessenheit. Berauscht vom reizvollen Kitzel des Eros in ständig wechselnder Gestalt, vertieft in das Spiel narzißtischer Selbstdarstellung und eingenommen von Konkurrenz- und Leistungsdenken, jagen manche von einer Veranstaltung zur nächsten.

Der typisch männliche und der typisch weibliche Leistungsdruck im Tango

Wie bereits erwähnt, widersetzt sich der Tango jeglicher Zwanghaftigkeit vehement. Er öffnet sich gegenüber spielerischer Hingabe und verweigert sich verbissenem Leistungsdenken. Wie soll ein Mann *inspiriert* tanzen, wenn er sich selbst unter Druck setzt, beim Tanzen gut auszusehen? Der geheimnisvolle Glanz, der aus dem inneren Gefühl kommt, verliert in der Veräußerlichung. Wer zu sehr glänzen will, verblaßt und verurteilt sich selbst zur Glanzlosigkeit, was sich bis zur Peinlichkeit steigern läßt. Wie soll ein Mann für die Frau und mit dieser Frau tanzen, wenn er sie nur mit komplizierten Schritten beeindrucken will? Komplizierte Schritte an sich sind kein Fehler. Und wem es gelingt, sie zu tanzen, dem geraten sie allemal zu etwas Beeindruckendem, das den Tango durch weitere Farben und Facetten bereichert. Doch sind sie nicht von grundsätzlicher Bedeutung. Außerdem sollte dabei weder die Tänzerin noch die Musikalität des gemeinsamen Tanzes in den Hintergrund treten. Doch eine Grundangst des Mannes ist die Angst vor Impotenz, zu versagen, ganz schlicht und einfach, nicht gut genug zu sein, sein *Soll* nicht zu erfüllen, sich blöd anzustellen, es nicht schnell genug zu verstehen, es falsch zu machen, *es ihr nicht gut genug zu machen*, sie nicht führen zu können, ihr langweilig zu werden.

Natürlich gibt es auch den typisch weiblichen Leistungsdruck. Und selbstredend verhindert dieser den Tango genauso wie seine männliche Variante. Eine Grundangst der Frau ist, sich dem Mann ganz und gar hinzugeben und anzuvertrauen. Gelingt ihr das nicht, hat sie große Mühe, die Führung zu erspüren. Ihre Unsicherheit läßt sie immer *kopflastiger* werden. Und es fällt ihr zunehmend schwerer, entspannt in den Kontakt zu gehen, wo sie durch ein leichtes Verzögern ihrer Bewegung die seine aufnehmen und sich mit dieser verbinden könnte. Dabei verlagert sich ihre ursprüngliche Angst vor Hingabe darauf, die Führung nicht zu verstehen und etwas falsch zu machen. Doch gerade darin liegt der Fehler. Genaugenommen ist das *Falsche*, das Mißverständnis nie das Problem, sondern nur das *Machen*. Denn wie wir uns erinnern, geschehen die Schritte und werden nicht gemacht. Wenn sich die

Frau vor *ihren Fehlern* fürchtet, will sie es richtig machen. Und das ist der gravierendste Fehler, der ihr neben dem Zerfließen und der Preisgabe der Haltung unterlaufen kann. Denn die Mißverständnisse sind keine Fehler. Wenn sie sich einmal vertanzt, bedeutet das nur, daß sie dem Mann unerwartet einen Ball zuwirft, den er auffangen und ihr zurückspielen muß. Ihre Schritte sollten vertrauensvoll und absichtslos ihrem Herzen folgen, das stets darauf bedacht ist, geborgen und nah an dem seinen zu weilen. *Die Angst der Frau vor Fehlern läßt die Frau Fehler machen. Die Angst des Mannes, nicht gut genug zu sein, läßt den Mann in der Tat nicht gut genug sein.*

Wenn die Schritte *gemacht* sind, befindet sich das Bein in Anspannung. Wenn der ihm *innewohnende Wille* es davon abhält, der Achse zu folgen und den richten Weg zu finden, entsteht Ungleichgewicht. Die Angst vor Fehlern kann bei ihr auch dazu führen, die Beine ganz zu blockieren. Der Tango verlangt von der Frau nicht nur, sich führen und damit in Vertrauen auf das Ungewisse sich einzulassen. Er verlangt von ihr auch andauernd den Verzicht auf *statisches* Gleichgewicht. Er fordert von ihr dieselbe Qualität ein, wie auch das Leben von uns allen, auf alle Unwägbarkeiten zu reagieren, beweglich mitzugehen, vor allem im Wechselspiel der Polarität, ohne an dem einen oder anderen Pol festzuhalten. Nur durch den Verzicht auf statisches Gleichgewicht ist Bewegung und Entwicklung möglich. Jeder Schritt bringt Veränderung und Bereicherung, wenn auch das Stehen sicherer ist. Doch wer auf seinem Stehen beharrt, auf statischem Gleichgewicht, oder auf festen, vorgefaßten Vorstellungen, was als nächstes zu kommen hat, verliert sein Gleichgewicht ohnehin, zumindest seine Lebendigkeit, denn Tango und Leben sind unvorhersehbare und wechselvolle Bewegung. Wer mit der Bewegung des Lebens nicht mitgeht, sich also nicht vom Leben führen läßt, verschließt und isoliert sich gegen seine Einwirkung. Mangelnde Fähigkeit offenzubleiben und mitzugehen erzeugen unnötig Kampf und Reibung. Natürlich besteht das Leben aus beiden, aus Führen und Führenlassen. Doch wer lernt, sich in jedem Augenblick aus freiem Willen führen zu lassen und nicht nur aus Passivität und Bequemlichkeit irgendwie mitstolpert, erwirbt auch die Fähigkeit zu führen. Doch kann die Frau auch Einfluß nehmen. Und für beide ist dieser Tanz eine nie endende Sensibilisierungs- und Verfeinerungsübung in der Wahrnehmung und dem gemeinsamen Umgang. Und wenn beide Lust haben, ihre Rollen einmal zu tauschen, warum nicht? Schließlich ist der Tango Labor, Spielplatz und Liebeslaube in einem. *Doch bleibt das Führen immer mit der männlichen, und das Führenlassen mit der weiblichen Rolle verbunden, auch wenn beide ihre Rollen tauschen.* Das liegt in der Funktionsweise des Tangos begründet und ist ein ganz wichtiger Punkt, da sich mittlerweile eine gewisse Tendenz abzeichnet, die weitverbreitete Unfähigkeit der Frauen, sich führen zu lassen, mit der Idee der Gleichberechtigung zu legitimieren und damit zu einer Tugend zu erheben. Doch tatsächlich verhält es sich so, daß sich die Möglichkeiten des Tangos enorm reduzieren, wenn die Frau innerhalb ihres *Parts* führt und dem Mann nichts anderes mehr übrigbleibt, als irgendwie hinterherzutrotten. (Weitere Hinweise darüber im Anhang.)

Angstüberwindung und Blockade

Kehren wir noch einmal zurück zur weiblichen Angst vor Hingabe, die sich aufgrund mangelnden Kontakts nervös darin äußert, Unsicherheiten zu vermeiden und alles richtig machen zu wollen. Die Unsicherheiten werden immer größer, je weniger sie in den Kontakt geht und sich wirklich einläßt. Je mehr Unsicherheit aufkommt, desto schwerer wird ihr die Nähe fallen – ein Teufelskreis. Je weniger Verbindung, um so weniger spürt sie und um so mehr beginnt sie über richtig und falsch nachzudenken. Sie wird eher dazu neigen, wissen zu wollen, was als nächstes kommt. Wenn sie dann eine Form wiedererkennt, schneidet sie sich gänzlich vom Mann ab und macht die Bewegung alleine. Sie ist wie abgeschaltet und nicht mehr im lebendigen Kontakt, sondern verloren an ein Stereotyp, das ihr die Unsicherheit erspart. Beiden, Mann wie Frau, bleibt dann nur noch übrig, gelernte Figuren zu absolvieren, da sie ihn durch reines Wiederholen angelernter Schablonen der Möglichkeit des schöpferischen Gestaltens der gemeinsamen Bewegung sowie der bestmöglichen Positionierung zu ihr beraubt. Denn er kann ihr eigentlich nur noch hinterhertrotten, sobald sie wieder etwas *erkannt* und sich daraufhin verselbständigt hat, falls er nicht pausenlos gegen sie kämpfen will. Er wird hauptsächlich damit beschäftigt sein, das von ihr Getanzte so aussehen zu lassen, als hätte er es geführt. Doch besser als ihr *hinterherzulaufen*, wäre es für ihn in einer solchen Situation, eher noch zu verlangsamen, damit er seiner Partnerin Gelegenheit gibt zu spüren, wie sehr sie sich von ihm in diesem gemeinsam-einsamen Nebeneinanderher schon entfernt hat. Genaugenommen gibt es im Tango keine Wiederholungen. Der Mann würde die gleiche Figur kaum zweimal gleich (aus)führen. Und wenn sie ihren Partner im Tanz jedesmal wieder neu erfahren will – und um eine optimale gemeinsame Bewegungskoordination zu ermöglichen –, müßte sie zuerst ihren Geist aus den stereotypen Wiederholungsschlaufen befreien, sich in die Unsicherheit begeben und in ihre Angst hineinentspannen. Allein die Erfahrung, daß ihr das gelingt, wird ihr mehr Sicherheit geben und erlauben, den Kontakt zu erhöhen. Doch dazu ist es nötig, daß sie ihren Mechanismus erkennt und ihre unbewußten Reflexe umprogrammiert. Streß und Angst erzeugen instinktiv einen Fluchtreflex. *Das Adrenalin läßt uns zuerst erstarren und dann kopflos wegrennen. Oder wir flüchten uns in die Scheinsicherheit einer festen Form, mit deren Hilfe wir uns vom Partner abkapseln. Die Angst ist zwar dann vermieden, doch das Thema Dialog ebenso. So miteinander zu tanzen ist ein Pendant zum beziehungslosen Nebeneinanderherleben. Dann wird aus dieser getanzten Liebesbeziehung, die der Tango ist, die getanzte Form einer drittklassigen Alltagsbeziehung.* Das ist unvereinbar mit den Idealen des Eros, des Lebens, also des Tangos. Unsicherheit erfordert hier das genaue Gegenteil von Panik. Wir müssen lernen, uns unabhängig von Situationen zu entspannen und uns mehr hinzugeben, um zu erspüren, womit wir es real zu tun haben. (Zum *Hinein-Entspannen* kann bewußtes Bauchatmen sehr hilfreich sein.)

Natürlich sollte jede Frau, sofern sie nicht sehr masochistisch veranlagt ist, erst einmal abklären, ob sie ihren Partner überhaupt noch spüren will. Das gleiche gilt auch umgekehrt für den Mann. Falls die Antwort positiv ausfällt, kann sie nun an sich arbeiten, den isolatorischen Mechanismus zu entmachten. Es geht darum, daß wir uns zuerst einmal vom Adrenalin emanzipieren, um frei genug zu werden, einen Schritt weiter in Richtung Nähe zu gehen. Nicht die Angst sollte führen, sondern immer nur ein dieser Angst übergeordneter Geist. Sich wirklich führen zu lassen ist kein Zeichen von Schwäche – im Gegenteil. Wenn die Frau sich übt, in ihre Angst hineinzuentspannen, kann sie diese überwinden. Denn wenn sie nicht aktuell, durch ihre derzeit reale Beziehung begründet ist, hat sie ihre Wurzel in der Vergangenheit. Sie wirkt dann in Form eines Automatismus fort, der sie daran hindert, neue und andere, heilsamere Erfahrungen zu machen, welche ihr helfen würden, die alte Furcht loszulassen. Das ist auch das Wesen der *Blockade*. Die Blockade schützt uns davor, mit unserer Angst wieder konfrontiert zu werden. Sie legt jedoch genau diesen Erfahrungsbereich lahm, in dem die Angst wurzelt. Jede Angst, die von einer unbewältigten Verletzung herrührt, kann eine Verpanzerung im Körper herbeiführen. Sie engt dann einen gewissen Bereich unseres gefühlsmäßigen Erlebens ein. Der gefühlsmäßige Inhalt der Angst bleibt in der Blockade eingeschlossen und entzieht sich dadurch unserem Bewußtsein. Die Angst wirkt jedoch weiterhin unbewußt in unserem Verhalten fort.

Nicht nur unbewußte Vermeidung erschwert uns also unseren Tanz. Das geschieht ebenso durch Blockaden, die ganz konkret und real unsere Bewegungsfreiheit auf der körperlichen Ebene einschränken. Gerade im Tango nimmt das Sprachbild der *lähmenden Angst* konkret Gestalt an. Sicher ist eine gewisse Zurückhaltung ganz natürlich. Doch davon sei hier nicht die Rede. Es geht um dauerhafte Verhinderung, die auch dann noch automatisch fortwirkt, wenn sich die Frau von ihrem bewußten Willen her führen lassen möchte. Und gehen wir ruhig davon aus, daß auch die Männer Angst vor Kontakt haben.

Doch bekanntlich pflegt man Ängste nicht dadurch zu überwinden, indem man ihnen aus dem Weg geht. Vergessen wir vor allem eines nicht: Die Hingabe im Tango ist kein bedingungsloses Sich-Ausliefern, sondern ein hellwaches Im-Kontakt-Sein (auch mit geschlossenen Augen) auf der Grundlage von eigenem und dynamischem Gleichgewicht, Form und Grenze.

Männermangel – Frauenüberschuß

In einer Erzählung von Iwan Turgenjew begegnete mir der Satz, daß es Frauen bekanntlich lieben, auf schmalem Grat, am Rande des Abgrunds zu wandeln. Diese Aussage könnte ebenso aus der Feder eines Tangodichters stammen.

Im Gegensatz zur Entstehungsphase des Tangos sind heute meist die Frauen in diesem Tanz überrepräsentiert. Es läßt sich nicht ganz ausschließen, daß dies irgendwie in Zusammenhang mit einer weiblichen Eigenschaft steht, auf die Turgenjew anspielt. Spielen die Frauen eher mit dem Feuer als die Männer? Nicht selten übt das, was uns am meisten Angst macht, auch die größte Anziehung aus und umgekehrt. Und sind es nicht vor allem die Frauen in unserer Gesellschaft, die sich von der Entwicklung hin zum Warencharakter einer, vor allem auf die Phantasien männlicher *Konsumenten* ausgerichteten Sexualität nicht nur nicht angesprochen fühlen, sondern sich ganz konkret nach einer weiblicheren und subtileren Erotik sehnen, durch die sich der Tango auszeichnet?

Ein weiterer Grund für den *Männermangel* könnte sein, daß es den Männern ohnehin schwerer fällt, Zugang zu ihren Gefühlen zu finden, sie zum Ausdruck zu bringen, geschweige denn dies so subtil im unmittelbaren körperlichen Dialog zu wagen. Nicht zuletzt deswegen dürfte auch heute noch ihr Hauptinteresse auf den Sport gerichtet sein, in dem sich männlicher Kampf- und Gemeinschaftsgeist sowie Konkurrenzwille ausdrücken. Es gibt auch Tanzsport. Doch fällt der katzenhafte und individualistische Tango sicherlich nicht in diese Kategorie.

Blockaden aushebeln durch Rollentausch

Wenn es aufgrund psychischer Widerstände nicht gelingt, sich in die jeweilige Geschlechterrolle einzufinden, die der Tango von uns verlangt, kann Rollentausch helfen. Oft fällt es den Schülern leichter, im Tanz den Forderungen jener Geschlechterrolle zu genügen, die nicht die eigene ist, da sie darin weder gesellschaftlich noch lebensgeschichtlich vorbelastet sind. Sie lernen durch den Rollenwechsel die Notwendigkeiten und Merkmale der eigenen Rolle, ohne inneren Druck, am tänzerischen Gegenüber kennen. Wem es nicht gelingt, seine Rolle anzunehmen und auszufüllen, lernt von der *anderen Seite* mit der Leichtigkeit des Unvorbelasteten die Prinzipien des tänzerischen Miteinanders kennen, die für beide Seiten bestimmend sind: ein hellwacher, nicht antizipierender Geist, konstanter Kontakt im dynamischen Gleichgewicht der gemeinsamen Bewegung, stabiler Torso, lockere Beine, das Betonen und Vereinen der Gegensätze in der Bewegung etc. Einmal kam eine Schülerin zu mir, der es einfach nicht gelingen wollte, sich in die Frauenrolle einzufinden. So empfahl ich ihr nicht weiter gegen ihren Widerstand zu kämpfen, sondern sich statt dessen in der Männerrolle zu üben, die ihr tatsächlich leichtfiel. Solange sie führte, war Kontakt kein Problem mehr. Sie stand nicht mehr unter Druck und fühlte sich nicht mehr ausgeliefert. Nach und nach konnte sie im Dialog mit einem anderen Menschen, in diesem Fall einer Frau, den männlichen Pol in sich selbst entwickeln, und wurde fähig, im Tanz in ihrer Rolle als Frau mit einem Mann eine konstante und ruhige Verbindung zu halten. Sie hatte gelernt, sich in den Mann einzufühlen. Dadurch wurde es ihr einerseits möglich, ihm von der technischen Seite her mehr entgegenzukommen, da sie seine tänzerischen Bedürfnisse am eigenen Leib erfahren sowie die Schwierigkeiten seiner Rolle durchlebt hatte. Und andererseits war ihr nun das männliche Gegenüber im Tanz an sich nicht mehr so suspekt wie zuvor, weil es in ihrem Inneren durch einen in ihr entstandenen Erfahrungswiderpart Resonanz gefunden hatte. Es war ihr gelungen, in das Prinzip des Führens und Führenlassens Vertrauen zu fassen. Doch was noch viel wichtiger ist: Sie hat ein Stück innere Freiheit im Umgang mit Männern dazugewonnen, das heißt auch: Vertrauen und Selbstbehauptung. Doch nicht selten fällt es, wie wir bereits erwähnten, auch den Männern schwer, klar und eindeutig die Führungsrolle anzunehmen, da es durch den von den Frauen auf breiter gesellschaftlicher Basis eingeleiteten Wertewandel zu viel Verwirrung gekommen ist, die sicherlich noch mancher Klärung bedarf. Die alten patriarchalischen Normen sind glücklicherweise ins Abseits geraten. Aber viele sind seitdem unsicher tastend auf der Suche nach dem wahren Wesen von Mann und Frau. Viele aufgeklärte Männer trauen sich nicht mehr, zu führen oder *männlich* zu sein. Sie glauben möglicherweise, daß man das nicht mehr darf, aus einem verschwommenen Empfinden heraus, daß das etwas mit patriarchalischem Dominanzgebaren zu tun habe. So entstanden neue Tabus, die die Männer ihrer maskulinen Kraft beraubten und die Frauen von Urlaubsaffären mit mediterranen Liebhabern träumen ließen. Doch nach und nach entdecken die Männer im Tango, daß das Führen eigentlich genau das Gegenteil von Dominanz, nämlich die Ausbildung vieler männlicher Eigenschaften wie Klarheit, Entschlossenheit, Eindeutigkeit, Wachheit und Verantwortlichkeit erfordert und ohne die weiblichen Qualitäten wie Fürsorge, Sensibilität und Einfühlungsvermögen gar nicht möglich ist. Jede einzelne Rolle, die männliche wie die weibliche, bedingt ein harmonisches Zusammenwirken männlicher wie weiblicher Eigenschaften im einzelnen. Auch den Männern kann zu Beginn ein Wechsel helfen, den Geschmack für die eigene Rolle zu bekommen und Berührungsängste zu überwinden.

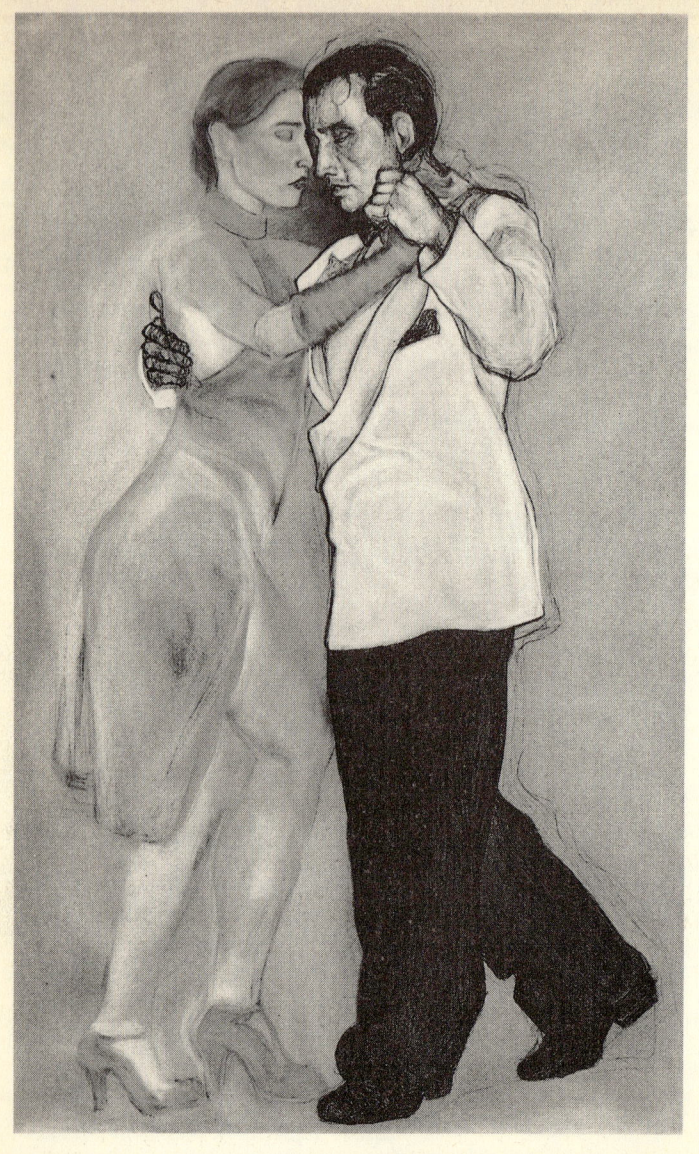

Melancholie und die Verliebtheit
in den »Stachel«

In einem Tango, mit dem Titel »*Nostalgias*«, heißt es: »*... Aus meiner traurigen Einsamkeit sehe ich die toten Rosen meiner Jugend fallen. Wenn die Gläser Trost bringen, bin ich hier, um meinen Kummer auf immer zu ertränken, um danach auf das Scheitern der Liebe anstoßen zu können.*« (D. Reichardt) Viele zur Melancholie neigende Menschen, oder solche, die in ihrem Inneren einen Schmerz tragen, sei es durch eine noch unverheilte Trennungswunde, anderen Mangel oder Enttäuschung, finden Linderung beim Tango. Der Tango-Dichter Enrique Santos Discépolo hat einmal gesagt, daß der Tango ein trauriger Gedanke sei, den man tanzen kann. Dieser zum Klischee verkommene Satz, der in keinem der meist platten, von plakativen Substantiven überladenen Artikel zum Thema Tango fehlen darf, charakterisiert eine Seite des Tangos. Melancholie kann viele Ursachen haben. Mancher fühlt eine tiefe Sehnsucht, die er in dieser Welt für unerfüllbar hält. Oder er verzweifelt an seinem Unvermögen, die eigenen Ideale zu verwirklichen. Bei anderen drückt sie vielleicht einen gewissen Hang dazu aus, rückgerichtet zu leben, die Vergangenheit zu idealisieren, oder auf das Leben eher aus der Perspektive der Abschiede zu schauen, anstatt das Neue zu begrüßen, dem ein jeder Abschied den Weg bereitet. Zumindest wohnt der Melancholie wie auch dem Tango eine Neigung zum Reflektieren und Philosophieren und ein Hang zu poetischen Wendungen inne, von der sich auch der Verfasser dieser Zeilen nicht freizusprechen vermag. Der Tango ist dem Schlamm im Mündungsdelta des Rio de la Plata, der Dunkelheit der Zeit entstiegen, der bedrückenden Enge der Einwandererviertel, den Elendsquartieren, der Endstation des Traumes vom Aufbruch. Der Tango ist die vor Schönheit strahlende Tochter von Enttäuschung und Verzweiflung, das göttliche Kind der dunklen Kehrseite des Lebens. Er ist aus der Krise geboren und wurde von Huren, Ganoven und Zuhältern getanzt, von ehemaligen Soldaten, die keine Arbeit fanden, vom Gemüsehändler an der Ecke, von der tuberkulösen Näherin aus der Fabrik und von all den Namenlosen, die ihm ihre Liebe gaben, welche an anderer Stelle nicht gewollt war. Kein Elend ist ihm fremd. Doch er hat Haltung, kommt in Lackschuhen und Seidentuch daher, wie ein König, leuchtend wie eine Prinzessin. Er bezahlt wie ein Fürst die letzte Runde. Und er tut es mit seinen letzten Münzen ungeachtet des Morgens. Und so konnte man überleben. Der Tango ist die kulturelle Kampfansage an den Ruin. In ihm drückt sich die Größe all der Menschen aus, die irgendwann aus Europa oder sonstwoher gekommen waren, einem ungewissen Schicksal auf der anderen Seite der Welt entgegen, die für viele genauso dunkel war, wie die, aus der sie gekommen waren – und dunkler. Denn die Dunkelheit, in der die Hoffnung stirbt, ist immer die dunkelste. Diese Art von Dunkelheit ist meist der Ausgangspunkt für den Absprung in die Metaphysik, die auch im Tango so oft mit anklingt, doch von ihm nicht eingelöst wird. Die frühen Protagonisten hatten wahrlich genügend Gründe zur Melancholie. Aber auch uns hat die Moderne vieles genommen, was die Menschen früher mehr im Einklang mit ihrem Leben und der Natur sein ließ. Dieser Tango ist, als würde er uns aus unserer grauen Welt hinausziehen, als würde er uns über alles erheben. Wir finden in ihm unsere Traurigkeit wieder. Wir fühlen die dunkle Umarmung des Todes und schmiegen uns dankbar in den Augenblick, atmen tief die Nähe des Lebens, fühlen einen weichen, anschmiegsamen Körper nah dem unseren. Und wenn wir traurig sein müssen, dann wollen wir die Traurigkeit genießen und uns von ihr erheben lassen. Wir können sie ausleben, darin schwelgen und sie zurücklassen. Denn der Tango ist auch voller Witz und Ironie, voller Ausgelassenheit, und Humor. Er kann für eine Weile zum homöopathischen Mittel der Heilung werden.

Tango als »Vermeidung«

Manche halten sich aber krampfhaft an dem Stachel im Fleisch ihres Herzens fest, der sie zum Tango geführt hat, und machen sich selbst zu einem klischeehaften Versatzstück in einem erstarrenden Melodram. Viele suhlen sich voller Pathos in dieser Traurigkeit, anstatt ihre Neurose zu einem Spezialisten zu tragen, um sie dort mit seiner Hilfe zu kurieren. Dann wird der Tango zur Vermeidung, genau dort, wo man dazu übergeht, die eigene Krankheit zur Kunstform zu erheben, sie zu pflegen und genußvoll zu kultivieren, sie mit einer Philosophie zu schmücken, die Kunst dafür zu mißbrauchen, bis sich all die Lust, die dem Bereich zu eigen war, den man aus Angst und

Verletzung auszusparen begonnen hat, in der Vermeidung sammelt und sich dort in neurotischer Weise weiter steigert.

Die Vermeidung droht auch an anderer Stelle:

»Den schlepp ich durch das wilde Leben, / Durch flache Unbedeutenheit,... Und seiner Unersättlichkeit / Soll Speis und Trank vor giergen Lippen schweben; / Er wird Erquickung sich umsonst erflehn, / Und hätt er sich auch nicht dem Teufel übergeben, / Er müßte doch zu Grunde gehen!«, läßt Goethe Mephisto in seinem Faust sagen.

Tango schafft Gelegenheiten, ist oft leichtlebiger Eros. Er erspart die reinigende Katharsis aus Alleinbleiben und ruhiger Selbstbesinnung, die über innere Klärungsvorgänge der Liebe und dem eigenen Weg den Boden bereitet. Er paßt so trefflich in unsere heutige Single- und Konsumgesellschaft, teilweise als Gegenantwort, doch vor allem als ihr Ausdruck, da auch wir, die wir ihr zu entkommen versuchen, von ihr geprägt sind. Natürlich drückt sich auch hier das Doppelgesicht des Tangos aus. Er ist ein Tummelplatz für all die männlichen und weiblichen Don Juans, die Carmens und Casanovas, doch genauso begegnet man manchmal neben den Spielarten amouröser Tändeleien auch der Liebe, was naturgemäß selten ist. Letztere kommt meist erst nach vollzogenem Rückzug von der *Leichtlebigkeit*, wenn man sein *inneres Haus* dafür ausreichend bereinigt hat, wenn überhaupt. Vermutlich ist sie ein Privileg, das nicht jedem Leben zuteil wird. Ist sie nicht ein Juwel der Götter, das zu unserer Vervollkommnung beitragen kann, doch erst einmal *Vorarbeit* und einsame Vorleistung anstatt Ablenkung und Vermeidung fordert, bevor sie gegeben wird?

Der Tango ist meine Droge

Wie oft hört man diesen Satz. Es liegt schon die Künstlichkeit in der Definition des Wortes, der Ersatzcharakter für etwas Wahres, Echtes, das verlorengegangen ist, das man auch nicht wiederbeleben kann, solange es die Droge gibt. Und hier sind wir schon wieder beim Thema *Vermeidung* angelangt. Bedeutet, sich in die verlockende Welt des Tangos zu stürzen, dem wirklichen Leben entsagen?

Sind die Hedonisten die wahren Asketen? Der Tango ist für viele die konservierte Melancholie im embryonalen Schummerlicht. Er hüllt uns melodisch in seinen traurig-sentimentalen Nebel ein,

71

während unsere Zeit verstreicht, unsere Lebenszeit. Auf der anderen Seite meinen vermutlich viele, wenn sie sagen, der Tango sei ihre Droge, daß ein Verzicht für sie die Unterbrechung einer brodelnden inneren Selbsterfahrung und Entwicklung bedeute, die der Tango bei ihnen ausgelöst hat und weiter voranführt. So gesehen kommt hier eine andere und viel ältere Bedeutung des Wortes »Droge« zum Tragen, nämlich die des Medikamentes und Heilmittels. Doch bekanntlich kann man diese auch mißbrauchen. Manche *geben* erst einmal alles in den Tango, das sie woanders, vielleicht in der Liebe, aus verschiedensten Gründen nicht zu geben fähig und bereit sind. Und dieser Tango kann uns vom Druck befreien und erfüllen, bis sein *Inhalt* günstigstenfalls ins Leben überfließt, anstatt zur festen Vermeidung zu werden. Und viele *nehmen* sich beim Tango, was sie woanders nicht bekommen und schaffen es vielleicht auch, ihren Tango dabei über den Tanz hinaus auszudehnen. Doch meine Beobachtung ist, daß der Tango Beziehungsunfähigkeit eher verstärkt, indem er einen *gewissen Mangel* beseitigt. Man kann sich *seine nächtliche Ration an andersgepolter Energie* ganz unkompliziert beim Tanzen holen. Der Tango als *Erostankstelle für den Großstadt-Single*.

Stellen wir uns einmal folgende kleine Geschichte vor: Da ist ein Mensch, dessen Herz sich nach und nach aus Angst vor weiteren Verletzungen immer mehr verschlossen hat – vielleicht schon in sehr jungen Jahren. Vielleicht hat er sich nie ganz auf das Leben eingelassen und für sein Leben nie wirklich Verantwortung übernommen. Natürlich hat er frühzeitig gelernt, aus dieser Angst heraus zu manipulieren und mit verschiedenen Masken zu spielen. Vielleicht war er in seiner Schulzeit ein Außenseiter und zog sich immer mehr in sich zurück, wenn er sich nicht gerade als Klassenclown hervortat. Dann kamen Liebesbeziehungen, die ihm ganz zur Welt wurden, die er mit Hoffnung auf Erlösung überlud, durch die er den Kontakt zum Leben suchte. Natürlich hielt das nie lange. Und das Faszinosum am Spiel mit den Rollen hatte bereits eine gewisse Macht über ihn erlangt, die er genoß. Bald wurde ihm die Welt einer Beziehung zu eng – und sein Weg führte zur nächsten Frau, in eine *neue Welt*. So leerte er aus Angst vor dem Leben Kelch für Kelch. Dann begegnete er dem Tango, der ihn mit Haut und Haaren und umwölktem Herzen verschlang. Der Tango bescherte ihm einige Beziehungen, die am Tango auch wieder zerbrachen. Dabei lernte er einige Mechanismen kennen, nur nicht, sein Herz zu öffnen, sich einzulassen und Verantwortung zu übernehmen. Unterdessen verfeinerte sich sein Spiel mit dem Eros zunehmend, weil er seine ganze Hingabe in den Tango legte. Und schließlich wurde er Tangolehrer. Die glanzvolle Rolle hatte ihn nun fest im Griff. Er konnte endlich führen und mit dem Eros spielen, ohne sich wirklich einzulassen. Dabei kam ihm die Fähigkeit zugute, sein Gegenüber auszuloten und sich darauf einzustellen. Und als Lehrer genoß er bequemerweise eine gewisse Unanfechtbarkeit. Dabei schwankte er zwischen einer gebenden, positiven Haltung und der reinen Lust, *die Puppen tanzen zu lassen*. Nicht selten badete er sich in der Aufmerksamkeit seiner Schülerinnen, der er sich stets zu vergewissern wußte. Und er genoß die Anerkennung ihrer Partner. Seine scheinbare Überlegenheit über sie war wie Balsam auf die verletzte Seele des einstmals allzu introvertierten Außenseiters – eine späte Revanche am Leben? *Verbindliche Beziehungen* gab es vorerst keine mehr. Er verschwand gänzlich hinter seiner Rolle als traurig eleganter Clown und wurde darüber immer einsamer. Die zunehmende Melancholie fesselte ihn noch stärker an den Tango, bis er eines Tages in den Spiegel sah und erschrak. Denn er sah mit Grauen den kalten Blick und den spöttischen Mund Mephistos, der ihn so lange an seiner Hand geführt hatte. Sein Herz krampfte sich mit großem Schrecken zusammen. Er erwachte und begriff seine Vermessenheit. Er hatte immer mit dem Abgrund kokettiert, begriff aber nun schlagartig, daß sich dieser Abgrund bereits in ihm aufgetan hatte und er direkt in seine Dunkelheit blickte. Dies konnte ihn eventuell noch retten und er entschied, vorerst vom Tango Abstand zu nehmen, sich zu reinigen und in die Stille zu gehen. Natürlich soll das nicht heißen, daß Tangolehrer normalerweise solch tragische Gestalten sind – und man ihnen mit einer gewißen Vorsicht begegnen sollte. Wohl aber ist diese Vorsicht gegenüber dem Tango geboten. Fragen wir uns doch einfach, wie es bei uns mit der Liebesfähigkeit steht, anstatt Mephisto die Hand zu reichen. Beweist sich die Liebe nicht gerade an der Fähigkeit zu verzichten und sich nicht nur den Launen der eigenen Defizite zu überlassen? In der Kommunikation des Tangos drückt sich formal ein hohes Liebesideal aus. Doch um sein Herz wirklich zu öffnen, ist der Tango nicht unbedingt der richtige Weg. Dazu betont er zu sehr äußeren Glanz und Wirkung. Die, die ihr

Herz noch nicht geöffnet haben, drohen dieser Äußerlichkeit zu erliegen und den inneren Mangel zunehmend im Rauschzustand zu betäuben. Wer aber die Liebe in sich hat, benötigt nicht die Formverfeinerung des Tangos zu einem erfüllenden Eros, wenn er das richtige Gegenüber findet. Wer zur Liebe fähig ist, dem wird der Tango wirklich zu einem Tanz der Herzen geraten. Im Entstehungsmilieu des Tangos gab es zu wenig Frauen, was die Bildung von Liebesbeziehungen zu einem seltenen Glücksfall werden ließ, der, wenn er sich ereignete, allen nur denkbaren gesellschaftlich-ökonomischen Belastungen ausgesetzt war. Heute ist das quantitative Geschlechterverhältnis nicht mehr das Problem, doch scheint unsere Bereitschaft zu verbindlichen Beziehungen nachgelassen zu haben. Damals wie heute ist die willkommene Antwort darauf die *Drei-Minuten-Beziehung* des Tangos, intensiv, leidenschaftlich, sinnlich und ohne Nachspiel. – *Fast food für die Seele.*

Wie wir bereits erwähnten, kann der Tango zum Spiegel der Selbstwahrnehmung werden, oder zu dem Spiegel, den sich unsere Eitelkeit dienstbar macht. *Er kann jedoch auch die Gestalt der Illusion annehmen, mit der sich unsere inneren Widersprüche und Verletzungen bekleiden. In letzterem Falle wird er zum roten Samtvorhang, der zwischen uns und unserem inneren Spiegel herabfällt, das Opium, das uns das Wahre in uns vergessen und halluzinieren läßt – TangOpium.*

Tango, eine Brücke zwischen den Kulturen

Astor Piazzolla, der große Erneuerer des Tangos, dessen Musik bei den Tango-Traditionalisten des eigenen Landes lange Zeit abgelehnt worden war und teilweise immer noch wird, hat einmal gesagt, daß man, um den Tango wirklich zu fühlen, in Buenos Aires geboren sein muß. Wir wollen diese Aussage hier nicht diskutieren, doch sollte sie uns, wenn wir uns als Europäer heute mit Tango beschäftigen, zu bedenken geben, daß wir es mit einer hochentwickelten Kultur aus Poesie, Musik und Tanz zu tun haben, die aus einer gesellschaftlich-historischen, örtlich-zeitlichen Gebundenheit heraus entstanden ist und auf eine lange Geschichte zurückblickt. Wir sollten uns dieser Kultur und ihren Werten mit all dem gebotenen Respekt nähern, sie nicht wie Eroberer vereinnahmen und nicht allein unseren Launen und Zwecken nutzbar machen. Astor Piazzolla, der in Argentinien geboren, in New York aufgewachsen und in Paris bei Nadja Boulanger Komposition studiert hatte, hat als großer Universalist die Essenzen des Tangos in den Jazz und die klassische Musik einfließen lassen und auf seine Weise der Welt zugänglich gemacht. Wenn wir uns heute tanzend dieser Kultur nähern, sollten wir bedenken, daß wir den Tango nicht alleine in seinen Tanzfiguren finden, sondern daß wir uns von seinem Wesen, seinen Stimmungen und seiner Poesie erfassen lassen müssen. Es könnte ins Lächerliche abgleiten, würden wir dazu übergehen, die Argentinier aus den 40ern, der Blütezeit des Tangos, zu kopieren und unser Dasein als Hauptdarsteller eines amateurhaft inszenierten Historienstückes zu fristen. Nehmen wir zum Beispiel einmal die Achtsamkeit im Umgang miteinander, einer der wichtigsten Werte des Tangos: Achtsamkeit und das Streben nach poetischer Formvollendung – wie selten finden wir diese Werte heute auf unseren Tanzflächen verwirklicht. Anstatt Formvollendung und die Harmonie eines großen Ganzen, in das sich jedes Tanzpaar mit größtmöglicher Sensibilität einfügt, indem es dieses Ganze durch seine Individualität bereichert, finden wir uns mehr oder weniger nur mit Ellenbogen-Mentalität und dem gleichen munteren Alle-gegen-alle konfrontiert, wie überall sonst

auch. Ein verantwortungsbewußter Umgang mit der Kultur des Tangos gebietet uns, Wesen, Werte und Gehalt behutsam in unsere örtlich-zeitlichen Gegebenheiten zu übertragen. Das gilt gerade in heutiger Zeit, in der der Tango wieder eine zunehmende Popularisierung erleidet. Einerseits ist er von einer Kommerzialisierung durch die Medien, die Werbung und die Unterhaltungsindustrie bedroht, andererseits vom Bereich der klassischen Musik und des Balletts, durch mögliche Mißverständnisse virtuoser Interpreten, die den Tango für sich entdeckt haben und ihn zur *hohen Kunst* erheben wollen. Der zehnfache Grammy-Preisträger und Cellist Yo Yo Ma äußert sich über den Tango folgendermaßen: *»Natürlich kennen wir alle den Tango. Wir kennen seinen Rhythmus. Davon ausgehend kann man etwas daraus machen. Der Tango ist etwas Vorgegebenes. Aber man kann es weiterentwickeln.«* Vielleicht kann Yo Yo Ma das wirklich, wenn ihn das innere Wesen des Tangos erfaßt hat. Doch in der Begeisterung mancher Interpreten für den Tango liegt auch eine Gefahr. Auf der anderen Seite sagt der Cellist Yo Yo Ma, dessen kraftvolle Interpretation uns tatsächlich in ihren Bann zieht, etwas sehr Schönes: *»Seine* (Piazzollas) *Musik hat mein Leben verändert. Seitdem ich Piazzolla gespielt habe, gehe ich anders mit Musik um, disziplinierter und freier. Wenn dich die Musik von jemandem so berührt, daß du ihrer nie müde wirst, ist sie ein Klassiker geworden. Der Tango ist keine Mode. Diese Musik wird nie untergehen. Das macht sie klassisch.«* (Arte Metropolis.) Auch die Musiker Daniel Barenboim und Gidon Kremer haben sich dem Tango zugewendet, wie so viele weniger bekannte Interpreten der klassischen Musik auch. Doch ich finde, daß bei vielen etwas sehr Feines, aber Wesentliches fehlt, das sich schwer beschreiben läßt. Der ursprüngliche Tango verbrennt oder läßt einen im Bewußtsein der Kälte und Verlassenheit gefrieren. Er atmet förmlich das Leben, zumeist direkt aus seinen Abgründen. Der Dichter Pablo Neruda sagt, daß Piazzollas Musik die Musik der Fehler und Verwirrungen der Menschen, eine Musik voller Schocks und Idyllen (Polarität!), Verleugnungen und Zweifel ist. Doch die Tangointerpretationen klassischer Musiker gehen selten ins Äußerste, sind temperierter. Bei Piazzolla hat man das Gefühl, daß er um sein Leben spielt. Bei vielen Musikern heute scheint es, daß sie diese Intensität im Tango spüren und sich davon angezogen zeigen. Gidon Kremer über Piazzolla: *»...eine ernstzunehmende, wahre, eine durchdringende Musik; und das kann man eigentlich nur von großen Komponi-*

sten sagen, daß sie das geschafft haben. Insofern glaube ich sehr daran, daß die Musik von Piazzolla ein Beispiel bleiben wird, daß man in unserem Jahrhundert, das soviel Lärm produziert hat, auch noch Musiker bleiben konnte.« (Arte Metropolis.) Piazzolla ist bereits ein Klassiker, neben anderen Meistern seines Faches, die sich nicht so deutlich aus der Tradition gelöst haben wie Osvaldo Pugliese, um nur einen zu nennen. Und auch einfache Interpretationen traditioneller Kompositionen besitzen in ihrer liebevollen Schlichtheit oft ein Maß an Vollkommenheit, Witz und Beseeltheit, die allein durch die technische Raffinesse virtuoser Musiker nicht erreicht werden kann. Man muß den Tango spüren.

Doch noch einmal zurück zum ersten Zitat von Yo Yo Ma: Wenn er sagt, wir alle kennen den Tango..., meint er damit seine äußere musikalische Struktur oder meint er seine *Seele*, das Wesentliche, das den Tango in seinem Inneren ausmacht, die Höhen und Tiefen des Lebens, das existentielle Lebensgefühl, von dem diese Musik durchdrungen ist und das aus der Musik heraus in jene mit spielerischer Leichtigkeit eindringt, die das *Tragische* aus dem eigenen Inneren kennen? Es bleibt die Frage, ob ein Musiker, der sich zum Tango-Interpreten berufen fühlt, nicht zuallererst dieses tragische Lebensgefühl, welches eng mit dem Eros verflochten ist, mitbringen sollte, gepaart mit einer tiefen Demut vor der Kunst, die es ihm ermöglicht, von den Alten, den Tangospielern früherer Zeiten etwas zu lernen, was in unserer Zeit schon beinahe ausgestorben ist, ein gewisser Ausdruck tiefer Humanität und liebevoller Hingabe. Genausowenig, wie der Tango in den äußeren Figuren des Tanzes angesiedelt sein muß, so wenig fängt man ihn in der äußeren Struktur der Musik. Das beste Netz nützt nichts, wenn keine Fische im See sind. Doch zumindest muß man anerkennen, daß bei der zweiten Tangowelle in Europa nicht der gleiche Fehler gemacht wurde, den Tango zurechtzustutzen und zu standardisieren, wie am Anfang des Jahrhunderts. Unsere Gesellschaft ist heute offenbar nicht mehr so ethnozentristisch wie damals. Nicht zuletzt dürfte das an den gewaltigen Erschütterungen liegen, welche über unser Jahrhundert hinweggegangen sind. Wir haben auch gelernt, die Spannung zwischen Chaos und Ordnung auszuhalten, die im improvisierten Tango allgegenwärtig ist. Man sieht, daß der Tango keine kurzlebige Modeerscheinung ist, da es immer mehr Menschen gibt, die Jahre ihres Lebens daran setzen, sich dieser Kultur in Musik und Tanz zu nähern, die sich die notwendigen Techniken aneignen, um vom Tango zu lernen. All jenen sei dieses Buch in Liebe gewidmet. Und wenn wir hier unterstellen, daß der Tango kein alter Tanz aus der Mottenkiste der Geschichte ist, in dem sich nur überkommene Wertvorstellungen und geschlechtsspezifische Rollenbilder einer abgestorbenen Epoche ausdrücken – die reale Entwicklung würde dem ohnehin widersprechen –, ist es einfach an der Zeit, sich über Tradition und Fortschritt sowie interkulturelles Lernen Gedanken zu machen. Ironischerweise ist dieser subtile und facettenreiche Tanz ein Tanz der Zuhälter, Huren und Ganoven. Er ist ein Diamant, geboren aus dem Schlamm der Vorstadtstraßen von Buenos Aires, hinabgestiegen in die kalte Décadence der Pariser Salons und 60 Jahre später angekommen bei den Europäern und uns verkopften und ewig suchenden Deutschen. Der Tango ward aber nicht den Intellektuellen und Gebildeten gegeben, auch nicht den Besitzenden, sondern den Kindern der Armut und der täglichen Verzweiflung. Er ist geboren aus der Auflehnung des Lebens, das sich nach Glanz, Schönheit und Energie sehnte, gegen die Umstände, die in die andere Richtung wiesen. Und am vorläufigen Ende dieser fast hundertzwanzigjährigen Geschichte nehmen wir Europäer ihn nun auseinander, untersuchen und analysieren ihn und umkreisen mit Köpfen und Körpern seinen Geheimnischarakter. Aber genau das, daß wir uns mit unserem unruhig faustischen Trieb am Tango abarbeiten, in sein Wesen einzudringen versuchen, versetzt uns in die Lage, den Argentiniern wieder etwas zurückzugeben, mit ihnen in einen Dialog über unser beider Kulturen zu treten. Der Tango ist eine überdauernde und lebendige Kulturleistung, da es einer gewissen Schicht gelungen ist, in einem kulturellen Schöpfungsakt über mehrere Generationen hinweg, ewige, universale Grundprinzipien einzuschließen und unter die Menschen zu bringen. Von meinem Lehrer stammt der etwas bösartige, doch nicht ganz unzutreffende Satz: »Tango, das ist Entwicklungshilfe aus Lateinamerika für die Europäer.« Doch was können die Argentinier von uns lernen? Ich glaube, wir können ihnen helfen, das wahre Potential des Tangos aus der zeitlich-kulturellen Distanz heraus bewußt zu machen. Und wir Europäer bringen den Tango wieder zurück zum Rio de la Plata, nachdem er dort nur noch unter einer vom Aussterben bedrohten Handvoll alter Spinner hochgehalten worden war. Was uns der Tango alles geben kann, ist schon vielfach angeklungen. Doch eines sei noch deutlich gesagt, nämlich daß eine strenge strukturelle Ordnung und das Chaos des Lebens nicht feindlich gegeneinander stehen, sondern einander bedingen. Der Tango führt uns genau das vor Augen. Seine klare Struktur ist nur das Gefäß, welches das Leben aufnimmt und ihm Halt und Boden gibt. Gerade diese Dualität ist zum Beispiel für die Deutschen eine wichtige Erfahrung, da sie alle wohl mehr so geprägt sind, dieses Gegensatzpaar als einander feindlich zu bewerten. Das wird auch gerade am Beispiel der Haltung deutlich. Sie haben große Probleme damit. Soll sie aufrecht sein, verbinden sie damit eher etwas Preußisch-Wilhelminisches? Die Antwort darauf ist oft das quallenhafte Hingegossensein der 68er. (Doch hätte Gott uns gerne wie Quallen gehabt, hätte er uns dann Knochen gegeben?) Auch hier geht es um eine feine Synthese, um einen dritten Weg. Europäern wie Argentiniern kann der Tango den Weg weisen, den Begriff der Tradition, der meist nur negativ und oft zu Recht mit Vorstellungen von verknöchert und nicht mehr entwicklungsfähig assoziiert wird, wieder neu zu bewerten, Tradition nicht im Widerspruch zum Fortschritt zu erleben, sondern als seine Voraussetzung. Die lange Tradition des Tangos, die diese Vielfalt an Stil, die hohe Komplexität in Tanz und Musik hervorgebracht hat, ist eine positive Tradition der Bereicherung durch kreative Veränderung, in der das Alte gleichberechtigt mit dem Neuen zusammen besteht. Manchmal sind selbsternannte Traditionalisten in Wirklichkeit sehr traditionsfeindlich, weil sie am liebsten alle Dinge für immer festschreiben möchten, anstatt die Kreativität der Jungen zu erkennen und zu fördern. Dann würden die Jungen ganz von sich aus die Tradition ehren, indem sie anerkennen, daß sie ohne sie mit leeren Händen dastünden.

Der Künstler füllt die neuen Räume, die die gesellschaftliche Entwicklung öffnet, geht über sie hinaus und bringt die Entwicklung mit voran. Ein wahrhaft konservativer Mensch ist immer auch fortschrittlich, denn er achtet die ewigen kosmischen Prinzipien des Wandels und der Entwicklung. Er hält nicht an Erscheinungen fest. Ihn interessieren die Gesetze und das Wesen. Ein wahrhaft fortschrittlicher Mensch hat daher immer einen konservativen Zug, wenn er am Wesentlichen festhält. Der Leser möge mir die gedanklichen Kapriolen verzeihen. Doch sie entstammen meiner Überzeugung und der reinen Spielfreude am Tanz der Polariät – wir sind doch Tangotänzer.

Tango, ein philosophischer Tanz

Wir leben in einer Zeit, in der alles praktisch, bequem und nützlich sein muß – und es muß schnell gehen. Denn das Leben ist bekanntlich kurz – und je mehr wir uns von Selbigem abschneiden, um so größer wird unser Hunger nach immer mehr und immer schneller. Wenn wir anerkenen, daß Häßlichkeit Abwesenheit von Geist und Seele bei einer Sache bedeutet, ist es kein weiter Schritt mehr zu der Feststellung, daß die Gegenspieler von Seele und Geist Bequemlichkeit und das Diktat reiner Nützlichkeit sind. Der Utilitarismus braucht weder Seele noch Geist. Er ebnet dem Leben den bequemen, geraden Weg und legt dabei klammheimlich seine Ufer trocken. Gehen wir ruhig einmal davon aus, daß der Teufel auch in der Bequemlichkeit steckt, deren Errungenschaften wir Fortschritt nennen. Er liebt die geraden Straßen, am meisten die schnellen Autobahnen und nicht die malerisch verschlungenen Pfade. Er zieht der Liebeslaube den eintönigen Rasen vor und den alten Steinhäusern die Betonfertiggebäude. Aber der Tango liebt die verschlungenen Pfade und er besitzt Schönheit und Poesie. Er ist ein philosophischer Tanz. Und eines ist er ganz sicher nicht: bequem. Er thematisiert die Gegensätze. Seine Hauptthemen sind Freiheit und Form. Freiheit, dieses *altmodische* Wort, das früher häufig Gegenstand philosophischer Betrachtungen war, ist heute fast schon durch das Wort Freizeit verdrängt worden. Philosophische Betrachtungen sind ebenfalls zu nichts nutze und außerdem auch nicht bequem. Und je mehr Freizeit wir haben, um so weniger benötigen wir die Philosophie. Wie in der *Freizeitkultur* Seele und Geist langsam wegrationalisiert werden, geht diese Entwicklung auch an unserer Kleidung nicht spurlos vorüber. Sie erlebt eine beispiellose Banalisierung. Sie braucht nicht mehr als eine bewußte Ausdrucksform unsere Befindlichkeit widerspiegeln oder auf diese zurückwirken. Da trägt man doch lieber etwas Praktisches. Und so drückt auch unsere Freizeitkleidung immer mehr die Uniformität unbeseelten Genusses und monotoner Bequemlichkeit auf dem tiefstmöglichen gemeinsamen Nenner aus. Wie schon angedeutet, ist der Tango keine typische Freizeitbeschäftigung. Die *Tangomode* an sich, hat ihre Herkunft aus den Bordellen, zumindest für die Frauen, noch nicht ganz zurückgelassen. Wir kleiden uns jedoch bewußt. Wir müssen uns diesem Kostüm-Diktat nicht beugen. Vergessen wir nicht, daß hier vor allem die Männer die Maßstäbe gesetzt haben. Wichtig ist, daß wir offenbleiben und mit der Kleidung experimentieren. Denn Kleidung und Bewegungsgefühl hängen eng zusammen. Jeder sollte immer wieder neu seine eigene Note finden – wie innen so außen. Jede Seite beeinflußt die andere. Auch die Kleidung wirkt auf unseren Geist zurück. Erfahrungsgemäß fühlen sich bei den Männern Bügelfalten und weicher Anzugstoff am besten an. Es unterstreicht das Weichfließende und die Klarheit der Bewegung. Die Frau ist im Tango freier, ihre persönliche Poesie in der Kleidung auszudrücken, als der Mann. Sie muß sich keineswegs am gängigen Klischee Minirock oder geschlitztes Kleid orientieren, wenn sie das nicht möchte. Sie hat im Tango die Möglichkeit, auch über die Kleidung den ihr angemessenen Ausdruck ihrer Weiblichkeit zu finden. So bietet der Tango die Freiheit, uns selbst bis zu einem gewißen Grad zu entdecken und Blockaden im Umgang miteinander zu lösen. Doch vergessen wir nie, daß auch diese Freiheit äußerst begrenzt ist und der Weg zur wahren Freiheit über viele Widerstände und Prüfungen führt, und den wenigen vorbehalten bleibt, deren Sehnsucht danach nicht in der Bequemlichkeit und der materialistischen Sphäre erlahmt.

Das Ideal des Zusammenwirkens von Mann und Frau

Im Eros haben wir die Möglichkeit, aneinander zu werden, was wir sind, der Mann an der Frau und die Frau am Manne, weil in der Liebe beide einander als das wahrnehmen, was sie sein könnten und nicht als das, was Natur, Leben, doch vor allem sie selbst, aus sich gemacht haben. Die Gegenliebe motiviert all unsere Kräfte, das Potential an seelischer Schönheit in uns, als das uns das Gegenüber bereits jetzt wahrnimmt, nach außen zu bringen, und im eigenen Leben zu verwirklichen. Die Liebe verklärt den anderen. Und gerade in dieser Verklärung liegt ein Teil seiner höheren Wirklichkeit begründet, immer vorausgesetzt natürlich, es handelt sich um Liebe und nicht nur um Projektion. Für den Fall, daß unsere Liebesgefühle, daß unsere tiefsten Sehnsüchte ein unpassendes Gegenüber ausgesucht haben, endet das Ganze zumindest für eine Seite schmerzvoll und tragisch, wie so oft im Leben. Das Ideal des Eros drückt sich in jedem Element des Tangos aus und ist für den Tango von durchgängiger und bestimmender Natur. Hier sei der Versuch unternommen, dies am Element der *Ocho* darzulegen: Die Ocho wird zwar vom Mann geführt, doch ist die Frau wesentlich an ihrer Ausführung beteiligt. Die Tänzerin vollführt aktiv die Gegenverdrehung in ihrer Achse während der Wende- und Umkehrpunkte, um den Mann beim Führen in der eigenen Bewegungsfreiheit zu belassen. Sie unterläßt es jedoch, den darauffolgenden Schritt selbst zu tun. Ohne ihre Mithilfe würde er Kraft für die Führung benötigen, was einschränkend für sein Gleichgewicht und seine Bewegungsfreiheit wäre. Seine Führung darf aber auch für sie nie zu einer Zumutung werden. Selbstverständlich muß er ihre Achse gleichermaßen respektieren, wie sie die seine. Das heißt konkret, daß er ihre Mitte exakt über ihren Fußballen bringt, bevor er sie über jenen in die Ochodrehung führen kann. Und er blockiert ihre Bewegung nicht mit dem Oberkörper, was geschehen könnte, wenn er mit den Armen führt. *Im Tango schafft der Mann der Frau in achtsamer Hingbe an sie den Raum, den sie im Dialog mit ihm benötigt, ihre Weiblichkeit im Selbstausdruck ungehindert zu entfalten.* Der Tango unterstreicht in seinen Bewegungen die Schönheit der Frau

und hebt ihre erotische Ausstrahlung hervor. Um zu führen muß der Mann immer genau spüren, wo sie wirklich steht. Außerdem muß er ihre Rückmeldung auf seine Führung erfühlen und beim Führen berücksichtigen. Denn er tanzt mit ihr und für sie. Man wendet sich einander zu, ohne sich aneinander zu klammern oder auch nur festzuhalten. Man gibt sich hin ohne die eigene Basis zu verlieren. *Im Idealfall unterrichtet uns gerade die Hingabe darin, wie wir uns noch stabiler verankern können, um uns selbst nicht zu verlieren, damit wir auch dem Gegenüber Objekt seiner Hingabe sein können.* Auch die Frau läßt den Mann ungestört in seiner männlichen Rolle agieren. Sie gibt ihm im Zustand des eigenen Gleichgewichtes die völlige Bewegungsfreiheit, die er benötigt, um sie zu führen. Sie *erwidert* die Bewegungsimpulse des Mannes im sanften *Widerstand* gegen ihn. Die Verzögerung hilft ihr, die Führung zu verstehen und sich schließlich im anwachsenden Gegendruck mitnehmen zu lassen. Sie spürt seine Intention deutlicher, wenn sie ihm ein wenig *widersteht.* Treten trotzdem Mißverständnisse auf, etwa daß sie sich vertanzt oder er sich *verführt,* muß der Mann den Ausgleich schaffen, da ihm die Führung obliegt. Wenn dann noch die Frau aus ihrem Bedürfnis heraus, Fehler zu vermeiden, nervös und hektisch nachkorrigiert, hätte das zur Folge, daß beide aneinander vorbeikorrigieren und dadurch viel schwerer wieder zusammenkommen. Er hat sich dann in der gemeinsamen Bewegung wieder so zu ihr zu positionieren, daß eine fließende Fortführung des Tanzes möglich ist. Die Frau hilft ihm dabei, wenn sie auf ihn wartet und äußerlich untätig bleibt, *ihn gewähren läßt.* Auf der *äußeren Ebene* gibt der Mann, und die Frau hält sich als Gefäß bereit für seine Energie, welche sie in ihm motiviert, mitformt, durch ihren Geist verwandelt und an die Erde zurückgibt. Beide erfahren aneinander Inspiration durch die höhere Macht des Eros und verbinden sich zu einer Einheit, wenn ihnen dazu innerlich der Weg offensteht. Beide tun ihr möglichstes und geben ihr Bestes. In der Technik des Tangos manifestiert sich nicht der Kampf der Geschlechter, der in der Regel aus realem Mangel an wirklicher Liebe entsteht und sich durch fehlendes Einfühlungsvermögen auszeichnet, sondern es manifestiert sich das Ideal des harmonischen Ineinandergreifens des typisch Männlichen und des typisch Weiblichen zu einer Einheit. Der Raum zwischen den Gegensätzen wird gefüllt und mit künstlerischer Gestaltung besiedelt. Er wird nicht zum Schlachtfeld erklärt. Wo jedoch der Krieg der Geschlechter Thema ist, läßt ihm die Technik genügend Spielraum zur choreographischen Inszenierung. Wo er aber überhand nimmt, wirkt er sich störend auf die technische Seite während der Improvisation aus. *Der Tango ist eine getanzte Liebesgeschichte. Er spiegelt die Realität und fordert das Ideal. Er verlangt, auf den anderen zuzugehen, dabei aber bei sich selbst zu bleiben. Er ist Sucht und Sehnsucht, ist Vermeidung und Weg zur Erfüllung in einem.* Der Zwang zur Arbeit an der Selbstwahrnehmung und der Wahrnehmung des Partners, die besonders diesem Tanz innewohnende Forderung nach Kooperation und Kommunikation, die nötige Bereitschaft, Fehler und Schwächen nicht nur beim Partner, sondern vor allem bei sich selbst auszumachen, sowie die bewußte Interaktion zweier veränderlicher Wesen sind das machtvolle Potential des Tangos, das ihn als Werkzeug für unsere Entwicklung eignet.

Die Ocho, Sinnbild des Ideals weiblicher Stärke

Bei den Ochos, den *Achten* handelt es sich um Verdrehschritte, bei denen der Fuß der Frau diagonal über die Körpermitte in einem leichten Bogen, einer Sichel gleich, nach vorne oder aber gerade rückwärts geführt wird. Dabei geleitet sie der Mann mittels einer horizontalen Wellenbewegung seines Oberkörpers in den Schritt, wobei sie in ihrer Achse verdreht, um vor ihm zu bleiben. Das erzeugt den Aufbau einer Spannung in ihrem Körper, die in der Ocho während der Gewichtsverlagerung zum gesetzten Fuß hin noch zunimmt und sich in dem Moment, wo diese ganz vollzogen ist, plötzlich löst. Die durch die Verdrehung aufgestaute Spannung entlädt sich im Heranziehen des entlasteten Beines an das andere in einer Ballendrehung des Standbeines, an die sich die nächste Ocho in der Gegenrichtung anschließen kann. *Diese weiche, runde Verdrehbewegung gleicht einem katzenhaften Räkeln und fließt wie Wasser zwischen den Gegensätzen lasziver Dehnung von der Ferse bis zum Nacken und entspanntem Ausdrehen dahin.* Das geschieht im souveränen Gleichgewicht einer formgebenden Achse. Würde sich dabei die Achse der Frau in der Weichheit dieser anschmiegsam lasziven Bewegung mitverformen, käme es zum bereits angesprochenen *Zerfließen im Kontakt.* Unter einer solchen Verformung *eckt die Weichheit an,* sie taumelt, stößt sich, schränkt beider Bewegungsfreiheit und Gleichgewicht ein. *So drücken sich in der Ocho sowohl Weichheit als auch Stärke*

und Kontur aus. Tango ist maximales Geschehenlassen, ohne gänzliche Preisga-
be der Kontrolle. Die Kontrolle ist so dosiert, daß sie den freien Lauf
der Bewegung nicht beschränkt. Doch erst dieses Mindestmaß an
Kontrolle erlaubt es, die Bewegung ganz und gar mit dem eigenen
Wesen und Geist zu erfüllen und die Achsen im gleichgewichtigen
Bewegungsfluß zu stabilisieren. Ihre Schritte geschehen ohne
Eigenwillen, doch bewußt. Sie sind sowohl aktiv ausgeführt, wie
auch passiv geschehend. Doch ihr Grundwesen entspricht eher
letzterem. Das Maß der ihnen innewohnenden Aktivität ordnet
sich den Geboten äußerster Ökonomie wie maximaler Präzision
unter. Sie ergeben sich aus der Bewegung der vereinten Oberkörper. Auf dieser Grundlage werden sie geschliffen und ausgeformt,
ohne daß man in ihren geführten Lauf eingreift. Dabei entsteht
eine differenzierte Mischung aus passivem Geschehenlassen und
aktivem Tun, aus Kontrolle und Loslassen. Das Ausformen der Bewegung durch die Frau, oder solche Bewegungen, bei denen sie
selbst aktiv wird, wie das Kompensieren der Beckenbewegung
durch den Oberkörper in den Ochos oder der Moulinette, dürfen
der Führung des Mannes nie vorausgreifen, sondern müssen sich in
diese integrieren. Ihre Verdrehung geschieht in dem Maß, welches
für die Einheit der Oberkörper nötig ist. Damit hebt sie die Drehung ihres Beckens nach oben, zu ihm hin, auf. Das entlastet ihn.
Achse und Gleichgewicht des Partners müssen immer geachtet bleiben. Es ist ihre Aufgabe, seiner Bewegung zu folgen und ihn dabei
niemals zu behindern. Sie richtet sich immerfort fließend zu ihm
aus. Er achtet ihre Freiheit und ihr Gleichgewicht, indem er sie jedes Mal präzise über den Ballen führt, bevor er sie dreht und seine
Führung niemals forciert, sondern *führend ihren Neigungen entgegen-*
kommt, die er einfühlend erspürt. Auch hier geht es darum, unser Gleichgewicht zwischen den Gegensätzen zu finden, sie miteinander in
Einklang zu bringen, in diesem Fall Kontrolle und Loslassen, Autonomie und Hingabe, Ich und Du. Die Ocho verbindet das Gegensatzpaar der geradlinigen Stärke, welche Souveränität und Autonomie schenkt (Achse), mit einer weichen, ozeanisch fließenden Wellenbewegung, die an jedem Punkt Anfang und Ende sein kann, da
sich all ihre unterschiedlichen Momente zyklisch wiederholen. Diese Achse ist harmonisch gerade, wie in der Meditation, der Rücken
nicht ins Hohlkreuz überdehnt. Die fließende, sinnliche Weichheit
gruppiert sich symmetrisch um einen festen Kern. Die Bewegungen

im Tango allgemein, doch vor allem die der Frau, da sie sich führen läßt, drücken die Kunst der angemessenen Reaktion zu jedem Zeitpunkt aus. Doch sind sie mehr als bloßes Reagieren. Die Tänzerin teilt sich selbst in ihnen mit und verströmt sich. *Die Klarheit der Führung aus seiner Achse heraus überträgt sich durch die Bewahrung einer präzisen Form in der Haltung der Frau ungebrochen auf die Linien ihrer Schritte. Und gerade diese Formstrenge ermöglicht die Harmonie und Freiheit des Ausdrucks.* In jedem Fall drückt sich in der Ocho das fließend Weibliche aus. Die Frau hält im Tango gleichmäßig Berührung mit seinem Oberkörper, wie Wasser, das stets anhaftet. Ihre Schritte laufen mit seiner Achse mit, auf dem Weg des geringsten Widerstandes. Das Wasser findet seinen Weg immer ohne Nachdenken. Es läßt sich leiten, füllt lückenlos die Formen, findet den kleinsten Durchgang, paßt sich den Gegebenheiten spontan an, verzichtet auf eigenes Tun und ist machtvoll. Wird im Tango de Salon im direkten Körperkontakt getanzt, kommt es zu einer Art *Herzmassage.* Ihr Brustkorb schmiegt sich in sanften Wellenbewegungen gegen die Brust des Mannes, da sich innerhalb ihres parallel zu ihm ausgerichteten Schultergürtels die Bewegung des Brustkorbes nicht ganz ausschalten läßt. Seine Führung ist dabei ein behutsames, auf das Gleichgewicht der Frau bedachtes Mitnehmen in die eigene Bewegungswelle.

Von der inneren Mitte nach außen

Der Tanz beginnt ganz klein in der inneren Mitte, so wie jede Rose aus dem Zentrum ihrer Knospe heraus erblüht und sich dabei ausdehnt. Der Ursprung der explosivsten, ausladendsten Bewegung geht immer vom innersten Punkt des Herzens aus, bevor sie zum angemessenen Zeitpunkt, während ihrer kaskadenhaften Fortpflanzung nach außen, in der Streckung des Beines mit maximaler Beschleunigung ausläuft. Die Bewegung ist nie an der Peripherie erzeugt. Das würde nur Muskelkraft kosten und das Gleichgewicht stören. Und es würde ihr an überzeugender Tiefe und ruhiger Kraft mangeln. So ist in diesem Tanz immer erst das Kleine Ursprung des Großen. Jede *einzelne Schale* muß zuerst gefüllt werden, bevor sie in die nächste überfließen kann. Kein Punkt des Weges wird übersprungen. Das bringt dieses Gefühl magischer Dichte in der Bewegungsverzögerung. Sie beruht auf dem mentalen Ausfüllen der Bewegungsform von innen nach außen. Nichts ist *gemacht*. Man eilt nie voraus. Das eine ergibt sich zum angemessenen Zeitpunkt aus dem Vorangegangenen. Die Tänzer befinden sich eingebettet im *Fluß der Ereignisse*. Nichts wird übersprungen. Dieser Tanz ist wie das ruhige Fließen eines Stromes oder das sich selbst entfaltende Wachstum eines Baumes, dessen machtvolle Größe aus einem winzigen Samenkorn seinen Ausgang nimmt. Es gibt dabei kein Rennen, keine Eile. Um im Tango schnell zu werden, taucht man in die Ruhe und spannt den Bogen zuerst im eigenen Inneren. Die Beine *machen* nicht die Geschwindigkeit, sie ordnen sich ein.

Kirschblütenköniginnenküsse

Hinter diesem poetischen Bild verbirgt sich eine, vom Verfasser beim Unterrichten entdeckte Übung, bei der sich Mann und Frau in Tanzhaltung gegenüberstehen. Beide stellen sich vor, daß in ihrem Herzen eine große Blumenknospe steckt, die sich im sanften Einatmen, während sich langsam der Brustkorb nach vorne weitet, öffnet und nach und nach das Bein wie einen Teil der äußersten Blattrosette nach vorne bzw. nach hinten aus der Mitte herauslöst. Die Blüte im Herzen der Frau reagiert in gleicher Weise auf die Ausdehnung der Blüte im Herzen des Mannes. Sie blühen einander zu, ineinander. Sie erwidert seinen Impuls und geht in den Widerstand. Dadurch wird das Paar zu einer neuen Einheit, die sich in ihrer Gesamtheit aus der Verbindung ihrer Achsen heraus bewegt.

Der Tanz der Engel mit den Teufeln

»... Besonders lernt die Weiber führen; / Es ist ihr Weh und Ach / So tausendfach / Aus einem Puncte zu curiren, ...« läßt Goethe seinen Mephisto sagen. Es kann durchaus einmal vorkommen, daß ein Engel mit einem Teufel tanzt. Doch kann man dann in der Regel davon ausgehen, daß das an dem dunklen Schatten des Engels liegt, den dieser hinter sich geworfen hat und vielleicht selbst nicht mehr bemerkt. Doch davon sei hier nicht weiter die Rede. Das Bild spielt nur auf die polare Doppelgesichtigkeit des Tangos an, der uns das Dunkle in uns bewußt macht, uns zum Dunklen verführt und weiter hineinführt, uns aber auf der anderen Seite auch das Ideal der Liebe vor Augen hält. Wir können das Dunkle in uns entdecken, es

ausleben und damit ausweiten, oder aber liebend überwinden und verwandeln. Und noch einmal Mephisto: »*... Erst kam deine Liebeswut übergeflossen, / Wie vom geschmolznen Schnee ein Bächlein übersteigt; / Du hast sie ihr ins Herz gegossen. / Nun ist dein Bächlein wieder seicht. ...*«

Ein guter Tangotänzer hält mit dem Tango ein vollkommenes Instrument der Verführung in den Händen, aber auch eine Form, welche ihn in der Liebe zum Idealbild des Eros hinleiten kann. Wir entdecken beide Seiten in uns. Der Engel des Eros kann den Teufel in uns durch Liebe verwandeln. Und unser Teufel des Eros kann die Herzen naiver und unbewußter Engel im Tango brechen und versiegeln. Die Erfahrung führt zur Bewußtheit, und der freie Wille entscheidet, ob wir in unserem Dunkel verharren, oder uns selbst erkennen und umorientieren wollen. Bevor wir zum Tango gekommen sind, schlummerte vieles im Unterbewußtsein. Unser Tanz wurde ein Tanz von Licht und Schatten. Wir fanden die Liebe und verloren sie, fanden sie in diesem Zwielicht erneut und verloren sie wieder. Wir verletzten sie und sie verletzte uns. Wir mißtrauten ihr und hielten uns letztlich ihrer für unfähig, wenn nicht unwürdig. Doch sie kam zurück. Und wir hatten dazugelernt?

Der Tango führt uns heraus aus dem Unbewußten zu mehr Bewußtsein über uns, aber auch zu Desillusionierungen und Abstürzen.

Zur Symbolik – Wie innen so außen

Der Tango und das Kreuz

Das Herz befindet sich im Tango genau am Kreuzungspunkt zwischen lotrechter Achse, welche senkrecht zwischen Himmel und Erde steht und für Verankerung, Gleichgewicht und Übertragung zuständig ist, sowie der waagrecht linear verlaufenden Fortbewegung, die ihren Ausgangspunkt immer im Herzen hat. Alle Impulse gehen im Tango von ihm aus. Die Horizontale des Kreuzes steht also für die lineare Bewegung, deshalb auch für Zeit und Raum, die vertikale Achse, auf einer abstrakten Ebene aber auch für das Eindringen des Bewußtseins in die Tiefe des Augenblicks während der Verzögerung oder dem Innehalten, wenn wir die Bewegung verdichten. Das vielschichtige Symbol des Kreuzes beschreibt auf einer weiteren Ebene das Eindringen des Geistes (vertikal) in die Materie, bzw. Technik, und deren Durchdringung, was den Tanz erst ermöglicht. Außerdem bildet unsere Tanzhaltung (Achse mit Spannungsbogen) bereits die Form eines Kreuzes. Das Kreuz ist ein christliches Symbol für Transformation durch höhere Liebe unter Preisgabe des Egos. Dieser Transformation geht in der Regel eine Leidensgeschichte, eine seelische Erschütterung voraus, die uns erst durchlässig für den Geist macht und so zur Erkenntnis und Selbsterkenntnis führen kann. *Pasión* ist das spanische Wort für Leidenschaft, es betont bereits den Aspekt des Leidens an der Leidenschaft. Im Tango geht es um den Eros. Er weht uns von allen Seiten an, seine Lernprozesse sind in der Regel leidvoll.

Und das Kreuz steht für den Kreuzweg der Entscheidung. Um Entscheidung geht es im Tango in jedem Augenblick: wieviel Distanz, welche Nähe, wann, wo, wie lange und mit wem, Hingabe unter Wahrung von Form und Grenze, oder kalkulierte Verführung? Wie weit gehen wir? Wo definieren wir die Grenzen und wie fließend sind sie? Der Führende trifft durch seine Bewegung mit jedem Schritt eine klare Entscheidung. Auch die Geführte legt sich mit jedem Schritt fest. Wir erwählen immer nur eine Möglichkeit und verwerfen die restlichen. Um uns überhaupt bewegen zu können, müssen wir uns pausenlos von nichtgelebten Möglichkeiten und unbegangenen Wegen lösen. So bewegen wir uns im Tango von Kreuzweg zu Kreuzweg zu Kreuzweg – ohne Unterlaß, wie auch im Leben. Und unsere Freiheit? Sie besteht nicht darin, unverbindlich alles offenzulassen und keine verbindlichen Entscheidungen zu treffen – im Gegenteil. Unsere Freiheit im Tango ist die Freiheit, vor jedem Tun zu wählen, in welche Richtung wir gehen und die Konsequenz zu nehmen.

Kreis und Quadrat im Tango

Die Quadratur des Kreises im Tango ist die *Moulinette*. Es handelt sich dabei um einen Bewegungsablauf aus zwei Seitschritten, einem aus dem Seitschritt führenden Vorwärtsschritt und einem aus dem nächsten Seitschritt führenden Rückwärtsschritt, durch den die Frau in Form eines exakten Schrittquadrates mit geraden Linien und entsprechend geschliffenen rechten Winkeln zusammen mit dem Mann die Drehungen vollführt, während sich beide Oberkörper genau voreinander im Kreis bewegen. *Paradoxerweise hängt die Präzision der Kreisbewegung von der Genauigkeit des Schrittquadrates ab. Auch in der Moulinette sind die Schritte nicht gemacht, sondern folgen der gemeinsamen Oberkörperbewegung mit Verzögerung nach.*

Diese Drehbewegung der Frauen läßt Mann und Frau einander immer wieder neu, in tausenderlei verschiedenen Weisen umkreisen. Der Kreis steht für die unendliche Geschichte jeglicher zyklischer Wiederkehr, ist also wie geschaffen für das Spiel zwischen Mann und Frau. Er symbolisiert den Weg, der nie endet, auf dem es kein Ankommen gibt, der schon das Ziel ist oder dieses als Möglichkeit in sich trägt. Im Gegensatz zur Welle ist er kein Symbol für den polaren Wechsel, da auf dem Kreis jeder einzelne Punkt gleich weit vom Mittelpunkt entfernt ist. Auf diesem Kreis ist jeder Punkt Wende und Umkehrpunkt. Er symbolisiert die Einheit aller Polaritäten. Der Kreis verbindet die Pole zu einem übergeordneten Ganzen. Mann und Frau schließen sich zum Kreis zusammen. Das Paar schließt den Kreis, schafft seinen eigenen Kosmos, für den der Kreis letztlich steht. Und dieser Kreis ist eingefügt in das Quadrat, dessen Mittelpunkt deckungsgleich zum Mittelpunkt des Kreises liegt. Das Quadrat verbindet seine Ecken mit dem Mittelpunkt durch ein Diagonalkreuz. Dieses steht, anders als die Verbindung der Vertikalen mit der

Horizontalen, für die vier Elemente, Feuer, Wasser, Erde, Luft und auch für die vier Himmelsrichtungen. Das Diagonalkreuz teilt den Kreis der Moulinette in vier gleich große Segmente und erlaubt so den Tanzenden, ihren momentanen Standort klar zu bestimmen und sich zu orientieren. Erst das Quadrat, das dem Drehkreis unterlegt ist, erzeugt in der Drehbewegung Wechsel und Polarität. Im Vorwärts- und im Rückwärtsschritt baut sich eine Verdrehspannung in der Achse auf, die sich aus dem Gegenüber der Oberkörper ergibt. Diese Spannung wird in den Seitschritten wieder gelöst. Jegliche zyklische Wiederkehr bedarf voneinander unterscheidbarer Abschnitte, wie die der vier Jahreszeiten, bestimmter Lebensabschnitte, etc.

Die Welle im Tango

Die Welle wird im Tango durch die Ocho repräsentiert. Sie symbolisiert den polaren Wechsel zwischen sämtlichen Gegensätzen unseres Lebens und dieser Welt, das ewige Auf und Ab des Daseins, den permanenten Übergang von Hell zu Dunkel. Und alles in unserem gestalteten Universum ist Welle und Schwingung. In ihr drückt sich das Wesen des Daseins schlechthin aus. Jegliche Entwicklung verläuft in einer Wellenbewegung und nicht linear. So geschieht auch das Erlernen dieses Tanzes zwischen Begeisterung und Krise, Zugreifen und Loslassen, zwischen Blockade und Erschließen, Knoten und Lösen. Nur wer den Mechanismus kennt, kann gegensteuern. Und selbst dieses Gegensteuern ist bereits in der Gegenbewegung der Ocho mit angelegt. Drehung und Gegendrehung, Welle und Gegenwelle bilden das Unendlichkeitszeichen. In der Ocho, die auf der Stelle getanzt wird, welche um 180 Grad herumgedreht immer die gleiche Linie umrundet, schließt sich die auf den Boden übertragene Linie zu jenem Zeichen, der liegenden Acht, von der die Ocho ihren Namen erhielt. Die Ocho ist ein reines Frauenelement. Sie drückt die polare Spannung des Daseins, den auf Dualität gegründeten Kosmos schlechthin aus. In unserem Sprachgebrauch ist von Mutter Erde oder Mutter Natur die Rede. Und ist nicht die ozeanische Kraft Sinnbild, sowohl für die Geburt des Lebens wie auch das Dunkle, Zerstörerische? Und wird nicht der Mond mit dem Weiblichen gleichgesetzt, der Ebbe und Flut auf unserem Planeten erzeugt? Die Sonne hingegen, die das Männliche repräsentiert, verkörpert das aktive, das einwirkende Prinzip.

Das Dreieck im Tango

Wenn Mann und Frau einander in Tanzhaltung gegenüberstehen, bilden sie von den Füßen bis zum Brustkorb die Form eines Dreiecks. Sie tanzen Wange an Wange. Ihre Gesichter, wie auch die Oberkörper ruhen in stiller Verbundenheit. In der ruhigen Umarmung finden Impuls und Austausch statt. Beine und Becken, die sich auf Abstand zueinander befinden, sind der Körperabschnitt des Bewegens. Deshalb ist die Distanz zwischen Mann und Frau an den Füßen auch am größten. Man läßt einander bei maximaler Nähe am Herzen größtmögliche Freiheit in der Bewegung. Damit beide am Brustkorb zueinander in Kontakt treten können, muß dieser nach vorne, aus dem Schultergürtel heraus öffnen, ohne daß die Schulterblätter zurückgezogen werden. Kopf und Becken bleiben bei gerader Wirbelsäule etwas zurückversetzt. Das läßt erahnen, daß der Tango kein Machotanz und ebensowenig ein vordergründig sexueller Tanz sein kann, wie z.B. die karibische Merengue oder Lambada, bei denen sich die Becken ständig in kreisender Bewegung und direktem Kontakt zueinander befinden. Auch diese äußere Form spiegelt ein Ideal des Eros wider: die Liebe zwischen Mann und Frau.

Das Dreieck symbolisiert die ewige Spannung zweier Pole, die sich in einer übergeordneten Einheit zu verbinden suchen. Das Paar ist weit mehr als die Summe seiner Teile. In der Liebe sind eins und eins immer drei. Die polare Spannung läßt den Menschen unter Einbeziehung des sich im Dialog beständig weitenden Kosmos zum Absoluten und Höchsten streben, in dem alle Spannung und Unruhe erst ein Ende findet. Das Dreieck steht für eine Liebesbeziehung zwischen Mann und Frau, die zum Geistigen weist und zu einer Ausdrucksform des höheren Eros werden kann. Diese Form versinnbildlicht im Tango

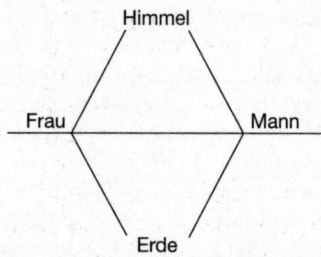

durch ihre Verankerung nach unten die Gesamtheit der Schöpfung. (siehe Skizze Seite 96) Wo in einer Paarbeziehung das *Dritte* fehlt, das geistige Element, die *Aufgabe,* das gemeinsame Wachstums- und Entwicklungsziel, verliert sich die Liebe nicht selten im emotionalen Dschungel und reibt sich dort auf. Vereinigung ist nur im Dritten möglich.

Erdung und Aufrichtung

Mann und Frau suchen im Tango den Andruck an den Boden, den Gegendruck der Erde. Sie drücken sich von ihr ab und tanzen in den Boden hinein. Der Schwerpunkt im Becken zieht durch die lockeren Knie nach unten. Aus dieser Verwurzelung folgt die Aufrichtung der Achse nach oben. Nachdem beide ihrem Oberkörper Festigkeit verliehen haben, wird der Bauch, der sich dabei unwillkürlich anspannt, willentlich wieder entspannt. Dadurch kann der Atem tief in den Beckenboden und von dort weiter Richtung Erde fließen. Für eine gute Erdung ist es nötig, den Bauch loszulassen, damit sich dieser entspannt wölben kann. Durch eine tiefe Bauchatmung werden wir erst durchlässig in Richtung Erde. Der Muskeltonus, vor allem der Beine, kann sich optimieren und den Anforderungen flexibel anpassen. Eine entspannte tiefe Atmung ermöglicht uns, in den Boden hineinzutanzen und hilft uns, unser Gefühlspotential im Tanz zu entfalten. Der Schwerpunkt darf aber auch nicht zu stark gesenkt werden. Die Beugung der Knie ist in den meisten Stilarten des Tangos, mit Ausnahme des *Tango Canyuengue,* minimal und mit dem Auge kaum wahrnehmbar. Die leichte Absenkung des Schwerpunktes aus dem etwas nach vorn gekippten Becken geht mit einer Streckung der Achse von der Schädelbasis aus einher.

Das Setzen eines jeden Schrittes im Tango bedeutet, sich mit der Erde zu verbinden, wir machen unsere Absicht zur Tat. Viele Menschen haben Angst vor der Erde. Das drückt sich darin aus, daß es ihnen schwerfällt, ihre Schritte geschehen zu lassen, sich selbst oder jemand anderem zu vertrauen. Gehen wir davon aus, daß ein Schritt eine Setzung ist, eine Entscheidung, dann steht die Gewichtsbelastung für deren Umsetzung. Ist eine Entscheidung, der ein Zögern in der Umsetzung folgt, überhaupt eine Entscheidung? Im Tango *ist* jeder Schritt eine Entscheidung. Setzen und

Belasten reihen sich fließend aneinander. Wir tanzen förmlich in den Boden hinein. Die Setzung ist sehr klar. Es gibt kein Nachkorrigieren. Wir stehen zu unserem Schritt. Erst der darauffolgende bietet die Möglichkeit der *Kursänderung*, jedoch nicht der vergangene: geschehen ist geschehen.

Je tiefer wir uns erden, um so stabiler ist unser Stand und um so leichter können wir uns aufrichten. Von Antoine de Saint-Exupéry stammt der schöne Satz, daß die Erde uns mehr Selbsterkenntnis als alle Bücher schenkt, weil sie uns Widerstand leistet: »...*Im Messen der Kräfte mit einem Hindernis, finde der Mensch zu sich selbst.*«

Wer nach oben will, muß sich nach unten verankern. Je weiter man nach oben will, um so tiefer muß man sich verankern. Diese einfache Regel trifft sowohl in der alltäglich-physikalischen Sphäre zu, wie jeder weiß, der schon einmal eine Leiter erklommen hat, wie auch in der spirituellen. So kommt es auch hier darauf an, daß das *Höhere*, nach dem ein Mensch strebt, nach und nach all seine Lebensbereiche und Daseinsebenen erfaßt und durchstrahlt. Nur so baut er ein stabiles Fundament und schafft sich zum Gefäß, um das *Höhere*, das Prinzip der reinen Liebe in seinem Leben umzusetzen und diese höhere Schwingung in sich selbst aufzunehmen. Nur so schafft sich der Mensch zu einem Kanal zwischen Himmel und Erde. Er kann nur empfangen, was er auch weiterzugeben und zu verwirklichen bereit ist. Je mehr er gibt, um so mehr kann er selbst aufnehmen. Ein anderes Wort für Erdung wäre Verwurzelung, ein Begriff, der in den östlichen Bewegungskünsten T´ai Chi Ch´uan und Aikido eine wesentliche Rolle spielt. Auf der körperlichen Ebene verleiht die Verwurzelung Standfestigkeit und eine kraftvolle Verbindung mit der Erde, welche unser Gleichgewicht trägt und uns einen stabilen Ankerpunkt gibt. Wir geben unser Gewicht in die Erde ab, indem wir den Schwerpunkt leicht senken und unsere Beine *durchlässig* werden. Es ist, wie wenn wir die Schwere unseres Körpers in den Boden abfließen lassen. So ist das auch im Tango. Wir tanzen nicht auf dem Boden, sondern in den Boden. Auf der spirituellen Ebene bedeutet Verwurzelung, daß man an einer realen Aufgabe real nach oben wächst. Sie ist uns Meßlatte für unsere inneren Werte und Prüfstein ihrer Umsetzung. Eine künstlerische Tätigkeit oder eine Aufgabe, sofern sie von wirklicher Liebe getragen ist, kann zu einem Fenster werden, durch das sich tiefere Wahrheiten offenbaren. Jede dieser Erkenntnisse bedarf wiederum der Arbeit und schöpferischen Aufgabe, um in diese zurückzufließen und einzugehen. So verläuft der Weg nach oben immer über den ersten Schritt nach unten, aus dem heraus man die nächste Wegstrecke nach oben zurücklegt, welche dann in den zweiten Schritt nach unten mündet u.s.w. Voraussetzung dafür ist jedoch immer Liebe und Begeisterung. Wenn wir unsere Arbeit mit einer liebenden Haltung verrichten, sie unser schöpferisches Potential freisetzt, und wir in einen für alle Seiten förderlichen Austausch mit anderen dabei treten, können wir das verwirklichen, was in uns als *höheres Potential* schlummert. Damit wären wir auch schon beim nächsten Schlüsselbegriff angelangt: der Verwirklichung. Wir möchten dieses Wort nicht in dem Sinn verstanden wissen, wie es in unserer Zeit oft gebraucht wird: als Generalrechtfertigung, jeglichen Egoismus hemmungslos auszuleben, sondern im ureigenen Sinn, unser höheres Wesen in unserem Leben Gestalt annehmen zu lassen. Um uns selbst zu verwirklichen, benötigen wir immer ein *Feld*, in dem wir uns verwirklichen können. Selbstverwirklichung kann in der Kunst geschehen, wenn sie spirituell ist, also den Ausblick zum Höheren bietet, ein Fenster nach oben hat, durch den der nach unten verwurzelte Baum in den Himmel wachsen kann. Ein Tänzer wird immer auf mehreren Hochzeiten tanzen, doch braucht er *ein* Gebiet, in dem er ganz aufgehen kann. F. Scott Fitzgerald ließ den Erzähler in seinem Roman »*The Great Gatsby*« zu diesem Thema bemerken: »*life is much more successfully looked at from a single window.*« Verwirklichung kann niemals im luftleeren Raum stattfinden, ohne Kontakt zur Erde, ohne Boden. Das sicher treffendste Symbol für Erdung und Aufrichtung ist der Baum. Je mehr dieser in die Erde eindringt und je mehr Stoffe er ihr entzieht, um so mehr kann seine Krone zum Licht wachsen, um so mehr Licht nimmt er durch diese auf. Er benötigt beides für sein Wachstum: Licht und Erde, Geist und Materie. Je mehr sich der Baum zum Licht streckt, um so mehr erdige Stoffe kann er wiederum absorbieren. Erdung, Verwurzelung, Wachstum und Transformation bewegen sich in einem Kreislauf. Joseph Beuys hat gesagt, daß jeder Mensch ein Künstler ist. Doch müssen wir nicht zuerst werden, was wir sind? Ist das Potential nicht ein noch unverwirklichtes Samenkorn, das sich ohne die Erde und den Boden niemals entfalten wird? Unser Boden könnte der Tanz sein, wenn wir uns auf seine ureigene Dynamik und seine Gesetzmäßigkeiten einlassen.

Der Tango ist ein Tanz, der eine Philosophie des Eros erdet, weil er uns über unsere Gefühle und Körper sowohl mit der Philosophie wie auch mit uns selbst konfrontiert. Doch darf bezweifelt werden, daß der Tango das ganz hohe Fenster zum Kosmos ist, da er sich viel zu sehr um unser kleines äußeres Ich, sein Begehren und seine Emotionen dreht, als um unser höheres inneres Selbst, das sich vor dem lauten äußeren Spektakel eher zurückzieht. *Doch immer werden wir die Früchte unseres Tuns ernten, wenn es uns durch Bewußtheit verwandelt hat,* durch jeden Schritt, den wir uns in *unserem Tanz* innerlich bewegt haben. Erdung bedeutet auch, auf den *Boden der Tatsachen* zu kommen, wie wir bereits am Sprachgebrauch erkennen, ganz real bei dem Schritt zu sein, den man gerade tut und noch nicht beim nächsten oder gar übernächsten, da genau dieser erst für jenen die Grundlage schafft. Es ist wie beim langsamen, gleichmäßigen Wachstum von Pflanzen. Man kann nichts überspringen und ohne Verbindung zum Boden irgendwo in der Luft weiterwachsen. Und wir Menschen sind letztendlich die Verbindung zwischen Geist und Erde, oben und unten. Wir müssen uns in ihr verankern und langsam, aber lückenlos den Raum dazwischen mit dem Höchsten füllen, dessen wir momentan fähig sind. Dann können die Kräfte von Himmel und Erde sich in unserem Herzen annähern und letztendlich verbinden.

Bei Leuten, die besonders *abgehoben* sind, weil es an realer Umsetzung fehlt, kommt man in Versuchung, sie da *herunterholen* zu wollen. Man sagt ihnen, sie *sollen mal auf den Teppich kommen,* weil das doch nur *heiße Luft* ist, *keine Substanz* hat. Man braucht die Erde, um etwas zu realisieren, es zu verwirklichen – aber auch, um all das Höhere und Schöne, das wir erfahren, hineinzugeben, *damit sich der Geist in der Materie anreichern kann.* Man erkennt die Verwirklichung an den Früchten, die der Baum unseres Lebens trägt. Es ist für uns dann befriedigend, wenn diese nicht nur in unserer Phantasie existieren. Es ist für uns nur befriedigend und beglückend, wenn wir selbst unser *Feld* bestellt haben und wenn wir die Früchte mit anderen teilen können. Ist alles nur Schein und Show, ein Leben für die Eitelkeit, oder sind die Früchte genießbar? Was wir in diesem Tanz entwickeln und in uns kultivieren, kann sowohl für das eine wie das andere Verwendung finden. So oder so, kann es andere inspirieren und motivieren. Es gibt also Verantwortung. In jedem Fall haben wir mit dem Tango etwas zu geben, ein höchst effektives Werkzeug, einen langen, differenzierten Erfahrungsprozeß und vielleicht eine Vision. Damit können wir in Austausch und Dialog mit anderen treten. Und so wie der Tango uns Türen im Inneren geöffnet hat, wird er uns auch manche Tür draußen öffnen. *Doch stellt er auch eine Gefahr für unsere Entwicklung dar, wenn wir uns hinter seiner eleganten Maske zu verstecken beginnen und der Bewunderung anderer erliegen, die jedoch der Maske gilt.* Viele Gedanken in diesem Buch, doch vor allem im Essay über die Erdung, sind von der Begegnung mit einem Meister angeregt, bei dem ich Erfahrungen in der Bewegungskunst des T'ai Chi Ch'uan sammeln durfte.

Feuer und Eis

Gemeint ist damit das Gefühl im Kristallgefäß der Geometrie des Tangos. Von Form und Inhalt ist die Rede. Der Tango schafft seine Formen in unendlicher Variation unentwegt neu. Er ist kristalline Geometrie, ist Welle, Fächer, *pendelndes Zickzack,* Linie, Quadrat, Kreis, Segment, Kreuz und er flirtet zwischen Verzögern und Beschleunigen mit der höheren Mathematik in seiner Annäherung an *limes unendlich.* Doch sein Inhalt ist das Feuer, sind die Lavaströme der Leidenschaft und das Wasser, die Ozeane unserer Seele und all die brodelnden, kochendheißen Quellen der Zwischenwelt, kurzum die emotionale Seite unseres Geistes. Im Tango sind alle Elemente repräsentiert: Erde und Luft in der Erdung und der daraus folgenden Aufrichtung zum Himmel, das Wasser im fließenden Lauf der Bewegung bis hin zum Feuer der Heftigkeit und Leidenschaft, doch auch das Element des Äthers, des Feinstofflichen, vom Höheren Erfüllten, das sich im tief eingrabenden Fluß der Augenblicke, im selbstversunkenen Innehalten und im Bewußtsein der Einheit in sich selbst und mit dem Partner offenbart. Die Erdung stabilisiert und verankert uns und ermöglicht damit die äußerste Dynamik unter Wahrung des dahinfließenden Gleichgewichts. Der Bewegungsfluß der Schritte nimmt ebenso wie das Wasser den Weg des geringsten Widerstandes. Die Achse steht aufrecht wie ein aufgerichtetes Segel auf einem Schiff, das die Bewegung vorantreibt. *Der Tango ist also keine festgefügte Form. Seine Muster sind unendlich variierbar auf der Grundlage exakter Geometrie. Doch diese Geometrie ist nur das Gefäß, das darauf wartet, sich dem Fluß wechselnder Inhalte anzupassen, auf diese zurückzuwirken und sich mit diesem Fluß als seinen Gegenpol zu verbinden.* Der Tango fördert unsere Sensibilität und lehrt, immer mehr den Ausdruck der Gefühle zu differenzieren. Er gibt ihnen Gestalt, macht sie bewußter und läßt uns damit spielen. Die Geometrie wird völlig verinnerlicht, denn Tango ist niemals rational. Wir benötigen die Ratio nur beim Erarbeiten der geometrischen Funktionen zwischen Mann und Frau. Dann tritt sie in den Hintergrund. Auch Mißverständnisse haben ihren Eigenwert, regen unvermutet zu Neuem an, vergleichbar natürlicher Mutation.

Der Tango ist keine festgefügte Form. Dieser Satz trifft ebenso auf die Formen des Tanzes, wie auf die Umgangsformen im Tango-Milieu zu. Es geht um Sensibilität und nicht um Formalisierung. Die Formen sollen uns das Erfühlen und den spontanen Ausdruck nicht ersparen, sondern diesen nur behutsam bekleiden. Nehmen wir einmal das Auffordern als Beispiel. Es beginnt im Vorfeld mit einem ruhigen Beobachten und vielleicht einem etwas längeren Blickkontakt, welcher, wenn er anhält und mit einem kleinen Nicken quittiert wird, dazu führen kann, daß zwei Menschen sich plötzlich am Rande der Tanzfläche gegenüberstehen, der Mann den Arm um die Frau legt, sie einander erspüren und in den strudelnden Fluß der anderen Tanzpaare tauchen. Vielleicht haben die beiden noch nie ein Wort gewechselt und befinden sich trotzdem schon in der innigen Umarmung des Tangos, wo sie sich behutsam nonverbal kennenlernen. Vielleicht erscheint es ihnen, als würden sie einander schon gut kennen. Der Mann spürt die Frau in ihr und sie den Mann in ihm, immer wieder fremd und doch so vertraut, wie eine neue Möglichkeit und Einladung zu dem uralten, doch ewig neuen Spiel. Wenn die Erwiderung des Blickkontaktes, als Wunsch aufgefordert zu werden, sich jedoch als Fehlinterpretation erweisen sollte und die oder der Betreffende nicht reagiert, hat man immer noch die Möglichkeit, seine Schritte anders zu lenken und sich zum Beispiel an der Bar etwas zu trinken zu holen. Oder man beginnt das Auffordern mit einem kleinen Gespräch, also verbal, wobei man immer darauf achten sollte, die Person im näheren Umfeld nicht zu mißachten. Eher zu vermeiden sind unvermittelte Attacken aus heiterem Himmel wie »*Tanzt Du mit mir?*«, die jemandem ein Nein abnötigen, oder ein Ja, das keines ist. Tango ist Sensibilisierung.

Tango und die Gesellschaft

Emanzipation und Tango

Man kann nicht oft genug darauf hinweisen: Der Tango bedeutet keine Unterordnung der Frau. Er setzt lediglich der Nivellierung der Geschlechter, ihrer damit einhergehenden Depolarisierung deren erneute Polarisierung entgegen. Er bringt damit bei Mann und Frau eine Auseinandersetzung darüber in Gang, was es bedeutet, Mann oder Frau zu sein. Wer könnte sich schon anmaßen, diese Frage zu beantworten? Immerhin stellt dieser rätselhafte Tanz gewisse Thesen in den Raum, die offenbar über die Zeit hinweg ungebrochen Resonanz fanden. Die Männer sind wieder Männer im Tango und die Frauen dürfen ganz Frau sein. Es gab zwar immer auch den Machotango, bei dem sich der Kerl kaum bewegte und die Frau um sich *herumwieseln* ließ. Doch zeigt das doch nur die Vielseitigkeit dieses Tanzes, der sich dem Geist des Tänzers so nahtlos fügt. Eines jedoch tut der Tango keinesfalls: Er macht keine Aussagen über die gesellschaftliche Stellung von Mann und Frau. Er spiegelt ein poetisches Ideal des erotischen Umgangs zwischen Mann und Frau wider. Die Emanzipation ist nicht Sache des Tangos. Dennoch scheint gerade sie ihm so gut zu bekommen. Die sogenannte Emanzipation hat uns nicht nur dem Ideal rechtlicher Gleichstellung der Geschlechter angenähert. Hat sie womöglich auch erreicht, was Jahrtausende männlicher Unterdrückung der Frauen nicht vermochte, nämlich den gesellschaftlichen Sieg über das Weibliche an sich? Im Kampf um die Gleichberechtigung mußten sich die Frauen männlicher Methoden bedienen und sind dadurch selbst männlicher geworden. Wir propagieren nicht, daß Mann und Frau nicht auch die andersgeschlechtlichen Anteile in sich entwickeln sollen. Doch die eigene geschlechtliche Identität darf im Interesse des Eros und einer kraftvollen Ganzheit zwischen den Liebespaaren nicht darunter leiden. Oft sind es gerade die erfolgreichen, aber überlasteten Karriere- und Geschäftsfrauen, die ewigen *Macherinnen*, die zum Tango kommen, um die Frau in ihrem Inneren neu zu beleben. Aber natürlich gibt es auch die schüchter-

nen und verschlossenen Mädchen jeden Alters, die beim Tango zu der Rose erblühen, die sie sind. Die Emanzipation steht dem Tango also nicht entgegen. Er kann dazu beitragen, ihre negativen Folgen, die Männer wie Frauen gleichermaßen unglücklich machen, zu verringern. Und nicht selten sind es die schüchternen, die sensiblen, introvertierten Männer, die im Tango lernen, über ihren eigenen Schatten zu springen, selbstbewußt zu sich zu stehen, selbstsicher und klar aufzutreten und die Frau mutigen Herzens vor ihrem geweiteten Brustkorb zu führen.

Décadence oder Aufbruch?

Was tut man in Zeiten, in denen die Angst in der Welt wieder zunimmt? Man tanzt Tango. So sieht zumindest das Klischee aus. Doch wäre das ziemlich fatal, in erster Linie für uns selbst, und nicht zuletzt für die Welt. Sicherlich gibt es in der anwachsenden Tangobewegung Parallelen zum lebenshungrigen *Jazz-Age* der 20er. Vielleicht wird diese Art von Leben immer dann am hungrigsten, wenn die Bedrohungen von allen Seiten zunehmen. Der Tango ist von seinem Ursprung her die Bewegung aus der Krise. Heute ist er für uns die Bewegung in der Krise, wobei wir diesen Begriff so breit gefächert wie möglich verstanden wissen möchten. Er ist der Tanz der Heimatlosen in dieser Welt. Und heute fühlen wir uns alle heimatlos. Den Religionen haben viele die Autorität entzogen, und der Materialismus, dunkler Schatten der Aufklärung, hat gezeigt, daß er uns nicht zum wahren Glück verhilft. Doch um so mehr stellt sich die Frage: Wo ist diese Menschheit zu Hause, die sich in ihrem Zusammenwachsen zunehmend spaltet und polarisiert, in einen ihrer Angst nachgebenden fanatisch-fundamentalistisch ausgerichteten Teil und einen anderen, der auf der Suche bleibt? Wir wissen, daß die Suche in uns selbst stattfinden muß. Es gibt keine allgemein gültigen Lebensformen mehr. Und weil viele, die Tango tanzen, suchend unterwegs sind, ist der Tango auch ein *Tanz in den Bahnhofssälen des Lebens, zwischen Erkenntnis unserer selbst und der Flucht davor.* Er kann beides sein. Zwar ist er ein argentinisches Kulturgut und gerade am Ende des 2. Jahrtausends weltweit ein *Export-Hit,* was ihn der Gefahr des kommerziellen und inhaltsentleerten Virtuosentums aussetzt. Doch sind es gerade die Inhalte, die zu seiner Verbreitung in dieser Zeit beitragen. Diese Inhalte sind die großen Menschheitsthemen: Dominanz und Unterwerfung, Führung und Hingabe, alle Spielarten des Eros zwischen Mann und Frau, Eifersucht und Rivalität, Kampf und Loslassen, Einsamkeit und Ballsaal-Glanz, Anerkennung und Scheitern, Verlassen-Werden und Fortgehen, Abschied und Vergänglichkeit, die grausame Macht der Endgültigkeit: eines *nie wieder* (nunca más), die Sehnsucht nach einem *für immer* (para siempre), der melancholische Blick zurück, in die Kindheit, zu einer vergangenen Liebesbeziehung, zum alten Stadtviertel etc., die Frage nach Gott in der Dunkelheit der Existenz – und nicht zuletzt der Selbstbetrug, wie jeder weiß, der die Hofhaltung einiger Tangolehrer kennt. Manche lassen sich von ihren Schülern verführen, sich selbst für das zu halten, was sie ihnen mit Hilfe des Tangos immer suggeriert haben. Es ist alles drin in diesem Tango, verbunden mit einer Musik, die im Inneren wühlt und tiefe, leidenschaftliche Gefühle bewegt. Ist es ein Wunder, daß sich vom Tango viele Menschen, häufig gerade solche mit Bildung und Wohlstand, die ja eigentlich sonst schon alles haben, angezogen fühlen? Damit wären wir auch schon bei der Frage angelangt: Wie unterscheiden sich die heutigen Tangueros von denen der *Gründerzeit* am Rio de la Plata? Die Krise, trotz zunehmender Arbeitslosigkeit, Armut und Flüchtlingsproblematik in den sogenannten entwickelten Ländern, scheint sich immer mehr nach innen zu verlagern. Es sind eben nicht die Asylanten und Sozialhilfeempfänger, die Tango tanzen, sondern eher der Teil der Gesellschaft, dem es gutgeht. Und wir beobachten, daß die Leute, die zu uns kommen, immer jünger werden. Auch sind mittlerweile immer mehr Handwerker, Arbeiter und sogenannte *einfache Leute* unter ihnen. Die wachsende Hinwendung zum Tango kann sowohl als Ausdruck der Abkehr von fest vorgegebenen Formen und starren äußeren Regeln wie auch als Ausdruck des Bedürfnisses nach Wärme und Nähe, nach Untertauchen in dieser kalten Zeit gelten. Zumindest zeigt sich darin eine Sehnsucht nach gemeinsamem festlichem Ereignis mit sozialem und erotischem Dialog. Was früher die rauschenden Walzer-Bälle waren, finden wir heute beim Tango, nur viel kosmischer aufgrund der unendlichen tänzerischen Möglichkeiten des Tangos. Wurde der Walzer von unserer und den vorangehenden Generationen noch als bürgerlich und reaktionär abgetan, wie auch die in der festen Form erstarrten Gesellschaftstänze, bietet der Tango diesen Angriffspunkt nicht. Der

Tango hat schon immer zum Rundumschlag ausgeholt, von der Spelunke, dem Hinterzimmer, bis hin zum festlichen Salon oder Schloß-Saal. Er ist nicht kontrollierbar, sondern Wildwuchs, läßt sich nicht begrenzen und auch nicht vereinnahmen. *Er ist wie eine Katze, kommt und geht, wie und wohin es ihm gefällt.* Und nicht zuletzt findet im Tango die Sehnsucht nach wirklicher Erotik wieder ihren Zufluchtsort, in einer Zeit, in der der Eros in den Medien durch die sogenannte Erotik gründlich mißhandelt wird. Der Tango setzt den nüchternen, nackten Tatsachen gefühlskalter Leibesübungen wieder die Schauer auf dem Rücken entgegen, welche eine flüchtige, letztendlich nie ganz kontrollierbare Bewegung und das Spiel mit der Grenze, in der gemeinsamen Umarmung des Tanzes auslösen kann.

Sehnsucht, Leidenschaft und die sogenannte Erotik

Dies sind die Schlagworte, die in keinem der meist knappen, sich stereotyp wiederholenden Presseartikel oder siebenminütigen Fernseheinblendungen zum Thema Tango fehlen dürfen. Wie gewohnt bedienen auch hier die Medien die Allgemeinplätze und füttern uns mit dem inhaltsleeren *Fast food*, das wir schon so gewöhnt sind, daß wir unseren desolaten Zustand gar nicht mehr als solchen bemerken. Und genau dies veranlaßt die Redakteure zu dem bequemen Schluß, daß wir offensichtlich nichts anderes wollen, als immer wieder auf das verwiesen zu werden, was unser Nicht- bzw. Pseudowissen bereits abrundet. Über inhaltlichen und qualitativen Ansprüchen steht in dieser Branche zumeist die Einschaltquote. Tango ist gerade *in*. Und das heißt in unserem Fall, daß sich diese Bewegung in der Gesellschaft aus eigener Kraft bis zu einem gewissen Punkt ausgedehnt hat, an dem schließlich die Trittbrettfahrer aus Werbeindustrie und Medien auf den Zug aufgesprungen sind, in der Absicht, den Tango für ihre Belange zu vereinnahmen und für das *breite Publikum* vorzuverdauen. Und darin hätte für den Tango tatsächlich eine Gefahr bestanden, wenn dieser sich nicht schon seit Jahren in den Städten und auf dem Land als Stück gelebter kultureller Wildwuchs etabliert hätte. Tango ist Sehnsucht und Leidenschaft und natürlich Erotik, *knisternde* zumeist, wie mittlerweile jeder weiß. Vor kurzem noch warb ein großes Theater in München für eine gastierende Tango-Show mit der *perfekten Erotik* zwischen Mann und Frau. – Doch wenden wir uns noch einmal den anderen Schlagworten zu, zuerst der Leidenschaft: Diese hat man uns im Standart-Tango mit der europäischen Vorstellung vom lateinamerikanischen Machismo verbinden gelehrt. Und dann gab es noch die Sehnsucht. Wie soll diese denn zum Machismo passen? Was sind Sehnsucht und Leidenschaft? Sind es eckige Bewegungen, ausgeführt mit steinernem Gesichtsausdruck, oder ist das nicht eher eine Frage der erotischen Anziehung, der man im Tango aufrecht und würdevoll, mit gerader Haltung begegnet? Ist nicht die Leidenschaft Tochter der Sehnsucht, Kind eines kranken Herzens, das sich nach Berührung und Nähe verzehrt? Im Tango drückt sich der höhere Eros, wie auch der niedere aus. Letztlich orientiert sich die Sehnsucht im Tanz am Geist des Tänzers. Von Blaise Pascal stammt der Satz: *»Nichts ist der Liebe so ähnlich wie das Begehren. − Und nichts ist ihr zugleich entgegengerichteter.«* Da sind wir also bei der Leidenschaft. Tango drückt sie aus und stachelt sie an. Er ist Gefäß für unsere Leidenschaft und schafft Raum, sie behutsam im Dialog miteinander als freies Ritual zu leben. Doch vergessen wir nicht, daß diese Art von Leidenschaft noch nicht der Gipfel des hohen Eros ist. Denn dieser Gipfel speist sich niemals aus dem Mangel, sondern aus der Fülle.

Das Ideal des Salons − Tango als soziale Utopie?

Das Tangopaar taucht zwar in sein ganz eigenes metaphysisches Universum ein, teilt diese Erfahrung aber mit all den anderen Tänzern, mit denen es gemeinsam den *Salon* bildet. Menschen aller sozialen Schichten, verschiedenster Berufe, Interessen und Altersgruppen treffen sich beim Tango. Und doch verbindet sie eines: die magische Anziehung, die der Tango auf sie ausübt. Er veranlaßt sie, die Nächte zusammen zu verbringen, einander kennenzulernen, indem sie beobachten, miteinander tanzen, ihre Partner tauschen, dabei zusehen oder miteinander reden. Der Tango lehrt uns, aufeinander einzugehen. Er funktioniert nicht mit Ellenbogenmentalität, sondern verlangt uns Achtsamkeit und einen sensiblen Umgang ab. Jedes Tango-Parkett ist ein Paradies für einen Chaosforscher: Jeder Führende muß in seinem Tanz pausenlos die Bewegung aller mit einbeziehen. Man kann nicht einfach etwas durchziehen, das man sich vorgenommen hat. Man lernt vielmehr, spontan alle Möglichkeiten zu nutzen, die sich gerade bieten, ohne sich ein Mehr auf Kosten der Bewegungsfreiheit anderer Paare zu erzwingen. Doch leider sieht die Wirklichkeit auf den europäischen Tanzflächen oft anders aus. Sie ist den Werten des Tangos meist exakt entgegengerichtet und führt ihn nicht selten dadurch ad absurdum. Man versucht dort, auf Kosten anderer zu glänzen und den Salon als Bühne zu erobern. Man glaubt an die Macht komplizierter Figuren und gibt ihnen gegenüber der Verdichtung, der Formvollendung und Musikalität des eigenen Tanzes den Vorrang. Zum Teil liegt es sicherlich an den Tanzlehrern. Doch nicht zuletzt werden dem Tango seine Figuren wohl deshalb zum eigenen Grab, da ihm die Luft, die ihn vom *Zeitgeist* her anweht, und der allgemeine Umgang miteinander nicht allzu gut bekommt. Der Tango stammt aus einer Kultur und Zeit, in der die Menschen noch sehr viel darauf gaben, *Klasse* zu haben. Man leistete sich gerne den Luxus, eine Haltung zu besitzen und diese auch zu leben. Inividuelle Formvollendung galt durchaus als Ideal, natürlich auch mit all den narzißtischen Spielarten. Doch man hielt sich damals zumindest zugute, daß man seine Bewegungen in einer Form zu meistern verstand, die all den anderen Tanzpaaren ebenfalls maximale Bewegungsfreiheit zugestand. Da in den guten Salons darüber Konsens herrschte, drückte sich auf den entsprechenden Tanzflächen tatsächlich eine gesellschaftliche Utopie im Kleinen aus, nämlich *das sich selbst, aus Eigenverantwortung und Achtsamkeit heraus regulierende harmonische Ganze.* Zum Idealbild des Eros auf der Ebene des tanzenden Paares kam nun auch das Idealbild der Gruppe tanzender Paare, in das sich jedes einzelne Paar als Teil eines harmonischen Ganzen einfügte. Lassen wir uns von diesen Haltungen inspirieren, lernen wir vom Tango. Dann gewinnen wir ihn als lebendigen kulturellen Raum und als Kultur, die uns Raum gibt, zu agieren, für uns und füreinander. Der Tango stirbt, wenn er die Würde verliert. Er funktioniert nicht ohne eine *gute Haltung.* Und selbst in all der Unvollkommenheit, in der wir ihn zelebrieren, überwindet er soziale Unterschiede und hilft, die Gräben zwischen den Generationen, verschiedenen Bildungsstandards und den Menschen, die sich in unserer Zeit zunehmend in subkulturellen Nischen verschanzen, zu verkleinern. Er übt eine Brückenfunktion in dreifacher Hinsicht aus: Er lenkt unser Bewußtsein auf uns selbst. Er ist eine Brücke zwischen Mann und Frau und er überbrückt gesellschaftliche Gräben. Voraussetzung dafür ist lediglich eine gewisse Aufgeschlossenheit seinem Wesen und Gehalt gegenüber. Auf unseren Tango-Bällen tummeln sich auch Jugendliche, die sonst in irgendeiner Disco Techno tanzen und kommen, zum Beispiel, mit einer Musikerin, die in einem philharmonischen Orchester arbeitet, ins Gespräch. Oder eine Schauspielerin tanzt mit einem Chirurgen, ein Barkeeper mit einer Krankenschwester, ein Drogendealer mit einer Staatsanwältin. Alle Konstellationen sind denkbar. Oder man kommuniziert mit Menschen, deren Sprache man nicht spricht, tanzend, in der Sprache des Tangos. Über alle nur denkbaren gesellschaftlichen, kulturellen Barrieren hinweg müssen wir aufeinander zugehen, eingehen und einander Achtung entgegenbringen. Diese Achtung gründet sich auf unseren persönlichen Umgang, unseren Qualitäten und Erfahrungen, die uns auch als Tänzer auszeichnen. Und genau diese Achtung voreinander fordert der Tango als Vorbedingung ein, um sich uns hinzugeben und zu öffnen. Dieses, für den Tango so typische *Übertanzen* trennender gesellschaftlicher und ethnisch-kultureller Zäune erweitert unseren Horizont spielerisch.

Der Tango ist keine ausgrenzende, intellektualisierende Kultur studierten Spezialistentums, und auch keine, die uns in Akteure einerseits und Zuschauer anderseits teilt. Er ist wie die Bühne des Lebens, auf der wir Zuschauer und Akteure gleichermaßen sind. Er ist der allnächtliche Karneval der Welt, mit all seinen Masken und Kostümen, Klatsch und kleinen Geschichten. Der Tango macht uns die Welt zu einem Dorf, macht sie uns überall dort, wo wir gerade tanzen gehen, klein und intim. Alle sind in verschiedenen Graden und ihrer Persönlichkeit entsprechend von diesem Phänomen ergriffen und *gepackt*. Dieser Mikrokosmos des Lebens, der sich uns durch die dem Tango eigene Brille der Poesie immer wieder neu darbietet, läßt uns in unserer Bezauberung nachdenklich werden und über das Leben reflektieren. Er regt uns an, Gedichte zu schreiben. Auf dem Tango-Ball wiederholt sich das Leben und die Welt im Kleinen. In jenem Tanz der inneren und äußeren Emigration erschaffen wir uns die Welt allnächtlich neu, finden und erfinden neue Wege, uns zu bewegen und zu begegnen und entdecken Verhaltensalternativen im Miteinander dieses geschützten Rahmens *noche de Tango*.

Doch indem uns der Tango so spielerisch einfach Brücken zum Kontakt mit anderen baut, betäubt er möglicherweise bei manchen, die damit ohnehin Schwierigkeiten haben, das Bedürfnis nach wirklicher Nähe. Er kappt die Spitze des Eisberges ihrer Einsamkeit. Aber der größte Teil des Eises bleibt dabei unter der Oberfläche verborgen. Vielleicht wäre es manchmal der bessere Weg, auf diese allzu leicht gebauten Brücken, über die man dann doch nicht ganz geht, zu verzichten. Oft ist es so, daß alle nur in eine Richtung blicken, auf das Spiel mit dem Tango; eine raffinierte Scheinkommunikation, ein festliches Ritual kollektiv zelebrierter Einsamkeit – *Soledad* – ein Schlüsselwort des Tangos.

Das Thema Loslassen

Paar, Salon und die Eifersucht

Das Paar ist eingebunden in die Gruppe einzelner, aber auch anderer Paare. Es befindet sich nicht in einer abgegrenzten Situation. Es wird mit der Forderung, einander loszulassen, und auch die Spannung der Eifersucht auszuhalten, konfrontiert. Bei frisch verliebten Paaren ist das zumeist kein Problem. Und den weniger *frischen* kann durchaus eine kleine Portion Eifersucht zur Auffrischung der gegenseitigen Anziehung nicht schaden. Welcher Tänzer kennt diese Situation nicht: Man geht zusammen auf den Ball und versucht, miteinander zu tanzen. Doch man kommt einfach nicht zusammen. Man schafft es nicht, sich harmonisch zu verbinden; vielleicht ist das Bewußtsein der Wertschätzung miteinander zu tanzen vorübergehend durch Gewohnheit im Beziehungsalltag überdeckt, oder der Genuß durch tänzerischen Ehrgeiz überlagert. Nach einigen lustlos absolvierten Tänzen geht man enttäuscht und vielleicht verunsichert auseinander. Nach einer Weile wird sie von jemand anderem aufgefordert. Und siehe da: Der Zustand völliger Erwartungslosigkeit eröffnet ungeahnt die himmlische Gunst des Augenblickes. Sie findet auf Anhieb mit einem fremden Menschen die Harmonie, die dem Paar zuvor abhanden gekommen schien. Sie genießt es, sich fallenlassen zu können, rückt näher und legt ihren Arm beim Tanzen noch weiter um seinen Hals. Schon nach einigen Takten tanzen sie ganz eng, Körper an Körper und jetzt schließt sie auch noch die Augen dabei. Ihm, dem Zurückgebliebenen, bleibt nur, das Geschehen als Ausgeschlossener zu beobachten. Er bleibt mit seiner Verunsicherung und Eifersucht allein. Außerdem ist vielleicht sein Stolz als Tänzer verletzt. War doch ihr Tanz zuvor nicht mehr als äußerlich aufgesetzte Harmonie, hinter der sich kaum das Bestreben verbergen ließ, angestrengt die *Schäden ihres Gegeneinanders aufzufangen. »Und nun gleitet sie mit einem Fremden – wer ist dieser Kerl überhaupt, der kann doch gar nicht tanzen – völlig entrückt über das Parkett. Wieso läßt sie sich von ihm führen und blockiert bei mir nur und wirft mich ständig aus dem Gleichgewicht?«*

Vielleicht fordert unser nun endgültig aus dem Gleichgewicht und der inneren Mitte geworfener Tänzer die nächstbeste Anfängerin auf, weil ihm die Tiefe ihres Dekolletés oder die Kürze ihres Minirockes als die adäquate Antwort auf eine solche Dreistigkeit seiner Partnerin erscheint, einfach mit irgendeinem Kerl drauflos zu harmonieren, nachdem sie sich seiner Dominanz, die ihm natürlich nicht bewußt gewesen war, so völlig unkooperativ verweigert hatte. Wir ahnen bereits schmunzelnd, was nun kommt: Mit dieser Anfängerin zu tanzen gerät ihm wahrlich nicht zum Vergnügen. Sie hat vielleicht erst wenige Stunden Unterricht gehabt und es gelingt ihm rein gar nichts, zumal sein Blick immer wieder von seiner Freundin und ihrem Tänzer angezogen wird, die ihn für die stillstehende Zeit ihrer Tangos ganz aus ihrem Bewußtsein entfernt zu haben scheint. Lustlos ackert er noch zwei weitere Tänze mit seiner Tänzerin über das Parkett, die ihm aus begreiflichem Unvermögen nicht wirklich folgen kann. Doch es wäre unfreundlich gewesen, sie nach einem Tanz gleich wieder zu ihrem Platz zurückzubegleiten. Und deshalb gestattet er ihr noch für die Zeit zweier nicht enden wollender Tangos, an ihm herumzuzerren und ihn selbst vor allen anderen wie einen *blutigen Anfänger* aussehen zu lassen. Wie die Geschichte weitergeht, zwischen höherer Einsicht und Amoklauf, möge sich jeder selbst, je nach Persönlichkeit und Charakter unseres Protagonisten, ausmalen. Natürlich können die Rollen in unserem kleinen Drama auch vertauscht sein. Erfinden wir das ganze noch einmal neu und lassen die Frau zusehen. Der Phantasie sind keine Grenzen gesetzt. Und diese bleibt in ihrer Grausamkeit nicht selten hinter der Wirklichkeit zurück.

Tango, ein Tanz von Licht und Schatten

Wie sollen wir licht werden im Inneren, wenn wir unser Dunkel nicht kennen? Wir müssen uns ihm stellen und es bewältigen. Der Tango kann uns helfen, unsere Mechanismen kennenzulernen, mit Hilfe derer wir uns unsere ureigene Hölle kreieren. Hier findet sich auch der Erdungsgedanke wieder. Wenn wir unsere Angst vermeiden, können wir nicht wirklich zum Licht kommen. Wenn wir nach oben wollen, müssen wir zuerst hinabsteigen. Der Weg in den Himmel führt direkt durch die Hölle, unsere eigene Hölle. Und nur die Bereitschaft genau hinzusehen, kann unsere Liebe unbeschadet hindurchführen. Nur wer den Mechanismus kennt, kann ihn aushebeln und wirkungslos machen. Zumindest kann man dann die durch ihn bedingten Ereignisse im rechten Licht sehen, ohne sie überzubewerten, ohne ihnen einen Stellenwert zu geben, der über bestimmte Gesetzmäßigkeiten hinausgeht. Unser Tänzer verfällt dann nicht so leicht der Dummheit des Egos, sich einzubilden, daß sie ihn nicht mehr liebt, nur weil sie mit dem anderen gerade besser tanzen kann. Doch sollte er das durchaus als Warnung verstanden wissen, die Polarität und gegenseitige Anziehung in der Beziehung wieder mehr zu pflegen. Wenn unser eifersüchtiger Tänzer seiner Liebsten anschließend keine fürchterliche Szene macht, sondern es tänzerisch mit ihr noch einmal versucht, kann es sein, daß sich bereits etwas Festgefahrenes zwischen beiden bewegt hat. Vielleicht ist es aber auch gut, einander für einige Zeit ganz loszulassen und wirklich einmal einen ganzen Abend mit wechselnden Partnern zu tanzen, sich darin auszuleben, mit all den tänzerischen Möglichkeiten und Erfahrungen, die sich daraus ergeben, so lange, bis Sehnsucht die beiden wieder zusammenführt, und sie einander dann mit frischer Inspiration neu begegnen.

Einfach ist das alles sowieso nicht. Denn wie wir alle wissen, trägt die Liebe, dieser seltsame Vogel, immer den Dolch im weichen Gefieder, der uns treffsicher an unserer verletzlichsten Stelle trifft. Es ist schon deshalb nicht einfach, da sich selten für beide Partner gleichermaßen auf einem Ball entsprechende Möglichkeiten auftun. Einer muß zumeist die Spannung der Eifersucht, der Sehnsucht und des blutenden Egos länger halten. Der Tangoball eignet sich vortrefflich als innerer Kampfplatz zwischen Weisheit und Ego. Gewinnt das Ego, verwandelt es unsere Beziehung in ein blutiges Schlachtfeld. Gewinnt die Weisheit, kommen wir immer mehr in unsere eigene Mitte, gewinnen an Gleichgewicht, Achse und Haltung. Die Liebe vertieft sich und erfährt Bereicherung.

Tango als Lichtblick – allerdings sei hier vom verklärenden Mondlicht die Rede –, in Lackschuhen, hohen Absätzen, Dessous und Nahtstrümpfen, eine Kultur am Abgrund, in den immer wieder Paare und Singles stürzen. Er ist aber auch ein Weg zur Verfeinerung und Vergeistigung der Natur, die jedoch dort verhängnisvoll ist, wo die Liebe fehlt. Manche läßt er zuerst in Versuchungen fallen und den Preis dafür bezahlen, bis sie das illusionäre Wesen der Versuchungen begriffen, oder einen Weg gefunden haben, mit ihnen umzugehen. Der Tango schont nicht, es gibt eigentlich nur vier Möglichkeiten:

Entweder man ist unanfechtbar, oder man zieht sich mit verbrannten Fingern bald wieder zurück, man stürzt sich von einer Liaison in die nächste und befleißigt sich damit eines, für den Tango durchaus nicht untypischen Lebensstils, welcher auch die Melancholie, die dem Tango so gut zu Gesichte steht, mehrt. Oder man meistert sich selbst zunehmend. Tango ist ein Tanz wie das Leben. Er kehrt ans Licht und er führt uns ebenso in die Abgründe des Eros. Wer sie im Tango meistert, dem stellen sie auch im Leben nicht mehr so leicht ein Bein. Wenn man erkannt hat, daß das Meistern des Tangos nur durch Arbeit an sich selbst mit dem Partner zusammen erreicht werden kann, ist es kein weiter Schritt mehr dahin, daß das Meistern jener Prinzipien in der Beziehung in ähnlicher Weise erfolgt. Man muß mit viel Bereitschaft zu Geduld und Ehrlichkeit miteinander und mit sich selbst im Dialog bleiben und das Unkraut im eigenen Garten jäten, und das nicht in erster Linie für den anderen, sondern im eigenen Interesse. Denn wo die Liebe in uns verkümmert, nimmt die Dunkelheit zu. Rosen sind nun einmal Blumen, die einer gewissen Hinwendung bedürfen. Das ist keineswegs moralisierend gemeint. Ausgangspunkt dieser Überlegungen ist nur, in den Herzen anderer und auch dem eigenen, nicht unnötige Blutbäder mit den bekannten schlecht verheilenden Wunden anzurichten. *Darüber hinaus ist diesen Betrachtungen die These unterlegt, daß sich die Liebe dadurch vertieft, wenn wir Hürden überwinden, Schwierigkeiten gemeinsam lösen und aneinander wachsen, indem wir lernen, Spannungen auszuhalten, was uns wiederum ermöglicht, auf der Suche nach Konfliktlösungen nicht in Destruktivität zu verfallen.* Natürlich scheint es reizvoll, wenn die Liebe als bunter Schmetterling von Blume zu Blume fliegt. Doch liegt es nicht in der Natur des einen Weges, daß er das Gehen eines anderen ausschließt? Und genaugenommen verkleidet sich die Liebe höchst selten als bunter Schmetterling.

Das *Sowohl-Als-auch* zu leben ist in der *Eros-Liebe* immer schwierig. Doch genau das geschieht im Tango. Die tänzerische Ebene des Balles, welche den unendlichen Wechsel und jegliche Freiheit der Konstellation erlaubt und anbietet, steht der Ebene etablierter oder sich etablierender Liebesbeziehungen entgegen. Um eine Paarbeziehung im Tango leben zu können, bedarf es des Vertrauens und der Fähigkeit, beide Ebenen klar voneinander zu trennen. Zumindest gilt das für die meisten Paarbeziehungen. Doch schließlich gibt es so viele Arrangements und mehr oder weniger ausgesprochene Vereinbarungen zwischen Paaren, wie Paare selbst. Und jeder muß selbst entscheiden. Wie das Leben ist der Tango ein Phänomen komplexester Bewegungen auf den inneren und äußeren Ebenen, die einander durchdringen. Jeder Tango ist anders, so wie auch jede neue Paarkonstellation etwas Neues, zuvor noch nie dagewesenes darstellt, auf das sich beide in aller Offenheit einstellen müssen. Auf einem Tangoball geschehen diese Paarbildungen pausenlos neu. Man verbindet sich an einem Abend mehrmals mit Menschen, die man manchmal kaum oder gar nicht kennt, zu einer mehr oder weniger intimen Einheit, die sich als solche – eingeordnet in die Gruppe aller Tanzenden –, aufeinander abgestimmt, bewegt. *Der Tango lehrt uns, auf allen Ebenen zu unterscheiden und auf dieser Grundlage die Ebenen in Einklang miteinander zu bringen und zu verbinden.*

Tanz zwischen Romantik und Wirklichkeit

Eigentlich ist Tango kein Tanz für Romantiker, obwohl es gerade die romantische Seite in uns ist, welche uns zum Tango hingezogen fühlen läßt. Er ist ein Tanz zwischen hohem Ideal und Poesie auf der einen Seite und Welt und Realität auf der anderen. Die Nähe zwischen Mann und Frau ist nicht symbiotisch. Sie ist kein unbewußtes Abtauchen und Verschmelzen in den anderen. Sie geschieht durch Widerstand und Grenze, selbst dann, wenn diese sich immer weiter reduziert. Man entwickelt sich auch in der Paarsituation im Widerstand aneinander, in der Reibung und dem Widerstand, den dem eigenen Ego ein anderes entgegenbringt, mit all dem Potential, das Ego nach und nach zu verwandeln, das eigene Selbst aber auch zu behaupten. Der Tango erlaubt es nicht, im hehren Ideal dieser Welt zu entschweben. Er fordert und prüft unerbittlich, wie weit wir dieses Ideal in uns verwirklicht haben, zumindest im Tanz. Jenes Ideal manifestiert sich bereits in der Tanztechnik und bleibt niemandem verborgen, der die Technik meistern will. Sie erdet uns und bringt uns auf den Boden unserer Tatsachen. Der Tango gibt uns aber auch ein Werkzeug in die Hand, uns im Sinne des Eros zu vervollkommnen. Wir könnten diesen Eros in seiner dunklen Seite, als Verführer, leben, was unsere Liebesfähigkeit zunehmend reduzieren würde, oder wir orientieren uns zum höheren Eros hin, der vom Herzen ausgeht. Für manche Menschen oder Paare ist es vielleicht auch besser, die Finger vom Tango zu lassen. *»L´éphémère ébloui vole vers toi, chandelle. Crépite, flambe et dit: Bénissons ce flambeau!«* Geblendet fliegt die Eintagsfliege der Kerze zu, knistert, verglüht und spricht: Gesegnet sei uns dieses Licht! (Charles Baudelaire, *»Les Fleurs du Mal«*)

Die, welche sich für den Weg der Liebe entscheiden, brauchen weder den Tango noch die Verfeinerung ihrer Formen. Denn wer unter allen Umständen der Liebe folgt, den macht sie zu ihrem Gefäß. Und es wird nirgends ein schöneres und kostbareres Gefäß für unser Leben geben. Der Tango ist wie schwerer roter Wein. Doch sollte jeder auf sich selbst achtgeben und immer wieder rechtzeitig zu klarem Quellwasser zurückkehren, solange er noch gut mit dem Herzen sehen kann.

Zunehmende Virtuosität und Verfeinerung im Spiel mit dem Eros beinhalten die Gefahr, daß der Reiz am Spiel mit dem Feuer immer mehr an Bedeutung und Anziehung gewinnt und unsere Liebesfähigkeit in dem Maße verkümmert, wie wir uns von der Faszination am Spiel der Verführung in Bann schlagen lassen. Wenn wir auf diesen Handel mit Mephisto eingehen, sind wir wie Naive, die sich ihr Gold und ihre Diamanten gegen bunte Glasperlen eintauschen lassen. Liebe gegen Faszinosum ist immer ein schlechter Handel, ein Preis, den wir nicht bezahlen können, auch wenn wir es glauben.

Miteinander gehen

»Möchtest Du mit mir gehen?« Wer fängt bei diesem Satz nicht wehmütig zu schmunzeln an, vielleicht in Erinnerung an die erste Liebe? Nichts anderes bedeutet die Frage *»Tanzt Du?«* auf einem Tangoball. Dieser Tango ist eine getanzte Beziehung. Doch paßt das Wort tanzen wirklich? Vielleicht ist der Tango mit seiner ruhigen, konzentrierten Haltung und seiner Form des gemeinsamen Spaziergangs der Tanz für Nichttänzer und Sonderlinge überhaupt. Es sind zumeist nicht die Angepaßten, die nur mal ein Tänzchen wagen wollen, welche dem Tango verfallen. Denn dieser Tanz ist keine Bewegung, die sich von sauber zurechtgestutzen Hecken in bürgerlichen Vorgärten begrenzen läßt. Seine Hitze hat wenig gemeinsam mit der wärmenden Glut des heimischen Öfchens. Der Tango geht tief und er konfrontiert uns. Wir können in uns hohe

dialogische Qualitäten entwickeln, aber immer tanzen unsere Schatten mit. Doch der Tango ist auch ein Ritual, das vielleicht gerade jenen eine Brücke baut, denen es gemäß ihrer Wesensart weniger liegt, sich frei und ungehemmt, ohne feste Form, zur Musik zu bewegen. Vielleicht ist es gerade ein Tanz für die Stillen, die Grübler, die quälend Schüchternen, aber Leidenschaftlichen, die sich völlig von ihm absorbieren lassen. Doch was heißt es schon, miteinander zu gehen? Der Tango geht über die zyklische Wiederholung des Miteinanderdrehens im Walzer hinaus. Mann und Frau lösen sich nicht aus ihrer Umarmung. Ihr Tanz gleicht dem Spaziergang eines verliebten, engumschlungenen Paares, das, um die Verbindung noch zu erhöhen, nicht nebeneinander, sondern voreinander geht. Dieses gemeinsame Gehen steht auch für Voranschreiten, für Entwicklung. Im Tango findet immer eine Entwicklung des Geschehens statt, wodurch er über die zyklische Wiederholung der Drehtänze hinausweist. Es gibt einen Anfang: Zwei Menschen begegnen sich und beginnen, einander und jeweils sich selbst, in bezug auf ein neues Gegenüber, kennenzulernen. Nähe und Vertrautheit nehmen zu. Eine Einschätzung der Möglichkeiten wird vorgenommen. Man probiert und verwirft. Die Kommunikation erweitert und verdichtet sich abwechselnd. Das Paar entwickelt und vertieft gemeinsame Themen, findet seine Chiffren (Tanzelemente) und erweitert ihre Vernetzung in Figurenkombinationen. Dehnt man die Entwicklung von der kleinen Einheit eines oder einiger weniger getanzter Tangos zu einer tänzerischen Beziehung aus, die im Voranschreiten nicht selten das vorangestellte Attribut in den Hintergrund treten läßt, wird diese Entwicklung immer wieder ihren scheinbaren Stillstand, ihre Krisen, mit einhergehender Entfremdung, erfahren. Das Paar wird sich manchmal wie in einer bestimmten Schiene festgefahren erleben. Nichts geht mehr voran und subjektiv erlebt man eher das Gefühl einer Rückentwicklung, die natürlich keine ist, da man sonst ja dem Herzklopfen der Anfangszeit wiederbegegnen müßte, was in solchen Fällen, zum Schrecken der Beteiligten, ausbleibt. Und spätestens jetzt tritt das Thema Loslassen in den Vordergrund.

Nähe und Distanz

Wenn die (tänzerische) Beziehung festgefahren ist, kann es hilfreich sein, einander loszulassen. Damit ist keineswegs Aufgabe oder Trennung gemeint, sondern nur ein Ausflug, damit es nicht zur Trennung kommt. Man kann mit anderen tanzen und aus der Bereicherung und Erweiterung der Möglichkeiten, die jeder der Partner individuell in den unterschiedlichen Paarkonstellationen erfährt, einander neu und auf einem höheren Niveau begegnen. Jede kreative Beziehung bedarf der Durchlässigkeit nach außen, braucht Belüftung. Im Tango findet man das immer wieder bestätigt und lernt dadurch auch im allgemeinen auf dessen Wirksamkeit zu vertrauen. Hier findet durch Loslassen eine Bereicherung der Beziehung statt. Der Tango zwingt uns ohnehin in allen Bereichen Loslassen zu lernen, sei es in den Konflikten mit dem Übungspartner, dem Erlernen neuer und schwierigerer Schritte oder in vorgefaßten, festen Vorstellungen.

Loslassen bringt den Tanz wieder in Bewegung

Wir sind das Paradoxe im Tango ja mittlerweile gewöhnt. Da liegt die Erkenntnis doch zum Greifen nahe, daß wir nur das bekommen, was wir auch loszulassen bereit sind und es nicht selten erst dann bekommen, wenn wir es tatsächlich losgelassen haben. Und erst recht ist das so im Tango. Die Forderung loszulassen bedeutet natürlich nicht, daß wir darum herumkommen, uns aufs äußerste um etwas, das wir erlangen wollen, zu bemühen. Doch gibt es in jedem Prozeß des Erarbeitens und Einverleibens einen Punkt, an dem wir mit aktiver Bemühung nicht mehr vorankommen, sondern loslassen und zurücktreten müssen. Das trifft sowohl auf die Eros-Liebe wie auf jegliches andere Streben zu. Und das ist schwer, meist schwerer als das festhaltende Bemühen, das dem Loslassen vorangeht. Die Kunst ist, den richtigen Zeitpunkt zu erspüren, an dem wir von dem umworbenen Objekt unseres Verlangens zurücktreten, es für sich lassen müssen. Es ist der Zeitpunkt, an dem in der gegenwärtigen Situation durch Tun nichts mehr erreicht werden kann, ab dem jegliches weitere Tun kontraproduktiv ist. Dieses Zurücktreten birgt immer den Moment der Wahrheit in sich. Ist das *Objekt unseres Verlangens* ein Mensch, den wir lieben, geben wir ihm Gelegenheit zu spüren, ob sich in unserer Abwesenheit das Verlangen auch in ihm befreit. Und wir geben uns Gelegenheit zu spüren, ob unser Verlangen nicht nur der anhaltenden Übersteigerung unserer Vorstellung entsprungen war. Wir sollten niemals aus Verlustangst über den Punkt hinaus, an dem nichts mehr geht, weiter festhalten. Wir werden verlieren, wenn wir die Angst vor Verlust in uns nicht überwinden. Das zuvor angeführte Beispiel mit dem Eros möchten wir ausschließlich im Hinblick auf das werbende Bemühen und das Loslassen verstanden wissen. Natürlich gibt es auch den verschlingenden Eros, der sich das Gegenüber einzuverleiben versucht. Doch halten wir den hingebenden Eros für *tanzbarer*.

Wenden wir die Idee des Loslassens auf die technische Erarbeitung des Tanzes an, sollte dem immer ein Festhalten an der Arbeitsdisziplin vorausgehen. Doch auch hier gibt es den Punkt, an dem man mit reiner Arbeit nicht mehr weiterkommt und durch Pausen und ein Loslassen, auch geistig, von dem Gegenstand des Mühens, die vorangegangene Auseinandersetzung nach innen verlagert und im Unterbewußtsein weiterwirken läßt. Wenn man nach einer Weile innerlich befreiter dort wieder ansetzt, wo zuvor die Barriere war, wird man oft feststellen, daß diese aufgeweicht ist und sich durch weiteres Probieren nehmen oder nach oben verlagern läßt. Man ist aber nicht nur gezwungen, die eigenen Grenzen zu respektieren, sondern vor allem auch die des Partners. Der Tanz bringt beide immer wieder mit diesen Grenzen in Kontakt. Sie werden berührt und gelegentlich verletzt. Nur benötigt man dann gewisse Perioden des Rückzugs, die natürlich im Sinne einer positiven Entwicklung auch nicht zu lange dauern sollten. Gerade dieser Rückzug gibt die nötige Ruhe, um den Impuls im Innern nachwirken zu lassen und im Körper aufzunehmen. Ein Mensch, der überfordert wird, verschließt sich jeder weiteren Einwirkung, da er sich abschottet. Man muß lernen, einander gegenseitig die zur inneren Umsetzung nötige Zeit zu lassen, ohne zu drängen. Was für den Partner gilt, gilt natürlich auch für den Umgang mit sich selbst. Rigider Ehrgeiz beim Meistern des Figurenmaterials führt nur zum Blockieren. Jedes wirkliche Erarbeiten kann immer nur im polaren Wechsel zwischen Anspannung aller Kräfte und Loslassen, zwischen Annäherung und Distanzierung vom Objekt des Begehrens, in unserem Fall einer komplizierten Schrittfolge geschehen. Jegliche

Anstrengung, jede Einwirkung auf die Grenze bedarf der Zeit, um im Inneren nachzuwirken. Das reale und dauerhafte Überschreiten der Grenze findet unbewußt, unter der Oberfläche und in den Pausen statt, wie sich das bei einer Wiederaufnahme des Übens meist feststellen läßt. Auch hier finden wir uns mit der Notwendigkeit konfrontiert zu lernen, wie wir im Spiel der Gegensätze unser Gleichgewicht nicht verlieren und die Gegensätze im Gleichgewicht halten. Je liebevoller und spielerischer wir unsere Probleme umkreisen und je weniger wir es mit verbissen linearem Eindringen versuchen, um so schwächer wird die Bewegung des *Pendels* im Voranschreiten, zwischen Anspannung des Willens und Loslassen. Der Tango lehrt uns, daß der direkteste Weg zwischen zwei Punkten selten eine Gerade, sondern meist ein kleiner *Umweg* ist. Wer sich fixiert, verliert den weiten Blick. Die Arbeit am Tango, sowie an den eigenen Beziehungen, sensibilisiert für die Gesetzmäßigkeiten des Lebens, da er uns früher oder später, wenn wir nicht in unserer tänzerischen Entwicklung stagnieren wollen, zu deren Erkenntnis und Beachtung nötigt. Wir lernen, daß wir nur im Loslassen gewinnen, daß das Prinzip der Polarität die ganze Existenz auf allen Ebenen durchdringt und daß wir nur dann in Harmonie mit uns und unserer Umwelt leben können, wenn wir bereit sind, uns darauf einzulassen. Das einzig Beständige ist der stete Wechsel. Unsere Ruhe liegt darin, daß wir uns nicht gegen die Bewegung stellen, sondern mit größtmöglicher Ökonomie im Fluß bleiben – im Tango wie im Leben. *Leben und Tanz schenken die Ruhe nur in der Bewegung. Wenn man sie nur im Äußeren sucht, ist es schnell mit ihr vorbei.*

Form und Inhalt

Jede Form braucht einen Inhalt, soll sie nicht zur bloßen Dekoration verkommen. Und jeder Inhalt eine Form. Die Form als an sich etwas Begrenzendes gibt uns erst die Freiheit, unsere Inhalte zu konkretisieren und auszudrücken. Beide bedingen einander, sollten sich aneinander entwickeln und immer eine Einheit bilden. Eine wesentliche Ebene im Tanz ist das Erarbeiten der Formen, der Technik. Doch sobald sich die Grundform in unseren unwillkürlichen Bewegungen manifestiert hat, macht es keinen Sinn mehr, sich weiter auf sie zu konzentrieren. Wir sollten sie loslassen und mit den Inhalten experimentieren. Man kann zwar noch an ihnen arbeiten, sie veredeln und verfeinern, doch nicht allzu aktiv während wir tanzen, sondern nur beim Üben. Denn sonst lenkt uns jeder überflüssige Gedanke an die Grundformen vom Inhalt ab. Im Tanz sollten wir vor allem damit beschäftigt sein, die Form zu füllen. Wenn wir uns ausgiebig Raum dazu geben, Inhalte zu entdecken und mit ihnen zu spielen, hat diese Auseinandersetzung ohnehin wieder eine Rückwirkung auf deren gestalterische Ausformung. Denn sie verlangen nach formaler Ausgestaltung. Und wir sollten nicht vergessen, daß die höchste Meisterschaft darin liegt, mit so wenig wie möglich so viel wie möglich auszudrücken. Ein technisch virtuoser Tanz, der mit Figuren überladen ist und mit bloßer Form glänzen will, wirkt steril und erzeugt bald Langeweile. Wenn die Inhalte zu kurz kommen, erscheinen die unterschiedlichen Formen dem Betrachter bald alle gleich. Wie inspirierend ist der Tanz der alten Meister, zum Beispiel der Antonio Todaros, um den Größten zu nennen. Keiner meisterte die komplizierten Figuren mit einer spielerischen Leichtigkeit wie er, keiner war so kreativ an der Weiterentwicklung des Tangos seit den 50er Jahren beteiligt. Letztlich verdanken ihm all die Jungen, die heute erfolgreich sind, das meiste ihres Könnens. Wenn er im Unterricht eine Sequenz tanzte, wurden augenblicklich Zeit und Raum von der sie bezwingenden Realität seines Tanzes aufgehoben.

Kunst und Improvisation, das Loslassen des Werkes

Ungeachtet, ob wir es mit Literatur, Musik oder Tanz zu tun haben: daß Kunst niemals Improvisation sein kann, ergibt sich bereits aus der Tatsache, daß jedes Werk und jede Komposition – im Tanz die Choreographie – einem langen Schaffensprozeß unterworfen ist, in dem das Konglomerat aus Erfahrung, intellektueller Durchdringung und den Momenten der Inspiration so lange geformt, umgeformt und gefiltert wurde, bis es letztendlich in der Reduktion die innere Welt des Künstlers und seine Bewußtseinstiefe mit maximaler Schärfe auslotet. Dazu kommt, daß die Technik immer noch ihre eigene Dynamik beiträgt, an der der Künstler nicht vorbeikommt. Um überhaupt in einen künstlerischen Prozeß einzutauchen, bedarf es der Öffnung, der Fähigkeit, sich durchlässig zu machen, der Empfindsamkeit und Hingabe – alles Eros-Eigenschaften – sowohl gegenüber dem eigenen Gebiet, als auch gegenüber der Inspiration. Durchlässigkeit, Sensi-

»Maestro Todaro im Unterricht«

bilität, Empfänglichkeit und die Fähigkeit aufzumachen sind die weiblichen Stärken des Tangos. Vertritt der Künstler in seiner Empfänglichkeit für den Geist nicht immer zuerst das weibliche Prinzip? Gerade diese Eigenschaft macht ihn zum Gefäß für den Geist. Darin liegt sowohl seine Stärke, wie auch seine Gefährdung. Denn es stellt sich immer die Frage: Gefäß wofür? Für die Liebe oder für Mephisto, der immer dort naht, wo das Ego führt?

Wenn der Künstler dann in den Prozeß der Umsetzung geht, vertritt er das männliche Prinzip, indem er selbst zum Schöpfer wird. Natürlich lassen sich beide Elemente nicht voneinander trennen. Sie durchdringen einander wechselseitig und steigen aneinander unter stetiger Verfeinerung und Weiterentwicklung der Technik empor, von Gipfel zu Gipfel. Letztendlich strebt der Künstler immer danach, bewußt oder unbewußt, der Quelle seiner Inspiration entgegenzuwachsen, sich als ihr schöpferisches Kind mit ihr zu vereinen, herauswachsend aus der mütterlichen Natur, hin zum väterlichen Geiste, unter Wahrung seiner individuellen Identität beide, Natur und Geist, das Männliche und das Weibliche zu vereinigen, und so sein gesamtes Universum zu umspannen. Letztlich haben diese Gipfel immer eine männliche und eine weibliche Seite, die empfangende und die gestaltende. Die Umsetzung in das Werk geschieht auf der Basis einer gemeisterten und verinnerlichten Technik unter steter Berücksichtigung aller Polaritäten. Der Künstler ist immer ein Meister der Technik, da ihm einzig das die maximale Freiheit des Ausdrucks erlaubt. Die Technik dient uns dazu, unseren Rohdiamanten, das verdichtete Produkt des *Kohlenstoffes unseres Lebens* und der Inspiration so lange zu schleifen und zu polieren, bis sich darin das Licht des innersten Wesens in den reinsten und klarsten Farben bricht. Wie könnte Kunst etwas unbewußt Hingeworfenes sein, etwas, das nur *aus dem Bauch* heraus entsteht? Der Bauch, das Gefühl, das weibliche Element, kann den rohen Diamanten gebären, doch bedarf es auch der geistigen Durchdringung und Bearbeitung, der Unterscheidungskraft, um zu Struktur, Schliff und Transparenz zu gelangen. Wir halten es für wichtig, zwischen Kunst und künstlerischem Schaffen zu unterscheiden. Letzteres ist die Voraussetzung für Ersteres. Doch nicht jeder Baum, der blüht, trägt auch vollendete Früchte. Setzen wir Kunst mit dem reinsten, klarsten und differenziertesten Ausdruck eines Gipfelerlebnisses gleich, legen wir eine große Exklusivität der

Kunst zugrunde. Das künstlerische Schaffen ist nur der Prozeß. Es liegt aber in der Natur der Sache, daß nicht jeder Bergsteiger den Gipfel erreicht, bzw. bereit ist, auch den Preis dafür zu bezahlen. Natürlich ist der Prozeß an sich, das Besteigen des Berges, das eigentlich Wertvolle, da wir darin immer mehr von unserem Potential verwirklichen. Auch hier ist der Weg das Ziel. Doch gibt es auch noch Ziele auf einer anderen Ebene, auf die der Weg immer wieder hinläuft, in denen unsere Auseinandersetzung Gestalt annimmt und sein vorläufiges Maximum erreicht. Unserer Auffassung nach ist ein Künstler ein Mensch, der sich dem künstlerischen Schaffen ganz hingibt. Doch nicht in jedem Künstler vollendet sich die Kunst auf die ihm eigene Weise. Wir maßen uns nicht an zu entscheiden, was Kunst letztendlich ist und was nicht. Doch wir wollen unsere Kriterien offenlegen, wenn wir im Zusammenhang mit Tango über Kunst sprechen – angesichts der großen Beliebigkeit, mit der man in unserer Zeit mit diesem Begriff umgeht. Das spirituelle Moment gerät immer mehr aus dem Blickwinkel. Ging es einst darum, daß das Individuum in der Kunst völlig im eigenen Schaffen aufging, um auf seinem Gebiet Berührung mit einer höheren Welt zu finden, das Fenster in den Kosmos zu öffnen, hat man heute den Glauben an den spirituellen Kern und Wert der Kunst eher verloren, was generell als Ausdruck unserer Zeit stehen mag. Man verfällt nicht selten ins Archaische oder intellektualisiert. Oft wird auch der technischen Seite nicht mehr der Wert zuerkannt, der ihr als Mittel der Umsetzung des Höchsten zusteht. Auch wächst in einer Zeit, in der alle von Kreativität sprechen, ein gewisser Hang, jede Bastelei mit Kunst gleichzusetzen. Es wäre sicher im Interesse der Kunst, sparsam mit diesem Begriff umzugehen. Deshalb möchte auch ich ihn nicht für den getanzten Tango im Salon vereinnahmen. Sicherlich bringt der Tango gelegentlich auch Kunst hervor, doch vor allem im Bereich der Choreographie, in seltenen Fällen, durch herausragende Meister.

Wenn wir anerkennen, daß Kunst immer das Einfangen des Wesentlichen und der Transzendenz in der individuellen und vergänglichen Sphäre unseres Lebens ist und unter Berücksichtigung all unserer Anteile und ohne Liebe und Hingabe nicht möglich ist, können wir all die Shows, die vor allem auf Verkaufs- und Breitenwirkung zielen, schwerlich als Kunst einstufen. (Es gibt auch Ausnahmen.) Wir können es auch dann nicht, wenn die körperliche

Leistung, Präzision und Akrobatik kaum mehr zu übertreffen sind. Es gibt die Kunst der Körperbeherrschung. Doch Körperbeherrschung allein macht noch keine Kunst. Ebensowenig ist Kunst Improvisation, auch wenn es die Kunst des Improvisierens im Tanz gibt. Letzterer Kunstbegriff ist nicht so universal gefaßt. Tango de Salon, also der getanzte Tango, ist eine Kunst der Improvisation. Während des Improvisierens gibt es gelegentlich dieses jähe Aufblitzen künstlerischer Momente, in denen sich unwillkürlich, kurz und vergänglich, etwas Höheres und Wesentliches verdichtet. Die Formen im Tango an sich sind wie geschaffen dafür, die Ideale des Eros auszudrücken. Im Tango geht es genau um diese Momente der Vollkommenheit. Doch um sie zu treffen, gehört sehr viel mehr dazu, als nur die passende Figurenkombination zu finden. Denn wir finden im improvisierten Tango nur die Vollkommenheit, derer zwei Menschen im augenblicklichen gemeinsamen Dialog spontan fähig sind. Und hier kommt wieder das Thema Loslassen auf den Plan: Das höhere Wesen dieses Tanzes entfaltet sich nicht durch eigensinniges Tun. Es erfordert für Mann und Frau ein gewisses Bewußtsein dessen, worum es geht, das nur durch Erfahrung zu erlangen ist und die Bereitschaft zur absichtslosen Hingabe an das Spiel, mit der einzigen Absicht, offenen und hellwachen Geistes sein Bestes zu geben, jeglicher Situation gerecht zu werden. Die Kunst, welche wir im Tango kultivieren, ist eine Lebenskunst. Je vollendeter wir als Mensch werden, um so mehr wird uns unser Tango, doch auch der außerhalb der Tanzfläche verbleibende Rest unseres Lebens zum Kunstwerk geraten. Es ist ein Ideal der Einheit von Kunst und Leben. Manche nähern sich in ihrer Kunst der Quelle. Ihr Tun ist von Poesie und Liebe durchdrungen. Andere wiederum kompensieren. Sie leben ihren verfeinerten Geist und Eros nur in der Kunst, da sie sich diesen Weg im Leben noch nicht *freigeschaufelt* haben.

Gehen und Loslassen

Doch zurück zum Tango de Salon. Er fordert von uns das Loslassen noch in anderer Weise. Müssen wir einerseits loslassen, damit es zum *Ereignis* kommt, so zwingt uns dieser Tanz auf der anderen Seite, im positiven Fall, das Resultat, das unwillkürlich in der Improvisation entstandene *Werk*, welches dem Aufeinandertreffen all der dafür notwendigen Faktoren und einer verinnerlichten Technik unvermutet entsprungen ist, augenblicklich wieder loszulassen: Denn es gibt nichts Statisches, keine materielle Substanz, die das Geschehene festhalten und konservieren könnte. Der improvisierte Tanz ist daher auch eine Kunstform des Loslassens, weil es keine *Versteinerung* des Inhaltes in einem den Augenblick überdauernden Gebilde gibt. Auch hier ist der Tanz wie das Leben. Es ist wie in der Musik. Nur jene ist noch reiner als der Tanz. Sie ist reine Schwingung. Unser Tanz ist Musik in Bewegung. Im Tango ist das immer ein Duett, ein Liebeslied, das sich jedesmal ganz neu formt. Gerade das macht den improvisierten Tango als Kunstform noch flüchtiger als ein durchkomponiertes Musikstück, dem die tänzerische Entsprechung der Choreographie gegenübersteht. Doch der improvisierte Tango ist im Gegensatz zu einem festgelegten Musikstück nicht wiederholbar, da er von der Gunst des Augenblicks zwischen zwei Menschen abhängig ist. Die Flüchtigkeit, in der sich das ätherische Wesen des Eros im künstlerischen Ausdruck für Augenblicke zeigt, bevor es uns wieder entgleitet, findet im *caminar* des Tangos seinen vollendeten Ausdruck. Wir bewegen uns beständig weiter, schreiten voran, in unabsehbaren Windungen und Strudeln. Selbst unser Innehalten ist kein Bleiben, sondern nur der Aufbau einer neuen Spannung, die uns weiter vorantreibt. Es gibt kein Bleiben, im Tanz nicht und auch nicht im Leben. So streben wir in Unruhe dem Unendlichen entgegen, das allein uns Ruhe schenken kann. Daraus tritt jede Bewegung hervor und muß letztendlich dorthin zurückmünden. Es gibt für uns kein Zurück in die Vergangenheit; und nur unsere Vollendung, Ziel unseres Tanzes, bringt uns dem Unendlichen näher.

Jede Entwicklung verlangt voranzuschreiten, weiterzugehen, und sie ist untrennbar mit der Forderung verbunden, loslassen zu können. Jedes Weitergehen beinhaltet das Loslassen eines Standortes. Doch das Gehen an sich befindet sich bereits jenseits der Dualität von Loslassen und Festhalten, da es keine Unterbrechung kennt. Wir sind im meditativen Fluß, wo sich Leben ereignet.

Wie die Kinder oder die Liebenden

All die wahren Dinge kann man nicht festhalten. Man kann ihnen lediglich den Boden bereiten. Sie fallen nur in offene Hände, die nichts halten, egal, ob wir die transzendenten Augenblicke im

Tanz, in der Liebe, oder die Inspiration meinen. Letztendlich sind alle drei eins. Doch bis dahin ist es meist ein langer, schmerzvoller Weg, auf dem uns die Leidenschaft im Festhalten noch oft verbrennt. Wir können einzig bei uns selbst bleiben, *Türen und Fenster weit geöffnet lassen,* um diese *wahren Dinge* einzuladen. Denn das Leben hat seinen Rhythmus und läßt sich nicht zwingen. Und der kürzeste Weg führt nur selten ans Ziel. Ein banales Beispiel: das aggressive *»Willst du mit mir tanzen?«* läßt oft keine Zeit, es wirklich zu wollen. Der Tango verlangt von uns, aufeinander einzugehen und nicht die Verrichtung. Er möchte, daß wir den richtigen Augenblick für alles finden und nicht einfach zugreifen, die Spannung halten lernen. Nur wer seine Impulse kontrollieren kann, gibt dem Leben Raum. Der Tango verlangt, im Kontakt zu bleiben, den richtigen Augenblick für jeden Schritt zu finden, sei es in der Kontaktaufnahme, beim Auffordern oder beim Tanz, angemessen zu agieren und zu reagieren.

Und wir werden uns immer wieder die Frage stellen: Was ist eigentlich Tanz, was ist Tango? Und wir werden es nie abschließend beantworten können. Doch jedesmal, wenn uns diese Frage aufs neue stellt, werden wir nicht mehr die Gleichen sein. Die konkrete Auseinandersetzung damit wird uns verwandeln. Sie wird uns unsere Probleme und Gegner immer weniger *da draußen* suchen lassen, sondern uns immer deutlicher vor Augen führen, daß ihre Wurzeln in uns selbst liegen. Diese Auseinandersetzung wirft uns jedesmal mehr auf uns selbst zurück. Auch unser Suchen könnte sich verwandeln. Vielleicht haben wir gelernt, uns wirklich zu bewegen. Vielleicht haben wir von unseren eigenen Schritten gelernt. Und eines ist ganz wichtig – den Tango nicht zum Mittelpunkt unseres Lebens werden zu lassen. Wie oft hört man diesen Satz: *»El tango es mi vida.«* Wer diesen Satz schon einmal ausgesprochen hat, sollte sich dringend fragen, warum er einen Ersatz für sein Leben braucht, warum er es nicht in Anspruch nimmt und lebt.

Intermezzo
Warum gerade Venedig?

Nun, wo sich die Arbeit an diesem Buch langsam dem Ende zuneigt, sind unsere Koffer wieder gepackt; und schon bald wird Venedig in unsere Vergangenheit eingetreten sein – wie so vieles. Ich habe wenig getanzt in den letzten Monaten, außer mit dieser Stadt, die mich *ihre* Wege geführt hat. Dieser Tango, der nach all den Jahren nun unbezähmbar sein Haupt in mir gehoben und unerbittlich nach eigener Gestalt und eigenem Leben verlangt hatte, konnte sich jetzt mit Hilfe einer Frau in Form dieses Buches von mir befreien; und ich mich von seinen Geburtswehen. Er war seit langem verinnerlicht und untrennbar mit vielen Begegnungen und Ereignissen, Erfahrungen und Spiegelungen, Er-Innerungen und Ein-Bildungen verknüpft. Er trug so viele Orte in sich, aber Venedig wurde schließlich sein Geburtsort. So wie sich im Tango die extrem gedehnten Gegensätze berühren und der Kosmos dadurch ausgedehnt wird, ist auch Venedig eine Schnittstelle zwischen maximal gedehnten Gegensätzen. Und diese Gegensätze sind keiner gerade geringen Zerreißprobe ausgesetzt: So gibt es z.B. kaum einen anderen Ort, der dem american way of life ferner steht und auch kaum einen Ort außerhalb der USA, an dem man mehr Amerikaner trifft. Schönheit und Geist auf der einen Seite, repräsentiert durch das alte Venedig, und industrielle Zweckorientierung in ihrer lebensbedrohlichsten Form, verkörpert durch Mestre, stehen einander in nicht zu überbietendem Kontrast gegenüber. Auch in Venedig selbst berühren sich das Lichteste und das Dunkelste. In diesem Labyrinth schuf eine kriegerisch-imperialistische Handelsmacht eines der wichtigsten geistigen Zentren der Renaissance. Auf einer sumpfigen Kloake, durch deren übelriechende Unterwelt die Ratten huschen, erhebt sich wie schwerelos die pastellschimmernde Silhouette überirdischer Schönheit wie eine ätherische Seerose, deren Blüte unvermeidbar einmal dorthin zurückkehren muß, woher sie gekommen war: Venedig – Inbegriff der Schönheit und der Poesie. Wenn man im Bahnhof Santa Lucia den Zug verläßt, spürt man den Unterschied zur *anderen Welt*. Es ist, als wäre dieser Ort bereits dem Irdischen enthoben, eine Art Asyl. Es strömt hier etwas von oben herab, angezogen von dieser Stadt, das man ganz real körperlich als feines Vibrieren oder als feinere Schwingung wahrnehmen kann, die alles *Feste* an uns etwas durchlässiger macht, noch während man im Bahnhofscafé seinen ersten Cappuccino trinkt. Später verliert sich diese Wahrnehmung vermutlich in der Angleichung. Es sind in der winterlichen Intimität dieser Stadt die stille Melancholie und ein seltsamer Schwebezustand jenseits des Zeitlichen, die vieles Fremde von uns abfallen lassen. Dann geschieht eine Art Heimkehr zu uns selbst. Venedig war der bessere Ort für die Geburt unseres Buches, als Berlin oder Buenos Aires es gewesen wären. Jene Orte stehen für den Tango in seiner äußeren, getanzten und kulturell gebundenen Form. Ich habe fast zwölf Jahre in Berlin gelebt. Diese Stadt war für mich der äußere Austragungsort, die äußere *Bühne*. Das winterliche Venedig bot unserem *Tango* in seinem noch embryonalen Zustand jedoch den passenderen Rahmen für seinen langsamen und manchmal zähen Geburtsvorgang. Ich muß gestehen, daß sich nun nach Vollendung dieses Buches eine gewisse Fremdheit und Scheu zwischen den Tango und mich gelegt hat. Es ist, als ob die Nacht nun vorüber ist, das erste Licht dämmert am Horizont und die Sterne verblassen. Die Gäste sind gegangen. Man öffnet der frischen Morgenluft alle Fenster und spürt mit jedem Atemzug das lichte Leben. Nun überlasse ich den Platz meiner *Mittänzerin*, die all diese gedanklichen Linien weit über den Tango hinaus ins Universelle führen und sie mit ihren eigenen Gedanken zum Thema Eros bereichern wird. Ich hingegen möchte an dieser Stelle der Leserin oder dem Leser für die geduldige und teilnehmende Begleitung auf diesem gedanklichen Spaziergang danken, verbunden mit dem aufrichtigen Wunsch, sich nicht im funkelnden Labyrinth des Tangos zu verirren. Labyrinthe sind nicht dazu da, damit wir uns auf Dauer häuslich darin einrichten, sondern um Orientierung zu erlernen. Die wahren Dinge sind sehr leise und einfach. Glücklich, wer sich selbst loslassen und sein Herz öffnen kann.

Wer weiß, vielleicht begegnen wir einander eines Nachts, – bei einem unserer Ausflüge in die Welt der Ballsäle.

II
DIE BÜHNE DES EROS

Sehnsucht nach der verlorenen Einheit

Akt der Entzweiung

Am Anfang war die Ur-Einheit, vollkommene Harmonie. Es gab keine Spannung, aber auch keine Schöpfung. Diese begann erst mit dem Auseinanderfallen der Einheit in ihre Pole, mit einem Akt der Entzweiung der ursprünglich geeinten Gegensätze. Sie stehen sich nun als Gegenkräfte und zugleich Anziehungspunkte spannungsvoll gegenüber: Himmel und Erde, Geist und Materie, Licht und Dunkel, Innen und Außen, Plus und Minus und Männlich und Weiblich. Sie schließen einander aus, und sind doch miteinander verbunden, setzen einander geradezu voraus. Ohne diese Spannung zwischen den Polen ist keine Schöpfung. Spannung erzeugt Leben. Leben ist Spannung.

Dieser Urgedanke der Menschheit taucht in verschiedenen Kulturen, Religionen, Philosophien in seiner jeweils kulturell geprägten Symbolik und Bedeutung auf. In der chinesischen Philosophie ist die Polarität der Schöpfung in *Yin und Yang* versinnbildlicht. Auch die abendländische Kultur ist von diesem Gedanken durchdrungen. Walter Schubart verdichtet ihn in seinem Werk *»Religion und Eros«* zu den wenigen Worten: *»Im Anfang war die Ganzheit. Das Absolute ist das Ganze. Das Heilige ist das Heile, Ungeteilte. Sich selbst genügend ruhte Gott in der geschlossenen Fülle seines absoluten Seins, bis sich aus freiem Willen die Weltseele von ihm schied und in die zersplitternde Stoffwelt stürzte, die unter dem Gesetz der Spaltung, der Polarität seufzt.«*

Im Menschen ist eine Erinnerung an diesen Urzustand lebendig geblieben. Er träumt vom Garten Eden, vom Paradies, von der Insel der Seligen, von einem goldenen Zeitalter – alles mythologische Umschreibungen für diesen Urzustand. Den Denkern des Altertums drängte sich die Überlegung auf, daß der Mensch nur durch seine Schuld oder zur Verbüßung eines vorweltlichen Verbrechens in die Welt der Zerklüftung gelangt sein konnte. Nach orphischer, platonischer, neuplatonischer und gnostischer Lehre war der Mensch, oder besser seine unsterbliche Seele durch eine Art Sündenfall aus ihrer göttlichen Heimat in das irdische Sein herabgestürzt. Eingeschlossen in das Grab des Leibes sehne sie sich nach Rückkehr zu ihrem göttlichen Ursprung. Vielfach wurde der Mythos abgewandelt. Bei den Orphikern war zu lesen, daß die Urgottheit, durch tragische Untat zerstückt, sich auf die Welt verteilt hatte, um aus der Zersplitterung neu zu erstehen. Das christliche Wort *renatus in aeternum* deutet durch die Vorsilbe *re* die Wiedergeburt als Rückgewinn der Ewigkeit an. Der Philosoph Origenes betrachtete das Weltgeschehen als Rückweg der von Gott abgefallenen Geister zur verlorenen Einheit.

Diese wenigen Beispiele zeigen, daß im Menschen eine Ahnung von seiner ursprünglichen Heimat lebt. Der griechische Philosoph Platon faßte die Erkenntnis als Erinnerung auf, als ein Zurückfinden des Denkens zum menschlichen Ursprung. Und Augustinus stellt in seinen *»Bekenntnissen«* die erstaunte Frage: *»Ist das nicht das selige Leben, welches alle haben wollen? Woher kennen sie es, daß sie so danach trachten? Wo haben sie es gesehen, daß sie es so lieben? Ich weiß nicht, wie sie die Seligkeit kennengelernt haben, aber sie würden sie nicht lieben, wenn es keine Kunde davon in ihrem Gedächtnis gäbe.«* Weil wir eine mehr oder weniger klare oder blasse Erinnerung an die Ganzheit haben, fühlen wir, daß wir Teile sind. Der Schmerz der Einsamkeit, die Sehnsucht nach der Fülle des Ganzen setzt ein Erlebnis des Ganzen voraus. Das Heimweh beweist, daß es die Heimat gibt, von der wir träumen. Unsere Sehnsucht strebt nach Überwindung des Urleides der Vereinzelung. Dieses Streben macht das Wesen des Eros aus.

Wir wollen Eros näher auf die Spur kommen. In Platons klassischem Meisterdialog, dem *»Symposion«*, begegnen wir dem Mythos vom androgynen, (andros = Mann, gyne = Frau), d.h. beidgeschlechtlichen Ursprung des Menschen. In diesem Mythos wird das Wesen und Wirken des Eros auf eine umfassende Weise beschrieben. Platon läßt verschiedene Redner zu Wort kommen. Aristophanes, der Dichter, berichtet, daß wir Menschen unserer Natur nach unvollkommen, geteilt und zerhackt sind aufgrund eines tragischen Urfrevels gegen die Götter. Wir waren ursprünglich nicht nur ganz und androgyn, sondern auch vollkommen, und zwar rund wie die Gestirne und wohlgestaltet wie eine Kugel. Der Hochmut über unsere Vollkommenheit hat uns gegen die Götter aufbegehren lassen. Um uns nicht zu zerstören, sondern nur zu schwächen und unvollkommen zu machen, verfiel Zeus auf den Gedanken, uns, die kugelförmigen Menschen, in *»zwei Hälften«* zu schneiden. *»Jeder von uns* *ist daher nur das Halbstück eines Menschen«,* infolgedessen sucht jeder *»beständig das ihm entsprechende Gegenstück«.* Aus diesem Grunde werden wir von dem Verlangen getrieben, *»vereinigt und verschmolzen mit dem Geliebten aus zweien Eins zu werden«.* Eros ist diese Sehnsucht nach Einheit. Er *»will uns zurückführen zur ursprünglichen Natur und durch seine heilende Kraft glücklich und selig machen.«*

Am Ende des *»Symposion«* führt Sokrates das zentrale Gespräch mit Diotima. Er fragt nach dem Wesen des Eros und erhält von Diotima eine dreifache Antwort, die sich anhand seiner Abstammung verdeutlicht: Nach dem Festmahl, das die Götter anläßlich der Geburt der Aphrodite hielten, vereinigten sich Poros und Penia und zeugten den Eros. Dadurch wurden ihm drei seiner Wesenszüge in die Wiege gelegt. Erstens ist er *»der Aphrodite Begleiter und Diener«* und als solcher *»Liebhaber des Schönen und Guten«.* Da er aber wegen seiner Mutter Penia, der Armut, stets der Bedürftigkeit gesellt ist und Mangel leidet, kann er selbst nicht das Schöne und Gute sein. Zweitens ist er von seinem Vater Poros, dem Sohn der Metis, also von dem aus der Klugheit erwachsenen Reichtum her, *»ein listiger Späher nach dem Guten und Schönen, ein gewaltiger Jäger«.* Drittens ist er Mittleres und ein Vermittler, der sich immer *dazwischen,* nämlich *inmitten* der Polaritäten befindet. Er ist ein *Dämon,* der aus Mangel heraus zum Vollkommenen strebt, der die getrennten Welten des Menschlichen und Göttlichen, des Irdischen und Himmlischen miteinander zu verbinden sucht. Und damit gelangt Sokrates zu der gewichtigen Aussage, es gäbe ein Streben des zeitlich Wandelbaren und Vergänglichen nach Teilhabe am ewig Gleichen und Unvergänglichen. Dieses Streben ist das Streben *»nach dem Allerschönsten«* und Guten, das Streben *»nach Weisheit sein Leben lang«.* Als *Wahrheitssuchender* ist Eros alles in allem: Leidenschaft für die Wahrheit.

Suche nach Einung

Eros ist also die Suche nach dem fehlenden Bruchstück, die Sehnsucht, sich mit ihm zur ursprünglichen Einheit zusammenzuschließen, das verlorene Heil und den ehemaligen Glückszustand erneut zu erreichen. Er ist das Streben, das Irdisch-Wandelbare, Zeitlich-Räumliche mit dem Himmlischen, dem Unwandelbaren und Ewigen zu verbinden, und damit zum Guten und Schönen, zu

Erkenntnis und Wahrheit zu gelangen. Er erwächst einer tiefen Melancholie, einer Schwermut, Folge der verlorenen Einheit und Heimat, Folge des Trennungsschmerzes und der Vereinzelung. In seinem Buch *»Vom Sinn der Schwermut«* beschreibt Romano Guardini dieses urmenschliche Phänomen als *»etwas Besonderes ... das man durch die ganze Geschichte des menschlichen Suchens und Denkens hindurch verfolgen kann; ein heftiges Ungenügen am Endlichen ... Die Herzkraft der Schwermut ist der Eros; das Verlangen nach Liebe und Schönheit ... nach Liebe in all ihren Formen und in all ihren Stufen; von der elementarsten Sinnlichkeit bis zur höchsten Stufe des Geistes ... die Sehnsucht nach dem Ewigen, Unendlichen; nach dem Absoluten ... das Verlangen nach Vereinigung; nach Kontakt von Wesen zu Wesen; nach einem Eintauchen und Trinken und Gesättigt werden. Ein Verlangen nach seiender Einheit«.* Verlust der Heimat in ihren verschiedenen Aspekten, Sehnsucht, Melancholie und Eros sind auch die ständig wiederkehrenden Themen im Tango.

Die verlorene Einheit ist nicht so verloren, wie es zunächst den Anschein hat. Denn ihr Auseinanderfallen in die Vielheit, die unter dem Gesetz der Polarität seufzt, hat nicht die Einheit als solche zerstört. Es hat lediglich die Entfernungen zwischen den Einzelteilen, die Kluft zwischen den Polen vergrößert. Wie weit ihre Distanz voneinander, wie tief ihre Kluft auch sein mag: die Pole gehören bis in alle Ewigkeit zusammen. Ihre Verbindung besteht in einer unsichtbaren Spannung weiter. Eros ist die Spannung, die Lebenskraft, die zwischen den Polen fließt, ohne die Leben nicht entstanden wäre und ohne die es auch nicht weiterbestehen könnte. Er bindet die einander widerstreitenden und sich dennoch anziehenden Pole aneinander. Er knüpft die unsichtbaren Fäden, die Kraftlinien zu einem alles umspannenden Netzwerk zusammen. Ist er es, der die Welt im Innersten zusammenhält? So wie er die Weltschöpfung, den Makrokosmos durchwirkt, so lebt und wirkt er im einzelnen Menschen, dem Mikrokosmos. Weil er sich inmitten der Pole befindet, und diese in ihrer verbindenden Spannung zueinander hält, kann er Mittler zwischen dem einen und andern, zwischen Körper und Geist, zwischen Männlich und Weiblich, zwischen Diesseits und Jenseits, zwischen Endlichkeit und Unendlichkeit sein. Er kann die Gegensätze zugleich berühren und alles dazwischen erfüllen. *»Weißt Du, um was Du trauerst? Es ist nicht erst seit Jahren hingeschieden, man kann so genau nicht sagen, wann es da war, wann es wegging, aber es war, es ist, in Dir ist's. Es ist eine bessere Zeit, die suchst*

Du, eine schönere Welt«, spricht Diotima zu Hyperion in Friedrich Hölderlins gleichnamigen Roman. In Dir ist's?!!

Es gibt zwei Möglichkeiten, den Mythos vom androgynen Ursprung des Menschen zu deuten. Die einen sehen in der Zerstückung der Einheit eine strikte Aufteilung in zwei sich gänzlich unterscheidende Hälften. Die eine weiß nichts von der anderen, und umgekehrt. Die Existenz des Gegenstücks wäre also unabdingbare Voraussetzung dafür, der ehemaligen Ganzheit gewahr zu werden. Die tatsächliche Vereinigung mit dem Gegenüber, die Erfahrung der Vereinigung müßte der Wiedererinnerung, der Erkenntnis der Einheit vorausgehen. Ist die eine ohne die andere Hälfte dazu verdammt, auf ewig ein Dasein als unvollkommenes Bruchstück zu fristen? Hängt die Ganzwerdung des einzelnen von der Vereinigung mit einem anderen ab? Kann eine Frau nicht ganz Mensch ohne Mann sein? Und umgekehrt?!

Aber der Mythos läßt auch eine andere Deutung zu, die sich nicht darin erschöpft, den einzelnen Menschen als nur die eine Hälfte der Schöpfung aufzufassen: Die ursprüngliche Einheit war nicht das Zusammensein zweier nebeneinander sich befindenden Hälften. Vielmehr war die Durchdringung von Männlich und Weiblich derart innig, daß ihre Durchtrennung nicht zwei völlig unterschiedliche Einzelmenschen hervorbrachte, die sich in spezifischer Weise voneinander unterschieden. Sondern es entstanden zwei neue androgyne Geschöpfe, die geradezu ein Spiegelbild des einen, ersten waren. Das würde bedeuten: Alle Gegensätze sind in beiden einzelnen Menschen vorhanden. Was sie aber voneinander abhebt, ist der entscheidende kleine Unterschied: Sie wurden mit komplementären Geschlechtsmerkmalen ausgestattet und schlüpften in unterschiedliche Geschlechterrollen. Der Mann hat Männliches und Weibliches in sich, aber seine Geschlechterrolle ist die des Mannes. Die Frau hat Weibliches und Männliches in sich, aber ihre Geschlechterrolle ist die der Frau. Daher sind die beiden einander nicht so fremd, wie man vielfach annehmen will. Der Mann, der das Weibliche in sich entwickelt hat, versteht die Frau. Die Frau, die das Männliche in sich zur Entfaltung gebracht hat, kennt den Mann. Der Dualismus der Geschlechterrollen ist unbestreitbar, aber vielleicht ist es an der Zeit, jeden einzelnen als duales Wesen zu begreifen, das mit sämtlichen Wesensmerkmalen der Menschheit ausgestattet ist. Jeder einzelne Mensch ist Abbild der androgynen Urgottheit. Jeder Mensch hat seine jeweils eigentümliche und individuelle Prägung und Mischung männlicher und weiblicher Anteile. Es ist nur die Frage, inwieweit und auf welche Weise diese Anteile vom Innern ins Außen getragen werden. Inwieweit sie von der Ahnung, der schleierhaften Unbewußtheit in den klaren Bewußtseinszustand gehoben, ins tatsächliche Leben hineingetragen und im Dasein verwirklicht werden. Denn diese Ganzheit, diese Androgynie, besteht als schlummernde Möglichkeit in uns. Sie ist der Same, der aufgehen kann oder nicht. Läuft unser Leben letztendlich auf das Ziel hinaus, alle unsere Anteile in uns zur Entfaltung zu bringen, unsere Androgynie zu verwirklichen? Eros bahnt sich seine Wege, um uns unserer Ganzwerdung und Vervollkommnung entgegenzutreiben. Er läßt uns die Suche nach dem eigenen Sein aufnehmen. Er weckt das Interesse an den eigenen Klüften und Abgründen, schattenhaften Anteilen und noch ruhenden Wesenszügen. Er drängt uns zum Schöpfertum. Die Innenwelt will hinausgeboren, will zur Blüte gebracht werden. Der kreative Schaffensprozeß provoziert die noch unentwickelten Fähigkeiten in uns. Wir wollen ihrer mächtig werden, sie teilhaben lassen an der Geburt eines Werkes, das zum Sinnbild und Gleichnis der Welt und des Menschen werden kann. Er treibt uns in den Austausch mit der Welt, den Mitmenschen, einem Du, und läßt uns die Anteile auf einer äußeren Ebene erkennen und erfahren. Er stachelt uns an, die Welt abzujagen, um den Anteilen zu begegnen, die uns selbst noch fremd sind, weil sie in uns schlummern. Er läßt uns Freundschaften und Beziehungen knüpfen, die die Sehnsucht nach eigener Ganzwerdung lindern helfen. Oft verlieben wir uns in einen Menschen, der die Persönlichkeitsanteile schon entwickelt hat, die noch in uns ruhen und der Erweckung harren. Gegensätze ziehen sich an. Derartige Beziehungen erschöpfen sich aber nicht selten darin, als sogenannte *Lebensabschnittsbeziehungen* nur eine bestimmte Zeitspanne auszufüllen. Besteht ihr Sinn vor allem in der Hilfe und Begleitung auf dem Weg beiderseitiger Ganzwerdung? Es scheint so, daß je mehr Anteile wir in uns entwickelt und integriert haben, uns um so seltener ein anderer begegnen kann, der in seinem Anderssein unsere Aufmerksamkeit auf sich zieht. Gilt: um so komplexer, *runder*, harmonischer die eigene Persönlichkeit, um so seltener das Verlieben?

Die Anziehung wird vom Geschlechtsunterschied mitgeschürt, aber erschöpft sich nicht darin. Die Suche nach der verlorenen Einheit kann im Geistigen, Seelischen und Körperlichen erfolgen.

Eros weckt den Hunger, der auf allen Ebenen menschlichen Daseins gestillt werden will, ein Dasein, das in seiner Vielfalt und Komplexität polar angelegt ist. Wie und ob der Hunger gestillt wird, das bleibt jedem selbst überlassen. Der eine stürmt rastlos vom einen zum anderen, findet hier diese, dort jene Befriedigung, entfaltet hier diese, dort jene Anteile. Der andere hofft auf den einen Menschen, mit dem er auf allen Ebenen im fruchtbaren Austausch leben und durch gegenseitige Entfaltung reicher werden kann. Eros gewährt ein unendliches Feld unterschiedlichster Spielarten.

Denkt man aber den Mythos vom androgynen Menschen radikal zu Ende, bleiben die Fragen: Gibt es diese andere Hälfte, mit der man ehemals eine harmonische Einheit gebildet hatte? Ist es dieses bestimmte *Du*, das zur endgültigen und ursprünglichen Einheit zurückführen kann? Finden hier Anfang und Ende zusammen? Wenn die Erinnerung an die Urheimat nicht erloschen ist, lebt dann im Menschen dieses bestimmte Du als *inneres Bild*, als unklare Ausstrahlung, als unbewußtes Drängen, als schweifende Sehnsucht nach unbekannten Zielen? Ist es untrennbar mit ihm verbunden, ihm eingeboren? Tastet sein Widerschein die Personen des anderen Geschlechts ab, um den einen Menschen zu finden, der dem inneren Bilde entspricht? Und gilt: Je ähnlicher ein Mensch diesem inneren Bilde ist, um so mächtiger zieht er uns an?

Auf der Suche nach der verlorenen Einheit verfallen wir allen möglichen Irrtümern, geraten in Wirrnis, gestatten uns Fehltritte aller Art. Hindernisse müssen überwunden, falsche Handlungen mit ihren Konsequenzen getragen werden. Ist das Leben eine Bühne des Eros? Wer inszeniert? In welche Rollen schlüpfen wir? Und welche Dramen, Tragödien, Komödien oder Lustspiele werden geboten, liefern wir uns? Ist das Leben ein Bühnenstück, das uns unserer eigenen Vervollkommnung, unserer ursprünglichen Einheit und ehemaligen Heimat entgegentreiben will, nach der wir uns alle sehnen? Der Sehnsucht folgen! Macht das die wahre Weisheit des Menschen aus? Sollte man, wie die lebens- und liebeserfahrene Lou Andreas-Salomé in ihren Aufsätzen über Erotik zu bedenken gibt, »*den Sehnsuchtsstimmen im Menschen trauen, selbst wenn sie sich falsch ausdrücken?*«

Weiblich und Männlich

Weiblich und Männlich: dieses Gegensatzpaar, das wir aus der unendlichen Vielzahl der Gegensätze irdischen Daseins herausgreifen, ist von besonderem Interesse. Wie bereits angeklungen ist, ist das Wesen des Gegensatzes *»ein eigentümliches Verhältnis, in dem jeweils zwei Momente einander ausschließen und doch wieder verbunden sind, ja ... einander geradezu voraussetzen«*. So hat es der Philosoph Romano Guardini definiert, dessen Werk *»Der Gegensatz«* von der Ansicht durchdrungen ist, daß alles endliche Sein als ein Ineinander von Gegensätzen zu betrachten ist. Wenn das Leben aus dem Ineinander von Gegensätzen besteht, schließt dies die Notwendigkeit ein, diese nicht zu leugnen, auch nicht zu vernachlässigen, sondern sie aufzunehmen als die notwendigen Elemente, die die Wirklichkeit lebendig und konkret machen.

Wenn hier vom Weiblichen und Männlichen die Rede ist, sind darunter Prinzipien zu verstehen, die nichts mit der Geschlechterrolle der Frau oder des Mannes zu tun haben. Vielmehr stehen sie jeweils für eigentümliche Verhaltensweisen und Wesensarten, für bestimmte Haltungen und Einstellungen der Welt, dem Leben, dem Menschen, sich selbst gegenüber. Was aber ist nun mit Weiblich, Männlich gemeint?

Weiblich und Männlich

Beginnen wir mit dem Elementaren, den *materiellen* Manifestationen des Weiblichen und Männlichen: mit Eizelle und Samenzelle. Bereits ihre jeweilige Gestalt bringt grundlegende Aspekte ihres Wesens ans Licht. Die Eizelle ruht als geschlossene Rundung in sich selbst. Sie greift aus ihrer Ganzheit nicht hinaus. Es scheint, als würde sie sich in ihrem Kreis gänzlich selbst besitzen, als hätte sie ihre eigene natürliche Heimat rund um sich, als wäre sie mit dem allerhaltenden Ganzen und Einen unmittelbar verwoben, an ihren Ur- und Grundboden gebunden. Nichts drängt sie hinaus in die Fremde und Leere, in die tausend vagen Wesens- und Lebensmöglichkeiten. Das männliche Gegenstück, die Samenzelle, stellt sich gänzlich anders dar. Kleiner, in angetriebener und zielgerichteter Gestalt erweckt sie den Eindruck des ruheloseren, sich neue Ziele steckende, neue Arbeit schaffende, kurz als das durch Drang und Mangel sich entwickelnde Element. In seiner Bewegung gleicht es einer stetig vorwärts drängenden Linie, von der man nicht weiß, welche Richtung es nehmen, ob es jemals ein Ziel erreichen wird. Während das Männliche von Rastlosigkeit getrieben ist, sich begehrlich bis an die äußersten Grenzen vorwärts streckt, ruht das Weibliche in Selbstgenügsamkeit in ihrem eigenen Rund. Das Weibliche verhält sich zum Männlichen, so Lou Andreas-Salomé, *»wie ein Stück uralter, im ältesten Sinn vornehmster Aristokratie auf eigenem Schloß und Heimatbesitz zum zukunftsreichen, zukunftssichern Emporkömmling, der es viel weiter bringt, der aber dafür die Ideale einer letzten Schönheit und Vollendung notwendig immer wieder vor sich auffliegen sieht, ... die immer wieder in unermeßliche Ferne zurückweicht, wie weit er auch schreite und schreite.«*

Das menschliche Interesse hat sich schon immer und bis auf den heutigen Tag den Erscheinungsformen des Weiblichen und Männlichen zugewandt. Die Charakterisierungen muten aufgrund ihrer Ähnlichkeit nahezu verbindlich an. Das Weibliche gilt von jeher als das Geschlossenere, als das sich vom Ganzen der Natur nie so weit Entfernte und Entfernende wie das hinausstrebende Männliche. Will das Weibliche das Getrennte und Einzelne verknüpfen, um es bewahren und schützen zu können, sucht das Männliche das Ganze zu zerlegen, um es bis in seine kleinsten Einzelteile zu erforschen, zu begreifen, beherrschen zu können. Während sich das weibliche Denken nicht an Widersprüchen stößt und sie als Einheit aufzufassen versucht, strebt das männliche danach, sie zu analysieren und zu erfassen. Das Weibliche liebt weniger mit den Sinnen allein, sondern wirft ihr ganzes Wesen ins Liebesleben ein. Dem Männlichen scheint es dagegen möglicher, sogar geläufiger zu sein, Geist und Sinnlichkeit in voneinander getrennte Empfindungsgebiete aufzuteilen. Das Weibliche ruht näher an der *Quellmitte* des Lebens, das Männliche jagt die Ränder des Daseins ab, immer bemüht, es zu beherrschen, zu kontrollieren, zu überwinden. Aus der Vereinzelung geboren, verewigt es diese, sucht das Für-sich-Sein. Sein Leben ist Selbsterhaltung, sein Lebenswille zielt auf Behauptung der eigenen oder auf Überwältigung einer fremden Person. Dem Weiblichen ist Opfersinn und Hingabefähigkeit zu eigen, beides notwendige Eigenschaften der Mutterschaft. Es strebt nach ruhiger *Nestwärme*, nach Selbstzufriedenheit und Harmonie. Im Männlichen treibt das Ruhelose, gärt das Ungesättigte, weil es der Differenzierungsdrang, der alles Lebendige vom Ganzen trennt und zunächst in der Isolierung festhält, heftiger erfaßt. So steht das Männliche als Sinnbild des tragischen Heldenlebens, das auf leidgeprüftem Weg die Individuation und Selbstverwirklichung vollziehen will. Obwohl es in der Welt der Zersplitterung zu Hause ist, leidet es tiefer an ihr, brennt die Begierde nach Erlösung heftiger und heißer, als das in der Rundheit und Natur eingebettete, selbstgenügsame Weibliche. Das Männliche, stellvertretend für das *Weltverbesserertum*, will die Welt umstürzen, vorwärtsbringen, beherrschen und überwinden, vom Leben erlösen, erlöst werden, und nicht wie es des Weiblichen Sinn ist, nach Bekräftigung und Wahrung des harmonischen Lebens suchen.

Nach diesen grundsätzlichen Charakterisierungen lohnt sich ein Blick in das chinesische »*I-Ging*«, das *Buch der Wandlungen*. Es ist eines der umfassendsten, auf der Lebenssymbolik des Männlichen und Weiblichen aufgebauten Weisheitsbücher, das vor über dreitausend Jahren allmählich Gestalt annahm und uns in der Bearbeitung des chinesischen Reformators Konfuzius bekannt geworden ist. Die Weltschau des I-Ging beruht auf einer Ursymbolik des Männlichen und Weiblichen, die durch die Setzung der ersten Linie, des *Firstbalkens* entsteht. Mit dieser Linie, die an sich Eins ist, kommt eine Zweiheit in die Welt. Damit entsteht die Welt der Gegensätze, die mit Yin und Yang als die kosmischen Urprinzipien des Männlichen und Weiblichen bezeichnet werden. Diese Weltschau weist mit aller Nachdrücklichkeit auf die alles pulsierende, lebensschaffende Polarität hin. Es legt den Hauptakzent auf die Bedeutung und Notwendigkeit des dynamischen Prinzips, des ewigen Wandels, des notwendig nie ruhenden Pendelschlages zwischen dem einen und dem anderen Pol. Aus diesen Kräften der Wandlungszustände, die im Fluß des Lebendigen einander bedingen, aber auch einander ablösen und ineinander übergehen können, baut sich das Dasein auf und schreitet in der wechselnden Berührung der äußersten Grenzen die Fülle seiner Möglichkeiten aus. Grundlegend für dieses Weisheitsbuch ist das Aufdecken der Eigenschaften, Qualitäten wie der Orte von Yin und Yang, des Männlichen und Weiblichen, sei es im Kosmos, als auch im Menschen. Auch hier sind die Bestimmungen des männlichen und weiblichen Prinzips voneinander geschieden, sowie aufeinander verwiesen. Das Buch betrachtet das Ur-Männliche in Analogie zum Oberen, zum Himmel, zum Schöpferischen und Zeitlichen, während es das Ur-Weibliche in Entsprechung zum Unteren, zur Erde, zum Empfangenden und Räumlichen setzt. Das Männliche wirkt als schöpferische, starke, lichte und geistige Urkraft. Das Weibliche lebt als empfangende, raumspendende, schützende Natur, gegenüber dem Himmel als Erde, gegenüber dem Männlich-Väterlichen als das Weiblich-Mütterliche, gegenüber dem Führend-Kriegerischen als das Bewahrend-Fürsorgende. Und so wie das Männliche im gesamten Weltgeschehen wirkt, bezeichnet es auf die Menschenwelt übertragen das schöpferische Wirken des Weisen, des Herrschers und Führers der Menschen, der ihr höheres Wesen durch seine Kraft erweckt und entwickelt. Als gleichwertiges, dem Männlichen gegenüberstehendes Prinzip nimmt das Weibliche diese schöpferisch-geistige Urkraft in ihr Gefäß, in ihren fruchtbaren Urgrund auf, und verhilft ihm als wahrende Form zu räumlich gebundenem, kräftigem Dasein.

Auch der Philosoph Wilhelm von Humboldt hat sich dem Thema der Polarität des Männlichen und Weiblichen eingehend gewidmet und nimmt sie als Ausgangspunkt seiner Vertiefung in das Wesen der menschlichen Natur. In seiner Abhandlung »*Über den Geschlechtsunterschied und dessen Einfluß auf die organische Natur*« behandelt er die Verschiedenheit der Geschlechter, und weist auf die Polarität des Männlichen und Weiblichen hin, die ihm als gegenseitiges Ergänzungs- und wechselseitiges Ausgleichsverhältnis angelegt zu sein scheint. Das Männliche verbindet er mehr mit dem Aufklärerischen und Lichten, das Weibliche mehr mit Sinn und Rührung. Das Männliche erscheint ihm durch Eigenschaften wie Kraft, Feuer, Lebhaftigkeit, das Weibliche durch Haltung, Wärme und Innigkeit bestimmt. Und »*alles Männliche zeigt mehr Selbsttätigkeit, alles Weibliche mehr leidenschaftliche Empfänglichkeit.*« Auch Humboldt sah das Ziel der Menschheit darin erfüllt, daß sich Männliches und Weibliches ineinander verschränken, sich zueinander in harmonisches Gleichgewicht bringen, wenn er schreibt, daß »*nur die Verbindung der Eigentümlichkeiten beider Geschlechter ... das Vollendete hervorbringe*«. Ein Beispiel: Da alles Männliche angespannte Energie, alles Weibliche beharrliches Ausdauern besitzt, bilde die unaufhörliche Wechselwirkung von beiden die unbeschränkte Kraft der Natur, deren Anstrengung nie ermattet, und deren Ruhe nie in Untätigkeit ausartet.

Will man die spezifischen männlichen und weiblichen Eigenschaften auf eine moderne, sachlich-nüchterne Art umschrieben wissen und den Bogen bis zur Gegenwart spannen, bietet sich der Philosoph und Physiker Fritjof Capra an. Mit dem Männlichen assoziiert er Eigenschaften wie *ausdehnend, fordernd, aggressiv, wettbewerbsorientiert, rational, wissenschaftlich, analytisch, linear* und *fragmentierend*. Dem Weiblichen spricht er die Wesensmerkmale *zusammenziehend, bewahrend, empfänglich, kooperativ* und *intuitiv* zu.

Wie sehr die Integration der gegensätzlichen Prinzipien notwendig ist, führen uns die Folgen vor Augen, die eine Verselbständigung eines Pols, seine Loslösung vom und seine Überhöhung zum Ganzen nach sich ziehen. Weil beide als Teile einer Einheit aufzufassen sind, büßen sie ohne den anderen an konstruktiver Kraft ein und schlagen im Streben nach alleiniger Machtherrschaft ins Destruktive um.

Absolut weiblich

Führt man beispielsweise die Wesenszüge des Weiblichen, wie sie Fritjof Capra formuliert hat, ihrem Extrem zu, wird offensichtlich, welche Konsequenzen die Absolutsetzung des Weiblichen mit sich bringen kann. Das Zusammenziehende schließt ohne notwendige Ausdehnung seinen Kreis enger und artet zum *Erwürgenden* aus: Es bleibt einem die Luft weg, wenn sich eine Tyrannei dieser Art breitmacht. Das Bewahrende wird ohne das Fordernde und linear vorwärts Strebende zum *Verschlingenden* und Hemmenden: Die angelegten Ketten untergraben Aufbegehren, Willenskraft, Selbstbewußtsein, Tatendrang. Das Empfängliche entpuppt sich ohne das Schenkende, Schöpferische als überhaupt sinnlos, denn was soll es empfangen? Leere, Öde, Langeweile, Immer-Gleichheit gähnt um sich. Das Kooperative kann ohne das Wettbewerbsorientierte, ohne das Vergleichende und (Kräfte-) Messende schwerlich zur Weiterentwicklung anspornen: Ohne das Streben nach individueller Entfaltung schleicht sich unbewußte Kollektivbequemlichkeit ein, in der keiner dem anderen anregende Impulse und neuen Wind zu bieten hat. Kurz: Das Weibliche verarmt und verliert an Kraft und Schwung, wenn es sich in ihr *Rund* zurückzieht. Es ist dem Weiblichen, so warnt auch Lou

Andreas-Salomé, »*notwendig, immer wieder Licht und Luft in sich aufzuneh-men, sich auszubreiten und auszublühen, damit sie nicht in engster Genügsamkeit erstickt und sich bescheidet*«. Wenn es in ihrer trüben Selbstherrlichkeit Herrscherallüren annimmt, verhindert es die schöpferische Umset-zung inspirativer Impulse, hemmt das ruhelose Streben, die frische Tatkraft, erstickt es die Sehnsucht nach Welt, Leben, Liebe. Und das Intuitive läuft Gefahr, ohne das Rationale, Lineare, Wissenschaftlich-Analytische den Gärboden für Irrationalismus und Egozentrik zu nähren. Nur zu gerne manipulieren der Wunschtraum, die Einbil-dung und Illusion die klare Erkenntniskraft und das kritische Rea-litätsbewußtsein. Dieser Irrationalismus will sich im grenzenlosen Ge-fühlsrausch entladen, sich in Wahngebilde und Phantastereien ver-steigen. »*Der Schlaf der Vernunft gebiert Ungeheuer*«, heißt es bei Lichten-berg. Man kann den unendlichen Variationen und Spielarten dieser vom Weiblichen dominierten Lebenshaltung hier wie dort begegnen.

Impressionen

Die überzogen weibliche Dominanz weitet ihren eigenen Kreis ger-ne zum Kreis der Familie aus. Sie tut sich dann nicht selten in um-schlingendem Fürsorgeprinzip und einem machtlüsternen Hang im Erzieherischen hervor. Betritt man ein derartiges familiäres *Inselreich,* verspürt man die über alles wachende, dominierende Macht, die sich an Sohn und Schwiegertochter, Kind und Küche, Gatte und Kasse gleichermaßen heften will. Anstatt frischen Wind einzulassen, sich neuen Horizonten zu öffnen, gar eigene Dynamik zu ent-wickeln und kreativen Geist konstruktiv einzubringen, wird krampf-haft an altgewohnten, für Sicherheit bürgenden Verhaltensmecha-nismen festgehalten. Das auf diese Weise unterbundene dynamische Leben wird künstlich umrankt von Träumereien, die der Realität übergestülpt werden und die Familie, nicht zuletzt die Weiblichkeit selbst in Aufruhr versetzen. Man denke beispielsweise an die über-fürsorglichen Mütter im Süden Europas, die die Stimmung einer im geheimen Untergrund dahinschwelenden Matriarchat-Herrschaft verbreiten. Aber sind diese Regionen nicht offiziell politisch, gesell-schaftlich als patriarchal regiert bekannt? Schleicht sich dort, wo äußerlich die Männer das Sagen haben, die weibliche Entfaltung und Selbstbestimmung auf diese Weise *zur Hintertür* herein?

Der Alleinherrschaft des Weiblichen begegnet man nicht aus-schließlich nur in der Frauen- und Mütterwelt. Ganz ähnlich ist sie überall dort spürbar, wo der reaktionäre Geist sein Unwesen treibt, zartes Aufbegehren kreativer und innovativer Kräfte sogleich zerschlägt und im *staubigen Mief* seiner bedrückenden Atmosphäre versinken läßt. Wird hier dem Altbewährten höchste Priorität eingeräumt, weil die Vergangenheit die Gegenwart zu bestimmen hat, die Zukunft abgewehrt und ignoriert werden soll? Oder kämpft man einfach nur darum, die errungene, althergebrachte Macht nicht aus den Händen geben zu müssen? Ist man bestrebt, sich mit zwanghaften Maßregelungen und Statuten gegen Neues und Gefährdendes abzuschotten? Will man sich der Verantwortung entziehen, die ein freies Leben und Schaffen ohne Doktrinen abverlangen würde?

Auch das *gähnende* und zur *Behaglichkeit* zurechtgeplante *Kollektiv-Dasein* erweckt das ungute Gefühl, daß der Alltag, selbst die freie Zeit nach den Regeln und Normen der Gesellschaft sowie der Konsum-, Medien- und Freizeitindustrie eingerichtet ist. Dem Wunsch nach behaglicher Gemeinsamkeit im trauten Kreis wird im Kollektivgebaren nachgegeben, wie es die vielfältigen ideologisch-gesinnten Zusammenschlüsse, das *sozialromantische* Vereinsleben oder unser modernes, sogenanntes *freies Szenenleben* bereithalten. Es macht den Anschein, daß das Streben nach individueller Erfahrung und die Bereitschaft, sich Widerständen auszusetzen aufgrund narzißtischer Bequemlichkeit lieber eingedämmt wird, um im kollektiven Einverständnis untertauchen zu können. Diese Gemeinschaften legen nämlich meist weniger Wert auf klares, waches Bewußtsein, fruchtbaren Austausch und Diskussion. Vielmehr ist reibungslose Anpassung aneinander im gemeinsamen Realisieren und Praktizieren *gleichgeschalteter* Lebensregeln an der Tagesordnung.

Absolut männlich

Wie aber steht es nun mit den Schlagworten für das Männliche? Wird das Ausdehnende zum Zersprengenden, Zerreißenden? Muß sich das Fordernde zum Autoritären aufschwingen? Führt das Aggressive, Wettbewerbsorientierte zur Kampfeslust? Degeneriert das sogenannte Rationale, Wissenschaftliche, das Analytische, Lineare, das Fragmentierende zu Kleingeistigkeit und Kurzsichtigkeit? Entartet es zur alles zerstückelnden Zerstörung universaler Lebenszusammenhänge?

Der von Ruhelosigkeit getriebenen Aktivität des Männlichen begegnet man in den hastenden Schritten und dem kurzstößigen Atmen des im Arbeitsprozeß eingezwungenen *Machers* – bei Mann wie Frau gleichermaßen. Diese Geschäftigkeit steht nicht nur für die durch nichts zu dämmende Rastlosigkeit, fast könnte man meinen, der Flucht vor sich selbst, sondern auch für den Blick und Gedanken, der nur in die Zukunft hineinragt, kaum mehr in der Gegenwart weilt, die Vergangenheit für überholt und überwunden erklärt. Weil in der männlichen Welt das Morgen, die Zukunft im Mittelpunkt steht, ist sie eine Welt des Planens und Machens, nichts wird dem Zufall überlassen, alles ist auf Berechnung und *Kalkül* angelegt. Der allesbeherrschende Aktivismus kündet vom Ernst der Sache, von der Verantwortung, der Notwendigkeit, der Unentbehrlichkeit desjenigen, der sich wichtig nimmt und vorwärts stürmt.

Dieses *Vorwärts* ist zumeist aggressiver, wettbewerbsorientierter Art. Die Vorteile des einen sind meistens die Nachteile des anderen. Es muß einen Gewinner und einen Verlierer geben. Man will den Sieg um jeden Preis, da in einer von männlichen Werten dominierten Gesellschaft nur der Stärkere, der äußerlich Erfolgreiche zählt. Das Selbstwertgefühl befriedigt sich nicht selten am infantilen Raffen von Punkten, an Preisverleihung und beurkundeter Anerkennung. Systeme, die auf einseitig männlichen Prinzipien gemauert sind, sind oftmals von aggressivem Kampfgeist durchsetzt. Die Wirtschaftssysteme sind beispielsweise auf Wettbewerb ausgelegt und würden ohne permanente Expansion zusammenbrechen. Nicht der Interessenausgleich, sondern das Ausschalten des Gegners steht im Vordergrund.

Eine rein männliche Wissenschaft zerstückelt und zerlegt in der Regel das zu erforschende Objekt, um die Einzelteile und ihren Zusammenhalt, ihre Mechanik und Funktion zu begreifen. Dabei bleiben Wesen und Einbindung in größere Zusammenhänge nicht selten unberücksichtigt. Die einseitige Konzentration auf die toten Teile macht nicht selten blind für das Ganze. Und sind die Wissenschaften von Kampf und Wettbewerb geprägt, wird eine fruchtbare Zusammenarbeit zwischen ihren Koryphäen auf einem Gebiet sowie zwischen den verschiedenen Disziplinen erschwert. Kampf und Konkurrenzgeist verhindern den Zusammenschluß, das vereinte und verzahnte Handeln der besten Kräfte. Die analytische Geschäftigkeit verliert den Boden unter den Füßen, wenn sie sich in einem *blinden Spezialistentum* verselbständigt, Sinn und Ziel der Aktivität aus den Augen verliert, und unbeirrt die eigene Disziplin in den Mittelpunkt rückt. Oder muß man sich vor den unheimlichen, weil unüberschaubaren Zusammenhängen eines letztendlich unberechenbaren und vergänglichen Lebens erwehren?

Aufklärung und Romantik

Geschichtliche Tendenzen, Entwicklungen, Zusammenhänge können exemplarisch für einen bestimmten Bewußtseinszustand, für ein entsprechendes Welt- und Menschenbild stehen. Die Epochen der Aufklärung und Romantik bieten sich dafür an, das Prinzip des Männlichen und Weiblichen kontrastierend einander gegenüberzustellen. Theodor W. Adorno, dialektischer Denker, Künstler-Geist und Geschichtsphilosoph, hat die Geschichte als eine der *anwachsenden Antagonismen*, der zunehmenden Widersprüche bezeichnet. Hält sie uns vor Augen, daß jede Epoche tendenziell einem der polaren Urprinzipien vorrangig zugeneigt war? Glaube und Hoffnung heften sich gerne an ein Prinzip, um es so lange auszureizen, an die Grenzen seiner Möglichkeiten zu stoßen, bis der Gegenausschlag, das Abstoßen von einem Extrem ins andere notwendig wird. Es steht an, an den uneingelösten Problemen auf eine ganz neue, eben konträre Weise zu laborieren. Dieses Hin und Her, dieses Akzentuieren mal der einen, mal der anderen Seite treibt die Geschichte voran, aber auch ihrer zunehmenden Widersprüchlichkeit entgegen. Anstatt sich um die Balance der Pole zu bemühen, reißt sie die Kluft zwischen dem einen und dem anderen zunehmend tiefer. Es ist, als ob die Menschheit beständig den Fluß des Lebens durchqueren würde, indem sie rastlos von einem Ufer zum anderen stürmt. Sitzt die Menschheit mal am einen, mal am anderen Ufer auf, anstatt sich in den nie endenden Fluß des Lebens zu begeben, der eingegrenzt von den Uferrändern zwar, doch inmitten dieser dem weiten, offenen Meer entgegentreibt?

Die Epoche der Aufklärung stand vorrangig im Zeichen des Männlichen. Die Rationalität, das logisch-analytische Denken drängte sich in den Vordergrund und diente dem Ziel, die Welt in ihren vielfältigen Erscheinungen, den Menschen in Aufbau, Gestalt und Funktion zu begreifen. Der Mensch war getrieben von Wissensdurst und Forschergeist, er war erfüllt vom unerschütterlichen Glauben an seine Kompetenz, Macht und Erkenntniskraft. Um die Welt zu erkennen und zu beherrschen, war er bestrebt, von außen her in sie einzudringen. Man gab sich nicht mehr nur mit dem Glauben, mit Ahnungen, Vermutungen, Spekulationen zufrieden, sondern setzte alle analytische Verstandes- und zielstrebige Willenskraft ein, um eine planvolle Erforschung der endlichen Welt und das Ausleuchten der Tatsachen voranzutreiben. Man erhoffte sich Klarheit, Sicherheit, Ordnung, kämpfte um reale Möglichkeiten, Probleme zu beseitigen, durch Wissenschaft und Technik Wohlstand zu schaffen, und die Welt den menschlichen Bedürfnissen und Zwecken verfügbar und nutzbar zu machen. Mit der damit einhergehenden Mechanisierung des Weltbildes war das humane Streben verbunden, dem Menschen zu individueller Freiheit und Selbstentfaltung zu verhelfen, seine Emanzipierung und Autonomie gegenüber alten überlieferten Weltbildern und Autoritäten voranzutreiben. Es war das *Faustische* Streben nach Erkenntnis und Weltbeherrschung. Aber Faust, der alle Disziplinen durchjagt und durchlebt hat, der versuchte, auf diesem Wege das Sein zu erforschen, muß am Ende das bestürzende Fazit ziehen:

> *»Da steh ich nun, ich armer Tor!*
> *Und bin so klug als wie zuvor …*
> *Und sehe, daß wir nichts wissen können!*
> *Das will mir schier das Herz verbrennen …*
>
> *Dafür ist mir auch alle Freud entrissen,*
> *Bilde mir nicht ein was Rechts zu wissen,*
> *Bilde mir nicht ein, ich könnte was lehren,*
> *Die Menschen zu bessern und zu bekehren …«*

Weder ist Faust an Erkenntnis noch an Lebenssinn und -fülle reicher geworden. Daher will er sich nicht mehr im Stückwerk der wissenschaftlichen Disziplinen verfangen, nicht mehr *»in Worten kramen«*, *»mit saurem Schweiß«* von dem reden müssen, was er selbst nicht weiß. Sondern er ergibt sich dem Reich der Magie. Sein neues Ziel lautet: *»erkennen, was die Welt im Innersten zusammen hält!«*

Diese Sehnsucht, das Herzstück der Welt und des Lebens zu ergründen, war ein Leitziel der Romantik. Sie zog scharf gegen die Tyrannei des kalten, alles zersetzenden Verstandes zu Felde, der das Leben und den Menschen zersplittern, erstarren und vertrocknen habe lassen. Sie übte Kritik an dem mechanistischen Weltbild und spottete über das eitle Interesse an der endlichen, wandelbaren, äußeren Wirklichkeit, an dessen Fersen sich alles Leben geheftet hätte. An die Stelle des Verstandes trat nun das Gefühl, das mystische Eintauchen, das intuitiv-ganzheitliche Spüren. Während die Aufklärung im Zeichen der Klarheit des Lichtes, des Bewußtseins stand, zog es die Romantiker in die Nacht, in die unbewußten Kräfte des Traumes, ins Unergründbare und Übersinnliche, in die Tiefen und Abgründe der menschlichen Innerlichkeit, was sich beispielsweise im Wiederaufleben der Märchen-, Mythen- und Sagenwelt und im Hang zum dunklen, mystischen Mittelalter ausdrückte. Es war die Sehnsucht nach Einheit, nach Harmonie, nach dem Ur- und Wurzelgrund menschlichen Lebens, nach vitalem, blutvollem Leben und Stimmungszauber, aber auch die Sucht nach Rausch und Exzeß, die den romantischen Menschen bestimmte, ja beherrschte. Ricarda Huch hat in ihrem Buch »Die Romantik« darauf hingewiesen, daß dieser Wunsch einem tatsächlichen Mißstand, einer inneren Disharmonie und Gespaltenheit des romantischen Menschen entsprungen sei. Sein Grundwesen hält uns tief menschliche Züge vor Augen, die keineswegs nur der Vergangenheit angehören, sondern bis in unsere moderne Gegenwart hinein im Menschen spürbar und erkennbar sind. Er leidet an der Kluft seiner inneren Widersprüche, seiner Polarität. Anstatt lebend und handelnd um Einheit und Harmonie zu ringen, läßt er sich von seiner Sehnsucht danach verzehren. Er ergibt sich seinen rauschhaften Gefühlen, Phantasien, Illusionen, die seine Sehnsucht in ihm entzünden, ohne tatkräftig, mit klarem Geiste seinen Zielen entgegenzuarbeiten. Zumeist will er über die in ihm gärende, ihn quälende Polarität hinausgelangen, aber unter Mißachtung der Polarität. Die Sehnsucht nach Einheit schießt übers Ziel hinaus, denn gerne verfällt er der Annahme, sein polar angelegtes Menschsein könne überwunden werden, ohne es zur vollen Entfaltung und Blüte gebracht zu haben. Er leidet an seiner Unfähigkeit, die Gegensätze als zwei zueinander gehörende Hälften eines Wesens in die Balance zu bringen. Weil der Hang nach Harmonie und Ganzheit so stark ist, wird der romantische Mensch von einer tiefen Abneigung gegen alles Zersplitternde, Widersprüchliche, Disharmonische beherrscht. Die Unstimmigkeit seines Wesens treibt ihn zwischen den Extremen hin und her. Er will entweder ganz das eine, oder ganz das andere sein. Natur und Sinnlichkeit sind ihm »*ein wildes Pferd, das sein Geist nicht bändigen und lenken könne*«, das Aufsteigen zu reinen, geistigen Höhen läßt ihn »*als losgerissenes Blatt, das beweglich auf ewig bewegten Wellen schwankt*«, erscheinen. In der Liebe zum Menschen reißt es ihn zwischen einer sich selbst wegwerfenden Hingabe und einer Menschenverachtung, die nicht selten mit einem allumfassenden *Weltekel* gepaart war, hin und her. Er beneidet das Tier, weil er es als *in sich eins* zu erkennen glaubt, und sehnt sich zugleich nach einem reinen Engelsdasein, weil ihm das Menschsein verhaßt ist: »*Ein Engel darf, ein Mensch mag ich nicht sein, nur die Hölle bleibt dem Unbefriedigten übrig!*« Dieser Verzweiflungsschrei aus Tiecks »*Abdallah*« ist das Thema endlos phantasierender Klagen. Die Versöhnung von Gefühl und Vernunft erscheint ihm wünschenswert, zugleich aber unmöglich, weil beide »*zwei nebeneinander laufende Seiltänzer sind, die sich ewig ihre Kunststücke nachahmen, einer verachtet den andern und will ihn übertreffen*«. Die Sucht nach Einheit, jenes unersättliche Verlangen, das Friedrich Schlegel einmal die »*Wut der Unbefriedigung*« genannt hat, treibt den Romantiker in den verwüstenden Rausch, in den Exzeß, in die Ekstase. Nicht nur die mangelnde Klarsicht, der Hang zum Chaos und zur Irrationalität, auch die fehlende Konsequenz und Zielstrebigkeit lassen ihm einen gewissen Zug von Unmännlichkeit anhaften. Sein Wahn, ebensogut das eine wie das andere tun zu können, ebensogut ja wie nein sagen zu können, läßt ihn charakterlos erscheinen. Nie hat er eine feste Überzeugung, niemals ist es ihm ganz ernst, sein Wesen ist unstet: »*O, wie wechselnd ist doch mein Gemüt, so wandelbar veränderlich ist nichts mehr in der weiten Welt!*« heißt es in einem romantischen Gedicht. Während der harmonische Mensch seine in ihm polar angelegten Wesenshälften gleichmäßig zu entwickeln sucht, damit sie in guter Kameradschaft nebeneinander, ineinander aushalten können, sei, so Ricarda Huch, »*der romantische Mensch ... eine personifizierte unglückliche Ehe und Mißheirat*«, und zwar, »*weil gewöhnlich die Frau sich dem Mann überlegen fühlt, manchmal auch, weil sie ihm nicht gewachsen ist und ringt, nicht in ihm unterzugehen*«.

Die Kritik an der Aufklärung wurde nicht nur von den Romantikern gefochten. Sie hat eine lange Geschichte. Gegenaufklärerische Tendenzen hat es immer wieder gegeben. Sie erhielten beispielsweise in der Weimarer Republik neues Gewicht. Der Anti-Intellektualismus der zwanziger Jahre läßt gewisse Analogien zum nationalistischen Lobpreis auf das deutsche Wesen erkennen, das mit Schlagworten wie *gefühlsorientiert, seelenhaft, ganzheitlich* ausstaffiert wurde. War es die Kritik am Rationalismus dieser Zeit, die sich als Einfallstor nationalsozialistischer Irrationalismen entpuppte? Half sie mit, den Weg zur Ideologie des Rassismus zu ebnen? Tendenzen dieser Art waren einerseits vom Glauben an überrationale Fähigkeiten, andererseits vom Ziel einer planvollen, handfesten Lebenspraxis durchdrungen. Der Glaube an die Macht der Vernunft über das Leben war dahin. Das Leben sollte die Vernunft beherrschen, nicht umgekehrt. Menschenkenntnis galt mehr als die Ausrichtung nach abstrakten, allgemeinen Idealen. Das Ansehen der Wissenschaft wurde durch spiritistische und okkultistische Veranstaltungen geschwächt. Mystische und neureligiöse Bewegungen machten sich breit. Der Umgang mit Wahnkranken und die Beschäftigung mit der Pathologie sollte zu höheren Erleuchtungen führen als sie die kalte Vernunft zu spenden vermochte. Und an die Stelle der überholten Prinzipien Vernunft, Fortschritt und Humanität wollte man die neuen Prinzipien Kampf, Rausch, Abenteuer, Genuß, Ekstase bis hin zu Todesbereitschaft rücken.

Diesen Schlagworten begegnet man nicht selten auch in unserer Zeit. Es hat den Anschein, daß die romantische Weltsicht in der Sehnsucht nach dem Allumfassenden und Übersinnlichen in der Welle der mittlerweile kommerzialisierten Esoterik mit aufflammt. Das Interesse am Unerklärbaren, am Mythos, an der Magie und Transzendenz mag mit dem Ungenügen an der rein materialistischen Weltsicht, der sachlich-nüchternen, aggressiven und wettbewerbsorientierten, technisch gesteuerten und kontrollierten Arbeits- und Lebenswelt erklärbar sein. Diese Sehnsucht schlägt aber nur allzugerne um in eine Sucht nach Rausch, welcher leider nur von kurzzeitiger Wirkung sein kann und den Menschen mehr betäubt und lähmt, anstatt ihm den Genuß und die Ekstasen zu gewähren, die ganz anderen Quellen entspringen. Die Sucht nach Rausch und Betäubung greift nicht nur in der Esoterik um sich, sondern ebenso in der Medienbranche, in der Konsum- und Vergnügungsindustrie, und natürlich auf dem weiten Feld der sogenannten Erotik. Die Sehnsucht nach alles umfassender Einheit und Harmonie, das Verlangen nach Gleichheit, der Drang nach kulturellem Austausch und gegenseitiger Anerkennung steht auch in unserer heutigen Zeit obenan. Im Zuge der Globalisierung ist sie sicher notwendig und erstrebenswert geworden. Die Idee der multikulturellen Gesellschaft hat hierin ihre Wurzeln. Aber muß diese *Multikultur* nicht aufpassen, im grauen Einerlei eines *Kommerz-Sumpfes* unterzugehen? Die Stimmen nach mehr kollektiver, solidarischer Zusammenarbeit unter Einhaltung gruppendynamischer Prinzipien sind auch in der Wirtschaftswelt, und nicht nur dort, laut geworden. Eine positive Gegenreaktion auf die agressive Ellenbogenmentalität des einzelnen? Muß sie sich nicht zugleich davor hüten, einem Kollektivgebaren und einer *Cliquenwirtschaft* unter planvoll psychologischer (Selbst-)Manipulation den Weg zu ebnen? Es schadet sicher nicht, den Konsequenzen und Gefahren, die in der Verabsolutierung des Weiblichen lauern, gegenzusteuern. Doch ebenso muß der Alleinherrschaft des Männlichen Einhalt geboten werden. Denn die Waage des Lebens tendiert nur allzugern dazu, eine ihrer Waagschalen zu überladen. Die andere aber darf nicht leer ausgehen. Gegengewicht ist gefragt, von beiden Seiten, ansonsten gerät die Waage des Lebens aus der Balance.

Variationen des Eros

Vampirischer Eros

»Wer auf der Ebene des Habens verharrt, strebt danach, entweder sich selbst oder den anderen zum Mittelpunkt zu machen, was aber dasselbe ist«, schreibt der Philosoph Gabriel Marcel in seinem Werk *»Sein und Haben«*. Damit bringt er knapp und klar eine menschliche Haltung zum Ausdruck, die jeder echten dialogischen Eros-Beziehung entgegenwirkt. In dieser Haltung können, wenn wir von zwei Eros-Partnern ausgehen, drei unterschiedliche Beziehungsstandpunkte eingenommen werden, deren innerstes, meist im Untergrund schwelendes Verlangen *vampirischer* Natur ist.

Erstens kann sich einer der beiden zum Mittelpunkt der Beziehung erklären. Er wird sich in seiner tatsächlichen oder scheinbaren Macht- und Dominanzposition aufblähen, den anderen vor allem im Hinblick auf das eigene Ich, die eigenen Bedürfnisse und Zwecke wahrnehmen, erobern, einnehmen und ihn dementsprechend instrumentalisieren und gebrauchen. Ein Erosverhältnis, in dem dieses Machtgefälle vorherrscht, kann treffend als *Ich-Es*-Konstellation betitelt werden. Sie setzt den zweiten Beziehungsstandpunkt bereits voraus, denn es bedarf eines Partners, eines Es, das gezwungen oder gewillt ist, den Mittelpunkt der Beziehung in den anderen zu verlegen. Schlüpft es in die Rolle des *Unterlegenen*, um sich im trügerischen Glanz des *Stärkeren* zu sonnen, oder um die Bemühungen, aus der eigenen Schwäche herauszufinden, auf scheinbar bequeme Weise zu umgehen? Zwischen der Ich-Es- bzw. *Es-Ich*-Beziehung kann sich eine dritte Paar-Konstellation ansiedeln, die nur scheinbar, nach außen, ein erotisches Zusammensein vortäuscht. Es handelt sich um den äußerst häufig anzutreffenden Fall, in dem sich zwei selbstgenügsame Ichs zusammentun, um sich selbst gleichermaßen wichtig nehmen zu können. In sich kreisend, weil in sich selbst versponnen und verhaftet, verkörpern sie auf der Ebene des Habens den allseits bekannten *Egoisme à deux*. Es lohnt sich, diesen drei vampirischen Erosbeziehungen näher auf den Leib zu rücken.

Beginnen wir mit dieser letztgenannten, klassischen *Ich-Ich*-Konstellation, die in unserer modernen westlichen Gesellschaft allerorts zu beobachten ist. Eine, vielleicht die wesentlichste Ursache ihrer Häufigkeit mag daran liegen, daß sie dem schrankenlosen Ausleben der Egozentrik beider *Partner* entgegenkommt. Es handelt sich um ein Nebeneinander, in dem keiner etwas vom eigenen Ego aufgeben will, in dem sich jeder auf bestmögliche Weise in diesem negativen Sinne des Eigennutzes *verwirklichen* kann. Eine Beziehung dieser Art erinnert nicht selten an eine nüchterne Arbeitsgemeinschaft, in welcher sich beide in sogenanntem *Teamwork* als Trittbrett und Steigbügel dienlich sind. Um den eigenen Erfolg möglichst vorantreiben zu können, wird der andere in erster Linie durch die narzißtische Brille des eigenen Ichs wahrgenommen und als bloßes Mittel zum Zweck verwandt. Er dient als Hafen vor der drohenden Einsamkeit, wird zum Bewunderer eigener Schönheit, Kompetenz, Potenz gestempelt, muß als Sättiger eigener Wünsche, Ziele und Begierden herhalten. Oberstes Ziel beider Partner besteht in erster Linie darin, sich selbst zu bestätigen, zu stärken, zu bereichern, zu genießen, an Macht, Einfluß und *Lebensqualität* zuzunehmen. Die Befriedigung, Beweihräucherung, Steigerung, Schmückung und Darstellung des eigenen Ichs, der eigenen Welt, steht als Ziel obenan. Selbsterhaltungstrieb, Eigensucht, Eitelkeit und Machtwille sind nicht selten die eigentlichen Motivationen zur Kontaktaufnahme, die unbewußt, oder strategisch, berechnend vonstatten geht. Es wundert kaum, daß eine Beziehung dieser Art unter dem Zeichen der kalkulierenden *Tauschgemeinschaft* steht. Geben und Nehmen werden sorgsam geprüft und überwacht. Jeder wirft ein Auge auf den anderen, um nicht Opfer eines ungleichen Handels und Tauschgeschäftes zu werden. Diese Tauschgemeinschaft, in der beide ganz in ihrer ehrgeizigen Geschäftigkeit aufgehen, tarnt sich gerne mit dem Deckmäntelchen einer gut funktionierenden, daher vielversprechenden Paarbeziehung, und kann unterschiedlichste Spielarten und Verhaltensvarianten annehmen. Gemeinsam ist all diesen, daß beide Partner ihr Ich, ihre Welt und ihre äußeren Ziele nicht verlassen, sich nicht auf- oder hingeben für den anderen. Auf beiden Seiten fehlt das Hinausstreben aus der eigenen Welt in eine andere, aus dem eigenen Ich in ein Du. Als Folge davon stellt sich auf der Beziehungsebene ein statisches Nebeneinander ein, das an fruchtbarem Austausch und dialogischer Dynamik reichlich

Mangel hat. Es scheint, daß dieses Nebeneinander maximal solange Bestand hat, solange beide gleichviel für ihr eigenes Ego profitieren. Gelegentlich läßt sie die eine oder andere Situation, der eine oder andere Impuls aus ihrer versteinerten Nicht-aufeinander-Bezogenheit aufschrecken. Bewegung, die die Starrheit für kurze Zeit aufweicht und Staub aufzuwirbeln vermag, ist vor allem dann zu beobachten, wenn ein Gerangel um die Vormachtstellung aufflammt, also die *innenpolitische* Situation zu Reibereien Anlaß gibt, oder eine *außenpolitische* Krise die Zusammenballung der Beziehungskräfte und -mächte in den Augen der Bedrohten erforderlich macht. In solch einem Fall wird eine geradezu zusammenkittende Paarkonstellation getroffen, die beide unanfechtbar zusammenschweißt und aneinanderheftet, meist, um möglicher Konkurrenz und Schwächungsgefahr, die von außen im Anzug ist, gegenhalten zu können. Unter der Devise *Zusammen sind wir stärker* werden alle paardynamischen Fähigkeiten ausgegraben und mobilisiert, die dem Frontaufbau, der Verteidigungs- als auch Angriffskapazität dienlich sind. Will man hier kurz den Bogen zur Tangowelt spannen, findet eine Paarkonstellation dieser Art ihre Parallele im Tanzpaar, das all seinen Ehrgeiz auf das Ziel lenkt, sich auf der Bühne des Ballsaals als bestes und schillerndstes Paar, als *Nummer eins* von der *Mittelmäßigkeit* der anderen abzuheben. Diese Beziehung läßt sich auch auf ein Lehrer-Schüler-Verhältnis übertragen, in dem sich beide durch das wachsende Ansehen des anderen eine Erhöhung des eigenen Ichs versprechen.

Nun zur Variante, in der einer der beiden als der Stärkere fungiert, und den anderen ausschließlich für seine eigenen Zielsetzungen instrumentalisiert. Hier wird der Mächtigere vom Verlangen getrieben, den Schwächeren zu beherrschen, zu besitzen, anstatt ihm zu helfen, seine eigenen Kraftquellen zu erschließen, seine Gleichberechtigung zu fördern. Das Gegenüber wird zur Sache, zum *Objekt*, zum *Es* erniedrigt. Der Antrieb, Motor des Kontaktes beruht auf Zweck und Nützlichkeit, eigener Macht- und Besitzgier. Diese Form vampirischen Verhaltens kann auf einer ganz feinen, subtilen Ebene ablaufen. Das Ich braucht einen Hörer der eigenen Selbstgespräche, einen Genossen der äußeren Einsamkeit. Es bedarf fremden Umgangs um der Betäubung und Zerstreuung, der Tröstung und der Belehrung willen. Es gebraucht sein Gegenüber zur Befriedigung eigener Wünsche und Begierden. Es bedient sich des anderen, um sich selbst zu schmücken, in der Gesellschaft zu glänzen, der eigenen Eitelkeit genüge zu tun. Es schmarotzt von der Begabung und Fähigkeit des andern, um sich *mit fremden Federn zu schmücken*. Oder es genießt einfach die Schwäche und Abhängigkeit des Unterlegenen, um in den Genuß eigener Machtgefühle zu gelangen. Dieser Vampirismus kann sich unendlich vieler Spielarten bedienen, seiner Phantasie und Berechnung sind keine Grenzen gesetzt. Gemeinsam ist ihnen allen, daß der sogenannte Stärkere den anderen, das schwächere Es in seine Welt, von der er nichts aufgeben will, hineinzieht, um die eigene Welt, sich selbst und womöglich die eigenen Schatten und unbewußten Mechanismen zu bestätigen und zu festigen. Es will den eigenen Mittelpunkt nicht verlassen, sondern sich den fremden, schwächeren *einverleiben*, um an Macht und Größe zuzunehmen. Dynamik innerhalb dieser Konstellation findet insofern statt, als der Stärkere den Schwächeren in sich hineinsaugt, die Energie des anderen auf sich lenkt, sich mit ihm verschmelzen will, um ihn ganz in sich aufzunehmen. In letzter Konsequenz führt ein derartiges Verhalten zur Vernichtung des anderen. Auch hier fehlt das grundlegende Wesen des Eros, nämlich die Sehnsucht zu einem anderen hin, die Bereitschaft, aus dem eigenen Ich, aus der eigenen Welt hinauszustreben in eine andere, sich hinzugeben an ein Du.

Auf dem weiten Feld der Erotik handelt es sich um den typischen Eroberer, der den anderen nicht achten und schätzen, sondern selbst bewundert und angebetet werden will. Er hebt den anderen nicht empor, will in ihm alles Hohe entdecken und fördern, sondern er sieht zu seinem Objekt hinab, will es erniedrigen. Der Begriff des gleichberechtigten Liebespartners ist ihm fremd. Er kennt und wählt nur das Liebesopfer, das macht- und hilflos ist. Ist das auserwählte Objekt noch nicht wehrlos genug, wird es dazu gemacht. Platon hat in seinem Dialog *»Phaidros«* von diesem sogenannten *Liebenden* gesagt: *»Der Verliebte verträgt es nicht, daß der Geliebte ihm ebenbürtig oder gar überlegen sei ... Ja, er wird mit allen Kräften daran arbeiten, daß der Geliebte ihm unterliege und recht hilflos werde ... An Mängeln des Geliebten wird der Verliebte sein Vergnügen haben. Er wird kein Mittel scheuen, auf daß der Geliebte recht dumm und gedankenlos bleibe und in allem nur auf ihn blicken, denn so und nur so wird er der Wollust des Verliebten bequem sein ... Der Liebende wird dem Geliebten jeden Besitz neiden und über jeden Verlust, den er erfährt, strahlen ... Nun, da weiß wohl ein jeder, daß der*

Verliebte den Geliebten am liebsten ganz bar und beraubt alles dessen wünscht,
was wahrhaft kostbar, sinnreich, ja göttlich in unserem Leben ist .«

Auch hier drängen sich Assoziationen zum Tango auf. Man denke an den Tänzer, der den anderen vor allem als Mittel zur Selbstdarstellung gebraucht, anstatt mit ihm und für ihn zu tanzen. Und jeder kennt das *name dropping* so mancher Tangueros, wenn das Gespräch auf die Reihe ruhmvoller Lehrer gelenkt wird, bei denen man Unterricht genommen hat. Auch gibt es manche Lehrer, die Zahl und Fähigkeiten ihrer Schüler in erster Linie ihrem Ich zugute halten, sich aber in letzter Konsequenz scheuen, sie ganz aus den Schatzkammern eigenen Könnens zu bereichern, um nicht an der eigenen Macht- und Glanzposition einzubüßen, also um gut und weit sichtbar auf eigenem Podest bleiben zu können. Die Ichbezogenheit des Lehrers kann derartige Auswüchse annehmen, daß er nicht davor zurückschreckt, seinen Schülern das Verbot auszusprechen, sich anderen Lehrern zuzuwenden.

Das begehrliche, auf sich bezogene Ich neigt, wenn es sich auf einen anderen festgefahren hat, zu krankhafter Eifersucht und kämpft gegen alle, die ihm das Geliebte abwenden und streitig zu machen drohen. In der Welt des Geliebten soll es nur einen Mittelpunkt geben! Der Drang zur Ausschließlichkeit kann so mächtig anschwellen, daß er zum Verbrechen treibt. Denn es scheint den vom vampirischen Eros Besessenen erträglicher, den Geliebten sterben zu machen, als ihn in den Armen eines anderen zu wissen. Oder aber, das begehrliche Ich hat so sehr den eigenen Mittelpunkt, das eigene Ego im Auge, daß das Gegenüber wahllos gewechselt wird. Die Wahl seiner Lustobjekte fällt ihm relativ leicht, wobei es die leichte Beute bevorzugt, die Schwachen, Naiven, mit besonderer Vorliebe die Unschuldigen, Unerfahrenen, die es leicht gegeneinander vertauschen kann, und zwar bis zur zynischen Wahllosigkeit. Hat es seine Beute im Netz, ist ihm Hingabe an den anderen fremd und unmöglich. Bald schon wird es seiner Beute überdrüssig und schleicht sich an das nächste potentielle Opfer heran. Die Zahl der von ihm Überwältigten ist ihm wesentlich, denn da es nur die Lust sucht und das eigene Ich bereichern will, ist ihm daran gelegen, viele Quellen seiner Sinneslust springen zu lassen, und so erschöpfend wie möglich seine Machtbegierde zu befriedigen. So kann auch das Spiel mit der Verführung im Tango einer Verknüpfung von Lust und Machttrieb eines zur Impotenz neigenden Herzens entspringen.

Während der wahrhaft Liebende sich in beschaulich-kontemplativer Sehnsucht und Hingabe der Liebe öffnet, drängt es das begehrliche Ich danach, aktiv, planerisch, berechnend Liebe zu schüren und zu *machen*. Bereits die Jagd nach dem Opfer, die ausgeklügelte, geistig-perfide Berechnung und Inszenierung seiner Eroberungen bereiten ihm größten Spaß und Lust. Der wahrhaft liebende Mensch bemerkt die Grenzen seiner Person zur anderen mit Schmerzen, der begehrliche aber, in sich selbst versponnen, bemerkt sie nicht und will sie nicht bemerken. Hier wirkt nicht die Sehnsucht, sich in Liebe und im Dialog dem anderen anzunähern, sich mit ihm zu verbinden, um eine Gemeinschaft zu bilden, in der beide in ihrer Individualität bestehen bleiben und aneinander wachsen. Sondern es herrscht der Trieb, Macht über den anderen zu erlangen, seine Eigenexistenz zu schwächen, sie letztlich zunichte zu machen. Walter Schubart erwähnt in diesem Zusammenhang den sogenannten *mystischen Sadismus*, dessen Motivation über den Macht- und Besitztrieb hinaus in dem Verlangen nach völliger Einswerdung mit dem anderen begründet liegt. Denn die Wut darüber, daß es nicht zur gänzlichen Verschmelzung kommen kann, immer noch ein Rest der Eigenpersönlichkeit des anderen bleibt, erregt den Wunsch, den anderen in der Umarmung sterben zu sehen, ihn sterben zu machen. Damit hätte diese Form der Ich-Es-Konstellation ihre äußerste Ausprägung im *sadistischen Lustmord*. Bezeichnend ist, daß die Verschmelzung auf gewaltsame Art erreicht werden will, erreicht werden muß, weil sie anders gar nicht erreicht werden kann. Die enge Verknüpfung von Eros und Tod wird hier in ihrer destruktiven Ausprägung deutlich.

Man könnte diese Konstellation auf alle Bereiche menschlichen Lebens übertragen, den hier zur Wirkung kommenden Mechanismus in seinen vielfältigen Ausprägungen und Konsequenzen aufdecken und analysieren. Die Analogie zur Politik beispielsweise fällt nicht schwer. Man denke an den krankhaften Eroberungswahn, die Macht- und Verschlingungsbesessenheit all jener Machthaber, die die Stärke und Größe des eigenen Landes durch gewaltsame Einnahme anderer Gebiete anschwellen ließen und lassen. Wie gut sich vampirisches Begehren und kriegerisches Verhalten miteinander vertragen, zeigen die Metaphern aus der Sprache der Schlachtenkunst und militärischen Taktik, derer sich die Dichter seit dem Altertum zur Beschreibung dieses *Erostreibens* bedienen: Eros ist ein

Bogenschütze, der *tödliche Pfeile abschießt,* der Begehrliche *belagert* die Dame seiner Wahl, er *läuft Sturm,* er sucht die letzten *Schutzwehren* ihrer Scham zu *erobern,* und sie überraschend zu *umgehen.* Eine weitere Parallele bietet sich auf pädagogisch-erzieherischem Bereich an. Man denke an das Verhalten derjeniger Eltern, die sich selbst in ihrem Kinde reproduziert und verwirklicht wissen wollen. Das eigene Ich, die eigenen Vorstellungen und Ziele stehen im Mittelpunkt, und werden weit über das Wesen, die Sehnsüchte, die individuellen Entwicklungsmöglichkeiten des Kindes gestellt, ob unbewußt, in unterschwellig wohlgemeinter Manipulation, oder bewußt, im autoritären Führungsstil mit seinen machthaberischen Doktrinen und Maßregelungen. Womöglich wird das eigene Leben derart wichtig genommen, daß ein Kind gar aus der Urmotivation gezeugt wird, die eigene Existenz um ein Lebenszeitalter verlängern, damit festhalten, absichern, *unsterblich* machen zu können. Die Ich-Es-Konstellation hält auch in der mittlerweile an allen Ecken und Enden sprießenden kommerzialisierten Esoterik-Szene Einzug, in der sogenannte *schwarze Magier* ihren Machttrieb über andere unter dem Deckmäntelchen universaler Erkenntnis- und Wahrnehmungsfähigkeit ausleben.

Es läßt sich schwer übersehen, daß das machtüberlegene Ich eines passenden, also schwächeren Gegenstückes bedarf. Eine Es-Position kann sich gänzlich unfreiwillig aus einer realen Unterlegenheit ergeben, wie sie beispielsweise ein Kind zu erleiden hat. Es gibt aber auch Fälle, in denen sich das Es den Klauen des Mächtigeren aus eigener Schwäche und Naivität oder aus *masochistischen* Tendenzen ausliefern will. Das eigene Sein wird zugunsten des anderen aufgegeben. Der eigene Mittelpunkt verflüchtigt sich, der andere wird zum Zentrum der Beziehung erklärt. Eigene Unfähigkeit, fehlendes Selbstbewußtsein, Unselbständigkeit, mangelndes Kritikbewußtsein, aber auch die zumeist unbewußte, selbstmanipulative Strategie, der eigenen erfüllenden Lebensgestaltung zu entkommen, die nach Ausdauer, Durchhaltevermögen, *Biß* und Selbstüberwindung verlangt, sind als Nährboden dieser *Sklavenhaltung* zu beobachten. Hier gilt der Ausspruch Nietzsches: *»Wer sich selbst nicht befiehlt, dem wird befohlen.«*

Im engeren Sinn ist diese Verhaltensweise typisch für die *anbetende* Liebe, die den Geliebten zu vergrößern, das eigene Sein zu verkleinern sucht. Sie tritt um so stärker hervor, je mehr der *Schwäche-*

re den Angebeteten aus dem Auge verliert und den Nachdruck seines Empfindens auf sich selbst legt. Nicht mehr die Wertüberhöhung des anderen, sondern die Wertminderung des eigenen Seins rückt dann in den Vordergrund und schließt den Wunsch und Willen nach Selbsterniedrigung ein bis zum Drang, der eigenen Existenz den Garaus zu machen. Hingabe, die die Überwindung und Überschreitung der vom Ego festgesetzten Grenzen und Beschränkungen meint, wird hier mit der scheinbaren Notwendigkeit gänzlicher Selbstauslöschung, dem Todestrieb, der vor der Zerstörung des eigenen Seins und Lebens nicht haltmacht, verwechselt. Die eigene Existenz wird als nichtig erachtet und weggeworfen, aber nicht nur, um im anderen unterzugehen, sondern vor allem aus mangelnder Selbstachtung.

Phantomischer Eros

Der phantomische Eros entzündet sich an einem absoluten Ideal, an der *Traumfrau*, an dem *Traummann*, deren Vollkommenheit aber vor allem der Einbildungskraft des sehnsüchtig Liebenden entspringt. Chateaubriand schuf sich, als ihm keine Frau mehr genügen wollte, ein *fantôme d'amour* als Gefährtin seiner Einsamkeit. Pygmalion rief, was er liebte, ins Leben, indem er seine Sehnsucht in fühllosen Marmor hauchte. Als die Geliebte als Statue in greifbarer Formung vor ihm stand, schien es ihm, sich nun in das zu verlieben, was er heimlich immer schon geliebt hatte. War es sein inneres Bild, wonach er in all seinem Schaffen auf der Suche war, und das er schließlich in einem Geniestreich als Kunstwerk in sein Leben, seine reale Welt hineingeboren hatte? Goethe bekennt: *»Meine Idee von Frauen ist nicht von der Erscheinung der Wirklichkeit abstrahiert, sondern sie ist mir angeboren oder in mir entstanden. Gott weiß wie!«*
Darüber hinaus strebt die innere Sehnsucht natürlich danach, dem inneren Bild in äußerer Erscheinung tatsächlich zu begegnen. Wenn sich die Einbildungskraft an einem tatsächlich lebenden Gegenüber entzündet, träumt und dichtet sie zu gerne all das in diese geliebte Person hinein, was ihr ihre Sehnsucht, ihr inneres Bild, oder ganz einfach ihre sanfte Gutgläubigkeit und grenzenlose Naivität einflüstert. Das Wunschbild wird aus dem Urgrund der Seele hervorgezaubert und dem anderen übergestülpt, ob er dem Ideal entspricht oder nicht. Der phantomisch Liebende ist daher gerne

bereit, sich über die Wirklichkeit des anderen zu täuschen. Er läßt sich gerne blenden. Liebe macht bekanntlich blind. Der Schleier legt sich nicht nur um das Phantom und läßt es anders schimmern als es ist, sondern er kann auch den Blick auf das eigene Selbst in Nebel tauchen. Ein phantomisch Liebender führt sich gerne selbst hinters Licht. Die menschliche Einbildungskraft kennt alle Pfade, die verschlungenen und geraden, die mühsamen und bequemen, die hohen, aber auch die niedrigen. Sie hilft, auf dem Weg zu Bewußtsein und Liebe Hindernisse beiseite zu schaffen, indem sie über die Realität in die Idealität hinausblickt. Aber ebensogut kann sie den Weg zur Klarheit mit Steinen pflastern, mit Schutt beladen. Letztlich kommt es darauf an, welcher Funke es ist, der die Einbildungskraft entfacht. Ist dieser Funke ein hohes Ideal, eine Sehnsucht nach Vollkommenheit, oder entlarvt er sich ganz einfach als ichbezogenes Begehren, als verschleierter Narzißmus? Dann soll das illusionierte Phantom den egozentrischen Vorstellungen, Wünschen entsprechen. Es wird geschaffen, um die entfalteten Stärken, die eigene Schönheit widerzuspiegeln, aber auch die unerlösten Schatten und Grauzonen zu rechtfertigen und zu befestigen. Es setzt keine Impulse, schafft keine produktiven Reibungsflächen, die die Schwächen ins rechte Licht rücken könnten. Es soll Zuspruch leisten, nicht Widerstand bieten. Der phantomische Eros greift hier zu einem genialen Trick, um die eigenen Probleme zu ignorieren, zu umschleichen, ja sogar ins Positive zu verkehren. Hinter dem phantomischen Eros verbirgt sich nicht selten eine Art unbewußte Vermeidungsstrategie. Denn ist der Liebende nicht fähig, einen Dialog, eine reale Begegnung zum anderen Geschlecht herzustellen, ist ihm sein Phantom letzte Rettung, seinen Sehnsüchten wenigstens in der Phantasie nachgehen zu können. Vielleicht will der Liebende nicht in eine Situation geraten, der er nicht gerecht werden könnte? Als tatsächliche Begegnung gemieden, entzündet sich Eros hier vor allem in der geistigen Vorstellungskraft. Gerade die sensiblen, scheuen, schüchternen, wer weiß, vielleicht die erosbegabtesten Menschen neigen dazu, ihren Eros geistig zu leben und zu sensibilisieren. Aber der Riß zwischen Traumwelt und Realität, zwischen Sehnsucht und tatsächlicher Erfüllung droht tief auseinanderzuklaffen. Andererseits erweckt die Grenze, die Unmöglichkeit bekanntlich die stürmischste Leidenschaft, die den Liebenden in eine bohrende Unruhe stürzt, die Seele erschüttert und innere

Barrieren zu überwinden vermag. Nicht selten nimmt der Weg des phantomischen Eros tragische Züge an. Denn hat sich die Phantasie an einen bestimmten Menschen geheftet, hält der Liebende nur allzugern an dieser Täuschung, diesem Traumbild mit zäher Verbissenheit fest. Wenn er sein Verlangen nach dem Vollkommenen an das Unvollkommene geheftet hat, will er sich seinen Fehlgriff äußerst ungern eingestehen. Er kann sich vom Phantom so schwer losreißen, weil ihm die gesamte Welt, an die er glauben will, in die er alle Hoffnung gesetzt hat, die ihm alles war und immer noch ist, wie ein Kartenhaus zusammenfallen, wie eine Seifenblase zerplatzen müßte. Diese anhaltende Fixierung kann zwar das leidenschaftliche Feuer mehr und mehr schüren. Aber verbirgt sich hinter dieser zwanghaften *Treue* nicht einfach die fehlende Bereitschaft, sich von den eigenen Wünschen und Schwächen zu trennen, die ihm das illusionierte *Luftschloß* eingegeben hatten? Oft genug erweckt ein phantomisch Liebender den Eindruck eines Narren. Und in der Unfähigkeit, sich vom Phantom bzw. vom eigenen Ich, der eigenen Unzulänglichkeit loszueisen, hat auch der ewige Hang zur Melancholie seine Wurzeln. Das Klagelied vom verflossenen Geliebten, vom Abschied der *Göttin*, die so liebend und vollkommen wohl nicht waren und dem ihnen übergestülpten Ideal wohl schwerlich auf die Schnelle gerecht werden konnten, will nicht verstummen. Im Leid und der gehätschelten Traurigkeit steckengeblieben sind schon viele. Sie haben sich damit der Chance, einen neuen Dialog aufzunehmen, eine neue Erosbeziehung zu entdecken, an der sie wachsen könnten und die ihnen nicht nur geistige Inspiration, sondern reale Erfüllung werden könnte, leider selbst beraubt.

An dieser Stelle sei ein kurzer Ausflug in die erotische Welt des *Don Juan* erlaubt. Er hat immer wieder verschiedene, sich sogar völlig gegensätzlich zueinander verhaltende Darstellungen und Interpretationen erfahren. Sie zeigen, wie sehr sich auf der Bühne des Eros die äußersten Gegensätze zu streifen vermögen. Verschiedenste Erosformen greifen spannungsvoll ineinander. Don Juan ist scheinbar nicht so eindeutig, wie man der Einfachheit halber zu glauben meint. Zumindest wurde er nicht nur als zynischer Herzensbrecher, sondern als eine tragische Figur, als ein erfolglos ringender Mensch dargestellt, dessen Untreue und Seelenverhärtung seiner erfolglosen Suche nach der idealen Frau entspringt. Diese tragische Suche ergibt sich aus der anbetenden Liebe, wenn sie übersteigert ist, der Abstand zwischen dem Liebenden und dem Angebeteten überspannt wird, die Kluft zwischen Ideal und Realität unüberbrückbar ist. Der Liebende findet dann nicht mehr, was er sucht, ohne es doch vergessen zu können. Dort, wo er glaubt, es endlich gefunden zu haben, wird er enttäuscht. Der Glaube daran ist dahin, der Glaube an die Liebe schlechthin verloren. Niemandsland gähnt in öder Leere vor den sehnsüchtigen Blicken. Noch am stärksten zieht ihn die Madonna, die Keusche, Reine, Unschuldige an. Rastlos wandernd berührt der Schein seines Sehnsuchtsbildes Frau um Frau, ohne daß es dem Bilde gelingt, sich an ein einziges Wesen jemals festzuheften. Immer wieder begegnen sich Bild und äußere Erscheinung und immer wieder trennen sie sich enttäuscht und feindlich. Er ist nicht der Mann, der die Frauen liebt, sondern den sie lieben und dem sie verfallen. Mit Ekel wendet er sich von ihnen ab, weil sie nicht halten, was er sich von ihnen verspricht. Dies ist im tiefsten Sinn *unglückliche Liebe*. Hier geht es nicht um einen unseligen Einzelfall unerwiderter Neigung, sondern darum, daß der Liebende an die Grenzen seines Liebens selbst gelangt. Schmerzvoll erkennt er die Unerfüllbarkeit seines erotischen Sehnens. Die äußersten Gegensätze streifen sich. Der tragische Liebessucher kann so leicht mit dem frivolen Lüstling verwechselt werden. Der eine hat ein so hohes Liebesideal, daß er es in keiner Frau verwirklicht sieht und es daher erfolglos in vielen sucht. Das Ideal des anderen dagegen ist so vulgär, daß er es in vielen oder allen wiederfindet. Geht die erhabenste Liebesart in die niedrigste über? Dann aber schlägt sie um in den Willen der Vernichtung. Don Juan rächt sich an den Frauen dafür, daß sie hinter dem Bilde zurückbleiben, das ihm seine überreiche, zu lebendige Phantasie in seine Seele malt. Er leugnet das Göttlich-Weibliche, an das ihn gleichwohl alle Fasern seines Herzens binden. Immer tönt es dem Liebessucher vom Schlage eines Don Juan, sobald er eine Frau mustert, aus seinem Innern entgegen: auch sie ist die Eine nicht! Casanova sieht in allen Frauen das ideale Weib. Goethes Werther sieht es in einer. Don Juan sieht es in keiner Frau. Darum verfolgt er sie alle, begierig, sie zu kränken und ins Unglück zu stoßen. Seine immer wieder enttäuschte Liebessehnsucht stimmt ihn rachsüchtig, und die Rachsucht macht ihn zum Eroberer. Die unerfüllte Sehnsucht, der irregegangene Anbetungsdrang entlädt sich im Machtrausch. Weil er nicht Liebender sein kann, wird er erobernder Zerstörer. Weil er nicht anbeten kann, beginnt er zu knechten. Er ist im Teufelskreis gefangen. Anstatt von den eigenen Wünschen und Sehnsüchten Abstand zu nehmen, ihre Erfüllbarkeit in erster Linie nur in Abhängigkeit zu einem anderen Wesen zu betrachten, sollte er vor der eigenen Türe kehren, sprich: sich selbst zum *Heiligen* emporschwingen. Vielleicht kann ihm erst dann diejenige begegnen, nach der seine Seele, sein Herz verlangt.

In der Welt des Tangos dürften die wahren Don Juans eher selten anzutreffen sein, wohl darum, weil auf dieser *Bühne* im allgemeinen weniger engelsgleiche Wesen und Madonnenfiguren vermutet werden?

Soweit zur Gestalt des Don Juan, die natürlich auch in ihrer weiblichen Ausprägung auf der Bühne des Eros anzutreffen ist. Es bleibt der Einbildungskraft des Lesers überlassen, sich ein Bild von diesem weiblichen Pendant zu malen.

Zurück zum phantomischen Eros und seinen *lichteren* Möglichkeiten. Denn unter bestimmten Umständen kann er dem Liebenden gänzlich neue Dimensionen eröffnen, einen Vorgeschmack auf eine andere, weitaus höhere Liebesform geben. Wenn sich in ihm die innere Sehnsucht nach dem schlechthin Vollkommenen, dem gänzlich Reinen, dem Absoluten ausdrückt, wenn er dem Liebenden zum Sinnbild allen Glückes, aller Harmonie, aller Fülle des Daseins wird, mobilisiert er im Liebenden Kräfte und Sehnsüchte, entzündet in ihm den strahlenden Funken, der ihn diesen seinen hohen Zielen entgegentreibt. Die Ahnung des Vollkommenen erweckt in ihm das Streben nach dem Vollkommenen. Der unerschütterliche Glaube an das Ewige läßt ihn an das Ewige rühren. Der phantomische Eros bzw. das geliebte Phantom kann dem Liebenden Impuls, Medium und Führer zu etwas Höherem sein. Hier findet das erotische Sehnen seine Berührungspunkte mit der religiösen Liebe und Anbetung. Dante verband religiöse und erotische Liebe in der Gestalt der *Beatrice* in seiner *»Göttlichen Komödie«*. Er reihte sie in das System der ewigen Werte ein und bereicherte den Himmel um ebendiese persönliche Geliebte. Er gab ihm in Beatrice eine neue Heilige. Als göttliche Frau thront sie neben Gott, die Gabe des Liebenden, der sie schuf, entgegennehmend: *»So schmückt sie Phantasie, die nimmer ruht, / mit meinem Geist aus, drin ich sie bewahre. / Nicht, daß sie* *von sich selber wär auserlesen für solch hohes Gut. / Nein, meiner Macht ver-dankt sie solchen Mut, / wie man ihn von Natur sonst nie gesehn.«* Auch Goethe verband die erotische mit der religiösen Liebe, indem er seine Geliebte mit einer Madonna verglich.

Der phantomisch Liebende neigt dazu, und vielleicht bleibt ihm auch gar nichts anderes übrig, das geliebte Wesen immer höher, entrückter zu sehen, damit er am Unendlichkeits- und Absolutheits-wert des Geliebten nicht zweifeln muß, seine Unnahbarkeit und Er-denferne um so erhabener, reiner und unbezweifelbarer als das Vollkommene leuchten kann. Ob die Gestalt seinem Bild in allen Zügen entspricht, dies nachzuprüfen, wagt er kaum. *»Der erste Augen-blick, der sie mir näher brächte, wäre der letzte unserer Bekanntschaft«,* liest man bei Goethe. Meist nimmt die Geliebte schwesterliche, mütterli-che und religiöse Züge an, um Liebe der Ferne bleiben zu können. Die Distanz aber kann ihr nichts anhaben. Im Gegenteil. Sie schürt die Leidenschaft, die *Leiden schafft,* um so heftiger. Die Sehnsucht und Verzweiflung, die im Liebenden gärt, wenn die Erfüllung real nicht möglich ist, heizt um so mehr das Feuer an, das seine Seele in Brand setzt. Es scheint, die leidenschaftliche Liebe, und sei sie eine zutiefst unglückliche, ist wertvoller als die kurzzeitige Erfüllung vorübergehenden Begehrens. Ist die Liebe als *Erleidnis* von höherer, bereichernderer Wirkung als gar nicht zu lieben? *»Ich danke euch von Grund auf meiner Seele für die Verzweiflung, in die ihr mich stürztet, und ver-abscheue die Ruhe, in der ich lebte, bevor ich euch kannte«,* heißt es in dem Liebesbrief der unglücklich Liebenden und Nonne Marianna Alcoforada. Der Liebende beginnt, diese Suche nach seiner eigenen Liebesfähigkeit zu lieben. Er liebt sich im Zustand dieser Liebe, er liebt die Liebe. Er erwartet keine Gegenliebe mehr, er stellt keine Frage mehr. Er kann dem Geliebten mit Goethes *Philine* die erstau-nende Bemerkung entgegenhalten: *»Wenn ich Dich liebe, was geht's Dich an?«* Er wirft sich ganz in diese Liebe ein. Er gibt sich der schenken-den Liebe hin, die in ihm aufflammt, und stimmt in die Worte Pla-tons ein: *»Göttlicher nämlich ist der Liebende als der Geliebte!«*

Kosmischer Eros

Die Sehnsucht hin zum anderen fordert die Verabschiedung der eigenen, zwanghaft gebundenen Ichbezogenheit. Ich kann nur am anderen Ufer anlangen, wenn ich das eigene verlasse. Echte Liebe will nicht das eigene Ego bereichern, sondern will sich verschenken. *»Es ist auffallend, daß die Erotik ein freiwilliges Sichverlieren einschließt: niemand kann daran zweifeln«*, meint der Philosoph und Schriftsteller Georges Bataille. Eine Liebe, die stark genug ist, um das eigene Ich seiner Versponnenheit zu entreißen, entzündet im Menschen das Feuer der Leidenschaft, das eine Art Wandlungsprozeß in Gang bringt. Leidenschaft *schafft Leiden*, weil dieses aufwühlende, pflügende Leiden das Erdreich der Seele umgräbt und erst die Auflockerung schafft, die das an die eigene Welt zwanghaft gebundene Ich produktiv erlöst. Leidenschaft ist mit dem Drang und auch der Notwendigkeit verbunden, den Klauen des fordernden Egos zu entrinnen, aus der Enge des *egomanischen* Gefängnisses auszubrechen, die selbst erbauten Mauern niederzureißen, von den einnehmenden Begierden, zwanghaften Wünschen, altgewohnten Verhaltensmustern, den eitlen Zielen und selbstbeweihräuchernden Handlungen loszulassen, die Schalen menschlichen Seins springen zu lassen, an die Grenzen seines Wesens, im äußersten Fall an die Grenzen menschlichen Lebens zu stoßen. *»Die Liebe, sie zerbreche mich«*, stöhnt Goethes *Hafis* im *»West-östlichen Divan«*. Eine Leidenschaft dieser Heftigkeit führt den Liebenden auf den schmerzvollen, aber auch befreienden Weg der Selbstüberschreitung und ist, symbolisch verstanden, ein Akt des Sterbens: *»Wo die Lieb erwacht, stirbt das Ich, der dunkele Despot. Liebe ist ihrer Natur nach Schmerz ... Liebe tötet«*, so der iranische Dichter Dschelal Eddin Rumi. Dieser *Tod* meint die völlige Hingabe eigenen Seins und erschließt sich das volle, unbeschwerte Leben: *»Ich halt mich ja so mühsam in mir ein, /und lebe nur und komme nur zu Freude, /wenn ich, aus mir ausbrechend, mich vergeude«*, heißt es in einem der Sonette der Dichterin Elisabeth Barrett-Browning. Er ist also nicht mit dem Ende irdischen Lebens zu verwechseln, sondern steht, so Martin Buber, für *»ein Aufgeben ... jenes falschen Selbstbehauptungstriebs, der den Menschen vor der unzuverlässigen, undichten, dauerlosen, unübersehbaren, gefährlichen Welt der Beziehung in das Haben der Dinge flüchten läßt«*. Denn eine erotische Beziehung, die der Welt des Habens trotzt, ist eben eine Welt des Nicht-Planbaren, Nicht-Kalkulierbaren, Nicht-Berechenbaren, eine Welt der Unsicherheit und des Risikos. Eine Liebe dieser Intensität liebt den anderen nicht nur als das, was er ist, sondern als das, was in ihm steckt, was in ihm werden kann. Er liebt über seine Realität hinaus die ihm innewohnende Idealität und Universalität. *»Was ich liebe im geliebten Wesen, bis zum Verlangen, vor Liebe zu sterben ist nicht das partikulare Wesen, sondern der universelle Teil in ihm. Und dieser Teil ist im Spiel, setzt mich aufs Spiel«*, so Georges Bataille. Damit weist dieses Spiel weit über das Dasein des Paares, über die Grenzen des von Plan und Notwendigkeit eingenommenen Seins hinaus. Der Liebende schreitet in dieser Liebe, die bereit ist, alles zu geben, sich schenkend zu verströmen, zur kosmischen Liebe vor, die seine Egozentrik untergräbt, hinwegschwemmt und seine in ihm wohnende universelle Liebe mehr und mehr befreit. Er wird von der Liebe durchflossen, die er selbst aufbringt. Ihm wird das gegeben, was er selbst zu geben bereit ist. Der hohe Eros, der bis an die menschlichen Grenzen, ja bis an die Grenze des Todes heranreicht, verliert sich nicht im *Nichts*, sondern erschließt sich das *Alles*.

Dieser Durchbruch ist nicht nur in der erotischen Liebe zwischen zwei Menschen möglich. Auch die Liebe des einzelnen kann ihm die Quelle erschließen, die in ihm selbst wohnt, aus der er selbst stammt. So lehrt es zumindest die Mystik. Georges Bataille ist einer der vielen, die eine Verbindung zwischen Mystik und Eros erkennen. Auch die mystischen Erfahrungen, *»jene Trancen, jene Verzückungen und theopathischen Zustände«*, die die Mystiker aller Disziplinen so reichlich beschrieben haben, sie alle hätten denselben Sinn: *»immer handelt es sich um Desinteresse an der Erhaltung des Lebens, um Indifferenz gegenüber allem, was dazu beiträgt, es zu sichern; um die unter diesen Umständen empfundene Angst, die bis zu dem Augenblick anhält, an dem die Kräfte versagen. Und schließlich darum, sich der unmittelbaren Impulsivität des Lebens zu öffnen, die gewöhnlich komprimiert ist und sich plötzlich im Überströmen unendlicher Seinsfreude befreit.«*

Aber solche Empfindungen stellen sich eben erst in den Grenzzuständen des Lebens ein, wenn sich die Spannung zwischen Diesseits und Jenseits, zwischen Körper und Geist aufzulösen beginnt, weil die kosmische Liebe die Brücken zwischen den uns scheinbar unüberwindbaren Gegensätzen schlagen, die Kluft der weit voneinander sich befindenden Pole erfüllen kann. Der hohe Eros vollzieht den Kreislauf der kosmischen Liebe zwischen Oben und Unten, Innen und Außen, Geist und Körper, Himmel und Erde. Er ist das über den beiden waltende *Dritte*, das die Pole, ohne sie auszulöschen, innig verbindend erfüllt und aus ihrer Vereinzelung erlöst.

Man stelle sich zwei gleichberechtigt bestehende Mittelpunkte vor, die von einem Kraftfeld umschlossen sind, das aber, weil es zwei Mittelpunkte in sich schließt, nicht die Form des Kreises, sondern die Form einer Ellipse annimmt. Walter Schubart hat in diesem Zusammenhang von einem *elliptischen Kraftfeld* gesprochen. Eine erotische Beziehung dieser Art stellt eine Einheit her, die die Zweiheit umspannt, erhält und stärkt. Dieses hohe Ideal entdecken wir auch in der Bewegungsform des Tangos, in dem sich gelegentlich Einheitserlebnisse im Zustand selbstvergessener, aber hellwacher Hingabe aneinander und an den gemeinsamen Tanz ereignen. Man sollte die Vereinigung von der Verschmelzung unterscheiden. Vereinigung meint, daß aus Zwei Eins wird, die Zweiheit aber erhalten bleibt. Verschmelzung bedeutet, daß Zwei in Eins zusammenfallen, die Zweiheit dabei erlischt. Gehen wir von der Verschmelzung im negativen Sinne aus, entspräche das im Tango dem symbiotischen Kontakt, der aus dem Verlust der Autonomie notwendig wird.

Dieser Drang nach Verschmelzung ist auf allen Ebenen des Eros zu beobachten. Er kann gänzlich entgegengesetzten Motivationen entspringen. Will die Verschmelzung aktiv, berechnend, tatkräftig erzwungen werden, verbirgt sich hinter dem Verschmelzungsdrang ein Trieb destruktiver Art, wie er im vampirischen Eros auf körperlicher, seelischer und geistiger Ebene seinen Ausdruck findet. Das begehrte Objekt wird vom sogenannten Liebenden eingenommen, aufgesogen, in dessen eigenen Mittelpunkt hineingeschmolzen, um seine eigene Existenz an Macht und Größe aufzublähen. Der Schwächere ist dem Sog des Stärkeren ausgeliefert, oder strebt danach, an der Mächtigkeit des anderen teilzuhaben, und sei es um den Preis des eigenen Untergangs.

Dieser Verschmelzungsdrang kann aber, in einem positiven Sinne, auch dort mächtig anschwellen, wo sich die Einheit der Liebesbeziehung bereits auf die hohen, kosmischen Liebeskräfte gründet und die Kluft durch den alles erfüllenden Eros überwunden werden kann. Dann, so könnte man sagen, wollen die Liebenden gänzlich in das sie verbindende Dritte eingehen, um in ihm als ewig ungeschiedene

Einheit zweier Wesen auf neuer Ebene aufzugehen. Mit anderen Worten: das elliptische Kraftfeld will sich mit seinem So-Sein nicht zufriedengeben. Die beiden Mittelpunkte streben danach, sich auf ewig in und mit dem Einzigen, dem Einen, das noch jenseits ihrer selbst liegt, zu verbinden. Ihre gemeinsame Ausrichtung, Hinordnung zu diesem Höchsten, Einen rundet die Ellipse mehr und mehr zum allesumfassenden, alles in sich schließenden Kreis, dessen Mittelpunkt die auf ewig ungeschiedene Einheit zweier Liebender ist.

Aber ist eine ewige Ungeschiedenheit, eine immerwährende Einheit zweier Wesen im irdischen Dasein überhaupt möglich? Martin Buber bemerkt in diesem Zusammenhang: *»Ich nehme die Menschen zum Gleichnis, die in der Leidenschaft des erfüllenden Eros vom Wunder der Umschlingung verzückt werden, daß ihnen das Wissen um Ich und Du im Gefühl einer Einheit untergeht, die nicht besteht und nicht bestehen kann.«* Eros kann die irdischen Grenzen, die Grenzen der Zeit, des Raumes, der Materie, der Körperlichkeit immer wieder, dort mehr, dort weniger, durchbrechen und einen Ausblick ins Unwandelbare, Ewig-Seiende geben. Aber müssen die Grenzen nicht bestehen bleiben, solange der Mensch im Irdischen lebt? Auch, wenn er alles Ego fahrengelassen, den Wandlungsprozeß durchlaufen, seine Universalität und Liebesfähigkeit befreit hat? Der von Friedrich Schlegel verfaßte erotische Liebesroman *»Lucinde«* scheint von einer Liebe in dieser Vollkommenheit durchdrungen zu sein. Dennoch sind sich die Liebenden der auf Erden gesetzten Grenzen bewußt, denn nicht hier, sondern *»dort...im jenseitigen Leben...wird dann vielleicht unsere Sehnsucht voll befriedigt«*.

Aber genug der Spekulationen. Sicher ist, daß Eros das weite Feld, das sich zwischen Leben und Tod auftut, umspannen kann. Dies führt uns nicht nur das *symbolische* Sterben des Egos vor Augen, das unabdingbare Voraussetzung ist, um an die Quelle der Liebe zu stoßen, die die Grenzen zwischen Diesseits und Jenseits, Oben und Unten, Körper und Geist ahnen läßt, bewußt und spürbar macht, weil der Augenblick ihres Erlebens von dem Bewußtsein der Ewigkeit, der Zeitlosigkeit ihres Daseins erfüllt wird und weil sich der Mensch in der reinen Unmittelbarkeit seiner metaphysischen Existenz gewahr wird. Auch der irdische Tod erhält darüber hinaus reale Bedeutung, da er gewissermaßen die letzte Grenzüberschreitung menschlichen Daseins ist. In letzter Konsequenz gilt das Wort Georges Batailles: *»Es gibt keine Liebe, wenn sie* uns nicht wie der _Tod ist.«_ Antoine de Saint-Exupéry bringt das Verhältnis Leben-Tod auf die einfache Formel: _»Wenn Tod und Leben Worte sind, die einander die Zunge zeigen, so bleibt doch bestehen, daß du nur von etwas zu leben vermagst, wofür du auch sterben kannst. Und wer sich dem Tode versagt, versagt sich dem Leben.«_ Das heißt nicht, daß der Mensch den Tod gewaltsam oder leichtfertig herbeiführen soll. Gewarnt sei hier eindringlich vor der Illusion, die Auslöschung eigenen Lebens könne eine sinnvolle Tat auf dem Weg zur endgültigen Erfüllung sein. Dem Leben, der Liebe sind erzwungene Abkürzungen fremd, vor allem, wenn sie vom eigenen egozentrischen Wunschdenken motiviert sind. Vielmehr soll im Menschen das Bewußtsein erwachen, daß das Leben und die Liebe über die Grenzen irdischen Daseins hinausreichen. Die Liebenden sind nicht des Lebens überdrüssig, sondern vom Bewußtsein erfüllt, daß die Liebe, das Leben nach dem Tod weiterbestehen werden. Die Liebe ist stärker als der Tod. Dies wird dort offenbar, wo sie sich dem Tod stellt, ihn nicht scheut, nicht vor ihm flieht, um das eigene Leben zu erhalten. Der Tod wird dann zur letzten und höchsten Bewährungsprobe der Liebe. Die höchste Liebesumarmung wird zur Todesumarmung. Dahinter verbirgt sich natürlich der Glaube, daß der Tod nicht das Ende, sondern der Anfang eines neues Lebens auf höherer Ebene ist. Der Liebende ist sich des ewigen Lebens gewiß. Er hofft, durch den Tod hindurch zu erhöhten Lebensformen aufsteigen zu können. Er glaubt an den Liebestod als Eintritt in die Ganzheit, an die endgültige und dauerhafte Erlösung aus der Vereinzelung. Diese Liebe ist mehr als eine Selbsttäuschung, wenn sie mit dem Gepräge der Ewigkeit behaftet erscheint und mit dem Anspruch der Ewigkeit auftritt. Sie ist auch mehr als bloße Projektion intensiver Erlebnistiefe. Sie entspringt einer tiefen Gewißheit der Liebenden, die sich als Einheit erkennen und dorthin zurückkehren wollen. Das Mysterium des Liebestodes stellt sich zum Beispiel in dem Werk _»Tristan und Isolde«_ von Gottfried von Straßburg dar, das zahlreiche Bearbeitungen und Auslegungen erfahren hat. Ein wesentlicher Grundgedanke dieses Liebestodes besteht darin, daß die Liebenden aus Liebe nicht nebeneinander, miteinander, sondern gleichsam ineinander hineinsterben. Sie sterben, weil das Leben mit seinen vielfältigen Hindernissen und Beschränkungen so viel ungestillte Liebessehnsucht nicht mehr tragen kann. Diese Liebe setzt sich über all diese Grenzen hinweg und sprengt selbst die letzte: die Grenze zwischen Leben und Tod, zwischen Diesseits und Jenseits. Damit öffnet sich den Liebenden eine Welt, in der es keine Grenzen mehr gibt. Eros weitet sich zum Erlebnis *kosmischer Einsfühlung.* Richard Wagner hat dieses Mysterium in seiner gleichnamigen Oper aufgegriffen. Auch hier handelt es sich nicht nur um die individuelle Liebestragödie, sondern geradezu um ein kosmisches Erlösungsdrama. Die Gewalt der Leidenschaft reißt die Liebenden aus sich heraus und schleudert sie in den Kosmos hinein, ins *»weite Reich der Weltennacht«.* Ein Grundgedanke, der beiden Liebenden zugeschrieben wird, ist: Wenn die Wahnwelt des Tages, also die Scheinwelt der sichtbaren, trennenden, vereinzelnden Welt, die das Unsichtbare verschleiert und auf Selbsterhaltung und scheinbare Sicherheit ausgerichtet ist, erloschen ist, dann sind die Liebenden selbst Welt, *»das Wunderreich der Nacht«.* Dieses Wunderreich der Nacht ist das Todesreich, aber nicht einfach die Nichtwelt, sondern die Welt der Erlösung von Trennungsschmerz und Liebesqual, eine Welt der Liebe und des Lebens, in der beide als Individuen erhalten bleiben, aber als ewige Einheit zweier ungeschiedener Wesen eine Welt für sich darstellen. Dieses *»Selbst dann sind wir die Welt«* heißt also in letzter Instanz: wir verkörpern in unserer Entkörperung die erlöste Welt des ungeschiedenen Eins-Seins. Immer wieder wurde versucht, dieser Vorstellung einer *entkörperten Einheit* sprachlich, bildhaft, symbolisch Ausdruck zu verleihen. Georges Bataille spricht von *»zwei Luftzügen eines Windes«.* Der Wind symbolisiert die Kraft und Dynamik des kosmischen, alles umfassenden Eros. Die zwei Luftzüge, die beiden Liebenden, wehen als zwei Erscheinungen dieses einen Windes ineinander. In *»Tristan und Isolde«* ist von *»des Weltatems wehendem All«* die Rede. Tristan und Isolde also auch hier als die zwei Atemzüge dieses Weltatems, dieses All-Ur-Einen?

Im kosmischen Eros werden Tod und Leben, Diesseits und Jenseits, Körper und Geist bis an ihre Grenzen und darüber hinaus erfahrbar, erlebbar, damit erkennbar. Zugleich bringt er zu Bewußtsein, daß die widersprüchlich erscheinenden polaren Gegensätze in ihrem Ur-Anfang als Totalität angelegt waren, die auf neuer Ebene erneut erreicht werden kann. Der kosmische Eros kann dem Menschen die Totalität zurückgeben, die er durch seine Selbstsetzung zerrissen hatte. Dem Menschen öffnet sich das Universum, und dieses Universum strömt in ihn hinüber, erfüllt ihn, und erschließt ihm sein eigenes. Oktavio Paz spricht in diesem Zusammenhang von dem »*ozeanischen Gefühl*«, das die Liebenden ergreift, von der »*Wiedergewinnung der Totalität und Entdeckung des Ichs als Totalität inner- halb des Großen Ganzen*« und bemerkt: »*Bei der Geburt wurden wir her- ausgerissen aus der Totalität; in der Liebe haben wir alle die Empfindung gehabt, zur ursprünglichen Totalität zurückzukehren.*« Die Macht der Liebe ist es, die die Totalität wiederherstellt, »*die Allheit, die kein leerer Begriff ist, sondern das Liebesreich der Allverbundenheit*«. Vielleicht ist es an der Zeit, die kosmische Dimension des Eros wiederzugewinnen.

Zum Abschluß sei die alte Geschichte vom »*Fliegenden Holländer*« erzählt: Er ist Kapitän eines verwunschenen Schiffes, das nie in den Hafen gelangen kann und seit undenklicher Zeit auf dem Meer herumfahren muß. Es lastet ein Fluch auf ihm. Er muß so lange auf dem Meer umhersegeln, bis er durch die Treue eines Weibes erlöst wird. Es ist ihm erlaubt, alle sieben Jahre an Land zu gehen und zu heiraten, um bei dieser Gelegenheit seine Erlösung zu betreiben. Doch kein Weib will ihm treu sein, und er ist trotz seiner anhaltenden Verzweiflung froh genug, von diesen Ehen wie- der befreit zu werden. Unerlöst sticht er immer wieder in See. Als wieder einmal sieben Jahre verflossen waren, versucht er sein Glück aufs neue. Er geht an Land und begegnet: Senta. Es ist eine Begegnung, bei der beide beim Anblick des anderen ihren Augen kaum trauen. Sie meinen, sich zu kennen, sich immer schon ge- kannt zu haben. Holländer (tief erschüttert): »*Wie aus der Ferne längst vergangner Zeiten / spricht dieses Mädchens Bild zu mir: / wie ich's geträumt seit bangen Ewigkeiten, / vor meinen Augen seh ich's hier.*« Senta: »*Versank ich jetzt in wunderbares Träumen, / was ich erblicke, ist es Wahn? / Weilt' ich bisher in trügerischen Räumen, / brach des Erwachens Tag heut an?*« Senta schwört ihm ewige Treue. Die Hochzeit steht an. Sentas alte Liebe namens Erik kann es nicht glauben: »*Welch unheilvolle Macht riß dich dahin? / Welche Gewalt verführte dich so schnell?*« Holländer wird zum un- freiwilligen Zeugen dieses Auftrittes. Bestürzt tritt er auf und miß- deutet die Situation. Er glaubt, Senta hätte ihren Treueschwur zu ihm gebrochen, ihre Liebe, ihr Versprechen wären bloßer Spott und Hohn gewesen: »*Verloren! Ach, verloren! Ewig verlorenes Heil! / ... / Um deine Treue ist's getan, / um deine Treue − um mein Heil!*« Er läßt die Segel hissen und begibt sich schnurstracks auf sein Schiff, um als Betrogener erneut in See zu stechen. Er ruft ihr letzte Worte zu: »*Vom Fluch ein Weib allein kann mich erlösen, / ein Weib, das Treu bis in den*

Tod mir hält / ... / Wohl hast du Treue mir gelobt, doch vor / dem Ewigen noch nicht: dies rettet dich!« Er liebt sie, verzeiht ihr, aber will sie verlassen, um sie nicht ins Verderben zu stürzen. Denn, so gesteht er weiter, seien all jene Frauen, die ihren Treueschwur brechen, den sie nicht nur vor ihm, sondern vor dem Ewigen bezeugten, ewiger Verdammnis ausgeliefert. Davor will er sie bewahren: *»Du aber sollst gerettet sein. / Leb wohl! Fahr hin, mein Heil, in Ewigkeit!«* Sie aber ruft mit lauter Stimme: *»Ich kannte dich, als ich zuerst dich sah! / Das Ende deiner Qual ist da! Ich bin's, / durch deren Treu' dein Heil du finden sollst!«* – und stürzt sich ins Meer. In demselben Augenblick versinkt das Schiff des Holländers und verschwindet schnell in Trümmern. Das Meer schwillt hoch und sinkt in einem Wirbel wieder zurück. Im Glührot der aufgehenden Sonne sieht man über den Trümmern des Schiffes die verklärten Gestalten Sentas und des Holländers sich umschlungen haltend dem Meer entsteigen und aufwärts schweben.

> *»Die Moral des Stückes ist für die Frauen,*
> *daß sie sich in acht nehmen müssen,*
> *keinen fliegenden Holländer zu heiraten;*
> *und wir Männer ersehen aus diesem Stücke,*
> *wie wir durch die Weiber*
> *im günstigsten Falle*
> *zugrunde gehn.«*
> (Heinrich Heine)

Mann und Frau

Polarität der Geschlechter

Wenn wir vom Polaritätspaar des Männlichen und Weiblichen ausgehen, ist der Mensch Träger beider Prinzipien, und zwar unabhängig von seiner geschlechtlichen Rolle. Diese Polarität muß im einzelnen Menschen erst entwickelt, zum Bewußtsein, zur Ganzheit gebracht werden. Es gibt jedoch ein Verhältnis der Geschlechter, in dem sich die menschlichen Wesenszüge und Qualitäten vor allem an der Geschlechterrolle ausrichten. Hier ist die Rede von den Männern, die betont männlich, den Frauen, die betont weiblich auftreten. Gemeint sind all jene, die sich in erster Linie mit dem Pol identifizieren, den ihre Geschlechterrolle ihnen vorgibt. Geht der Mann ganz in seiner Geschlechterrolle auf, stehen u. a. Draufgängertum, Führungsstärke, Macht und Potenz im Vordergrund. Eine Frau, die ganz das Weibliche betont, schmückt sich zum Beispiel gerne mit all jenen Reizen und Verhaltensweisen, die beim anderen Geschlecht eine gewisse Bereitschaft signalisieren und ihre Qualitäten auf den ersten Blick erkennbar werden lassen. Diese verschiedenen geschlechtsspezifischen Verhaltensauffälligkeiten versuchen sich im äußeren Leben in allen erdenklichen Variationen auszudrücken.

Es scheint, die menschlichen Wesenszüge, die dem gegengeschlechtlichen Prinzip angehören, würden im Dämmerzustand verborgen liegen. Es ist, als ob der Mensch nur die eine Hälfte des Menschseins repräsentieren würde, daher des anderen bedarf. Friedrich Schlegel hat in seiner Abhandlung *»Über die Diotima«* die einseitige Ausprägung geschlechtsspezifischer Züge kritiert und gleichermaßen über das herrschsüchtige Ungestüm des Mannes wie über die selbstvergessene Hingegebenheit des Weibes, die beide nur auf Kosten ihrer Menschlichkeit gehen, gespottet: *»Was ist häßlicher als die überladene Weiblichkeit, was ist ekelhafter als die übertriebene Männlichkeit?«* Nur die Verbindung der Eigentümlichkeit beider Geschlechter bringe das Vollendete hervor. *»Nur selbständige Weiblichkeit, nur sanfte Männlichkeit ist gut und schön.«*

Wenn dem aber nicht so ist, wenn nur die eine Hälfte im eigenen Wesen und Leben integriert ist, erscheint die andere als die

unbekannte geheimnisvoll, unberechenbar, daher besonders interessant und reizvoll. Die Anziehung ist maximal groß, nicht nur, weil der Mensch das Rätsel liebt, sondern weil der Mangelzustand am anderen Geschlecht im eigenen Innern maximal groß ist. Der unentfaltete Teil schreit nach Ergänzung. Mann und Frau werden getrieben von dem Verlangen, das, was ihnen selbst fehlt, durch den anderen zu erlangen.

Wenn sich eine Anziehung dieser Art zu einer ehrlich gemeinten Liebe wandelt, und ein offener fruchtbarer Dialog zwischen beiden stattfindet, kann sich Eros auf diesem Weg zu seinem vollen Potential entfalten. Die Paarbeziehung, die in der heftigen Anziehung ihren Anfang genommen hat, kann jeden einzelnen seiner Ganzwerdung entgegentreiben.

Hinter dem Wunsch nach Vereinigung steht aber nicht selten das egozentrische Bemühen, den anderen aufgrund der eigenen Unvollkommenheit zu vereinnahmen. Der andere wird zum *Lückenfüller* degradiert. Die Lücke, die im eigenen Innern klafft, soll geschlossen werden, indem der andere einverleibt wird. Der Mann jagt nach der Frau, die Frau nach dem Mann. Der Mann mißt sich selbst gerne an der potentiellen oder tatsächlichen Zahl seiner Beute. Die Frau bewertet sich nach ihrem *Kurswert*, dem Grad ihrer Begehrtheit. Die Gefahr ist groß, daß sich Beziehungen dieser Art zur Haßliebe verkehren: maximale Anziehung bei maximalem Unverständnis. Hier trifft wohl die prägnant formulierte Aussage Wilhelm v. Humboldts zu, der bemerkte, daß die *»Einheit überhaupt nur dann Wert hat, wenn sie aus der Fülle, nie aber, wenn sie aus der Armut entspringt«.* Abgesehen von dem Unverständnis, das der Vereinigung entgegensteht, stellt sich meist ein Gerangel um die Vormachtstellung ein. Ein Krieg der Geschlechter dieser Art wird anhalten, solange der fruchtbare Dialog zwischen beiden ausbleibt.

Gedanken zur Emanzipation

Die Sehnsucht nach Gleichberechtigung und Unabhängigkeit ist eine zutiefst menschliche. Sie sollte sich in jedem Falle Luft und Raum zur Umsetzung verschaffen, um dem Menschen, Mann wie Frau, die eigene, frei erwählte Lebensplanung möglich zu machen. Es ist nur die Frage, auf welche Weise er das tut. Die Emanzipation hat dem Patriarchat, der Männerherrschaft, den Krieg erklärt.

Aber es macht den Anschein, als ob der Krieg gekämpft werden würde, indem sich die Frauen mit männlichen Waffen panzern. Wenn sich die Frauen aber mit männlichem Rüstzeug ausstatten, sich, so Lou Andreas-Salomé, *»hinauszwingen in einen Kampf, bei dem sie die Ellenbogen brauchen müssen und rastlos, ruhelos ... um sich hauen wie der Mann«*, setzen sie genau das Prinzip absolut, gegen das sie ursprünglich kämpfen wollten. Auf diese Weise leisten sie denjenigen Mächten Vorschub, welche das Männliche auf nahezu allen Bereichen die Oberhand gewinnen ließen und nach dem Argument der Frauen an dem Mißstand ihrer Unterdrückung beteiligt waren. Genau diesen Mißstand wollte die Emanzipation doch eigentlich bereinigen?! In dieser Vermännlichung lassen die Frauen ihre eigenen Qualitäten verkümmern. Es macht sogar den Anschein, als würde der Drang nach Emanzipation damit einhergehen, das eigene Geschlecht geringzuschätzen. Handelt es sich um eine Emanzipation, die sich darin erschöpft, dem Männlichen gleich werden zu wollen? Denn anstatt dem eigenen Sockel schrittweise näher zu kommen, werden alle männlichen Energien mobilisiert, um am Podest des Mannes teilzuhaben. Kann es Ziel sein, sich siegessicher neben ihm zu plazieren, um im gleichen Schmuck zu glänzen? Ist es überhaupt Schmuck, Glanz, der sich hier als das Ergebnis langwieriger und harter Kämpfe abzeichnet?

Vielleicht war dieser radikale Gegenausschlag notwendig, um den Weg zur Autonomie der Geschlechter ebnen zu können. Vielleicht mußte die Frau zunächst ihre männlichen Qualitäten und Fähigkeiten entwickeln, um im männlich gestalteten Leben Fuß fassen zu können. Möglicherweise mußte sie ihrer Weiblichkeit überhaupt erst das Fundament errichten und absichern, das ihr zur Entfaltung und Ganzwerdung des eigenen Seins nötig war und ist. Und tatsächlich wurde der Unabhängigkeit voneinander fruchtbarer Boden bereitet. Die Frauen konnten und können sich zunehmend Möglichkeiten erringen, aus den ihnen zugewiesenen Rollen auszubrechen. Der freiheitlichen Entscheidung hinsichtlich Lebensplanung und Selbstverwirklichung wurden Tür und Tor geöffnet. Wie gehen die Frauen nun mit ihrer so schwer errungenen Freiheit und Unabhängigkeit um? Wie und in welcher Intention nehmen sie auf ihrem Sockel Platz? Was, um nochmals in den Worten Lou Andreas-Salomés zu sprechen, hat die Zeit gelehrt? Wer hat sich als stärker erwiesen? *»Das Weib, oder aber das, was es sich Unweibhaftes zumutet?«*

Neben vielen verschiedenen, positiven Entwicklungen sei an dieser Stelle kurz auf zwei extreme Tendenzen hingewiesen. Einerseits ist das Streben zu beobachten, das Männliche schlichtweg zu negieren, dem Weiblichen zur Alleinherrschaft zu verhelfen, und zwar in theoretischer und praktischer Hinsicht. *»Feminismus ist die Theorie, lesbisch sein die Praxis«*, schleuderte eine nordamerikanische Feministin ihren Kontrahenten entgegen. Unter dem bezeichnenden Titel *»Sich selbst lieben«* in der Frauenzeitschrift *»Emma«* können wir lesen: *»Es ist die lesbische Sehweise, die genutzt werden kann, um in die Welt einzudringen und sie letztlich zu verwandeln.«* Diese Fixierung aufs Weibliche, die Negierung des Männlichen ist aber nicht weniger einseitig als ein rein machohafter Standpunkt auf männlicher Seite. Andererseits ist eine Angleichung der Geschlechter zu beobachten, die seitens der Frauen mitunter daher rührt, daß sie den Männern mittlerweile nicht nur in Kampfgeist, Geschäftigkeit und Ehrgeiz, sondern auch in ihrer Ausstrahlung und ihrem Auftreten in nichts nachstehen. Hat sie die Mobilisierung ihrer männlichen Wesensanteile ihre eigene Geschlechterrolle vergessen lassen?

Androgyne Revolution

Es wundert kaum, daß sich in den letzten 30 bis 40 Jahren eine neue Bewegung, die *Androgyne Revolution* ausgebreitet hat, und über die Emanzipation hinaus einen anderen tiefgreifenden Wandel im Verhältnis der Geschlechter widerspiegelt. Das Wort *androgyn* meint *beidgeschlechtlich*, also das Zusammenfallen des Männlichen und Weiblichen im einzelnen Menschen. Im Anfangskapitel wurde bereits auf den Mythos vom androgynen Ursprung des Menschen hingewiesen. Die Idee der Androgynie hat aber verschiedene Interpretationen erfahren. Betrachten wir zunächst die Entwicklung, wie sie uns die derzeitige Realität vor Augen führt. Elisabeth Badinter hat in ihrem Buch mit dem treffenden Titel *»Ich bin Du«* die Folgen dieser androgynen Revolution darin gesehen, daß die Frauen immer männlicher, die Männer immer weiblicher geworden wären, eine Depolarisierung, damit Angleichung und Neutralisierung der Geschlechter zu beobachten sei. Zum ersten Mal in der Menschheitsgeschichte hätten Frauen, und auch Männer, ihre traditionell zugewiesenen Rollen und Räume verlassen. Angeblich haben sie den heimlichen und offenen Kampf gegeneinander aufgegeben und statt Herrschaft nun Zärtlichkeit als Grundlage ihrer Beziehungen entdeckt. Diese Zärtlichkeit scheint aber nicht nur ein Gegenausschlag auf die aggressiven Machtkämpfe zu sein, wie sie uns aus der Vergangenheit, aus den matriarchalen und patriarchalen Herrschaftsformen bekannt sind, und auch in der Gegenwart offen, oft versteckt, immer noch ausgetragen werden. Entspringt diese Angleichung nicht auch einer nur mehr lauwarmen Anziehung, die sich in der behaglichen Mitte zwischen Leidenschaft und Einsamkeit ansiedeln will? Gleicht man sich einander an, um den schwierigen Weg zu gegenseitigem Verständnis, der das Verlassen eigener egozentrischer Sichtweisen und Verhärtungen notwendig macht, zu umgehen? Hat man die Anziehung der Geschlechter minimiert, um nicht vom Taumel der Leidenschaft, die *Leiden schafft*, gepackt zu werden? Legt man Wert darauf, daß die Auswirkungen, die dem Ich gefährlich werden könnten, begrenzt bleiben? Denn allerorts ist zu beobachten, daß lieber voneinander Abstand genommen wird, wenn die Leiden die Freuden überwiegen. Man verhält sich gern berechnend, ist der Ausschweifung der Leidenschaft, die dem Ego abträglich sein könnte, abgeneigt. Der Weg des Dialogs, der Weg zu den Anteilen, die bisher im Dunkeln gelassen wurden, ist felsig und steil. Lieber gibt man sich mit einer Beziehung zufrieden, in der Geben und Nehmen zusammenstimmen, in der keiner etwas von seinen Vorstellungen und Wünschen abgeben muß, und die, wie kann es anders sein, einen Zug der Nüchternheit annimmt. In unserer Ethik der Schmerzvermeidung ist für Risiken des Leides kein Platz mehr. Die Männer und Frauen heutiger Tage träumen von anderem als von seelischen Erschütterungen. Vielleicht nicht nur, weil sie nicht mehr bereit und fähig dazu sind, sondern weil bestimmte Voraussetzungen, die eine Leidenschaft in Brand stecken, nicht mehr gegeben sind. Leidenschaft lebt auch von ihrer Unmöglichkeit. Sie setzt Prüfungen und Hindernisse voraus. In unserer modernen westlichen Gesellschaft wurden alle Begrenzungen beiseite geräumt. Ehepaare breiten ihre Geheimnisse vor den Fernsehkameras aus, die Ehe ist nichts Hohes, nichts Besonderes mehr, die Treue gehört heute diesem, morgen jenem, und die uneingeschränkte Freiheit beraubt die Leidenschaft ihres mächtigsten Antriebs. Leidenschaft kann kaum mehr entstehen, reifen, sich steigern, weil alles viel zu schnell geht. Studien haben gezeigt, daß bei unverheiratet zusammenlebenden jungen Paaren die Ereignisse manchmal sehr rasch aufeinanderfolgen. Man kommt gleich zur Sache, die Zwischenstufen werden zwanglos, ungehindert, unverzüglich zusammengerafft. Die Leidenschaft zergeht in ihrer unmittelbaren Verwirklichung. Eine junge Frau berichtet: *»Man hat sich gleich in eine sehr große Intimität und in sehr starke Bindungen gestürzt. Man hat die ganze Zeit des Wartens, des Suchens übersprungen, in der man von dem anderen träumt, seine Blicke erwartet ... Innerhalb von drei Tagen war man bereits ein altes Ehepaar.«* Die Zeit ist kein Hindernis mehr für die Stillung der Begierde, eher ein Zeichen der Vorsicht, was die Verbindlichkeit der Beziehung betrifft. *»Doch wir erkannten uns kaum. Wir überflogen uns nur wie einen viel zu langen Zeitungsbericht«,* schreibt Botho Strauß in einem Gedicht über die Liebe, die *»verbraucht ist ... wie Äther, Staat und Kunst. Verbraucht, zerschlissen und durchdacht ... Nur eine vage Berührung, schon zuckt Liebe, die offene Wunde, schon schlingen sich Arme, wahllos und schutzsüchtig.«*

Die Vermeidung der Konsequenzen, die eine Leidenschaft mit sich bringt, ist eine mögliche Ursache der Depolarisierung und Angleichung der Geschlechter. Eine andere ist die mangelnde Fähigkeit, mit sich selbst alleine sein zu können, mit sich auszukommen, ein erfülltes Leben zu führen, auch ohne einen Partner. Diese Fähigkeit soll hier nicht als letztendliches Ziel erklärt werden. Vielmehr ist sie eine Stufe, die auf dem Wege zu einer echten Liebesbeziehung notwendig ist. Sie ist eine Kraft, die uns erlaubt, an die Paarbeziehung höchste Ansprüche zu stellen, sie als Vereinigung zweier Wesen zu erleben, die gegenseitig ihre Freiheit respektieren. Meist aber flüchtet sich der Mensch in eine Beziehung, weil er die eigene Einsamkeit nicht erträgt, weil er jemanden braucht, an den er sich klammern kann. Die Einsamkeit wird zum *Schreckgespenst,* dem er zu entrinnen sucht. Dann aber wird diese nicht selten ersetzt durch die Hölle eines mißlungenen Lebens zu zweit. Denn eine Beziehung, die sich nicht auf Dialog, sondern auf gegenseitige Abhängigkeit gründet, stößt uns möglicherweise in eine Einsamkeit, die weit unerträglicher ist, als wenn wir wirklich allein leben würden, befreit von den Zwängen, die mit der Anwesenheit des anderen verbunden sind.

Das Ziel scheint für viele das gleiche zu sein. Das *Linsengericht* rasch gewonnener Sicherheit, anhaftender Nähe, bedingungslosen Verständnisses. Die leidenschaftliche Phase der Ungewißheit, des Unbehagens und der Fremdheit, das behutsame und spannende

Sich-Zähmen, Sich-einander-Vertrautmachen wird ausgeschaltet. Die harte, aber befreiende und schöpferische Schule der eigenen, sinnerfüllten Lebensgestaltung wird gerne umschlichen. Bei all dem bleibt zu bedenken, ob es nicht sinnvoller wäre, Eros' Errettung vor dem Erstickungstod zu fordern, der ihm unter der Decke einer leidenschaftslosen Partnerschaft zweier selbstgenügsamer, auf Schmerzvermeidung bedachter Ichs bevorsteht. Einer Partnerschaft, in der die Liebe, um nochmals mit den Worten Botho Strauß' zu sprechen, zum *»Durchzugsgebiet marodierender Selbstsuche«*, zum *»Gemaule der Befindlichkeit«* wird, die überlastet ist mit *»Zweien, die weiter auf Erden nichts wollen als sich, die aus enttäuschtem Bewußtsein Zuflucht suchen bei großem Gefühl. Und Höhe der Unwissenheit. Denen an Unbedingtem eins nach dem anderen ausging.«*

Androgynie und Polarität

Es bleibt zu fragen, ob die Androgyne Revolution, wie sie uns heutzutage real dargeboten wird, tatsächlich der Idee der Androgynie, wie sie Platon in seinem Mythos formuliert hat, entspricht. Denn dort liest sie sich ein wenig anders. Nicht von Angleichung und Depolarisierung war die Rede, sondern im Gegenteil: Weil der androgyne Mensch zerhackt und zerstückt wurde, treibt ihn eine unbestimmbare Sehnsucht zur rastlosen Suche nach dem fehlenden Bruchstück. Die Spannung zwischen den Bruchstücken ist es, die Leben erzeugt. Und von dieser Spannung und Sehnsucht, die eine *leidenschaftliche* und *enthusiastische* ist, hat Eros seinen Namen!

Es wurde bereits darauf hingewiesen, daß der androgyne Ursprung im Menschen folgendermaßen zu verstehen ist: Die Ur-Einheit, in der Weibliches und Männliches in vollkommener Harmonie beisammen wohnten, war derart innig, daß die Durchtrennung nicht zwei völlig unterschiedliche Menschen, sondern zwei neue androgyne Geschöpfe hervorgebracht hat, mit dem kleinen Unterschied: sie nahmen unterschiedliche Geschlechterrollen an, um zu einer erneuten Einheit zu streben. Sie haben eine gemeinsame Ur-Erinnerung an ihre ehemalige Ganzheit, die älter ist als ihre Trennung und das Erlernen der Unterschiede. Die Erinnerung an diese ehemalige Ganzheit, und damit auch an die andere verlorengegangene Hälfte seines Seins bewahrt der einzelne Mensch, ob Mann oder Frau, in seinem Gedächtnis als Bild, als *eingeborenes Du* in seinem Innern. Diese schlummernde Hälfte gilt es, ins Bewußtsein zu heben. Wie aber kann die noch schlummernde Hälfte zur Entfaltung gebracht werden, wenn nicht in der tatsächlichen Begegnung mit dieser anderen Hälfte? Und wenn wir uns auf der Ebene des Männlichen und Weiblichen bewegen: Wie kann das unentfaltete Männliche entdeckt werden, wenn nicht im Dialog mit dem Männlichen? Wie kann das noch verborgene Weibliche entfaltet werden, wenn nicht im Dialog mit dem Weiblichen? Die Idee, daß in jedem Menschen sein anderes Bruchstück als inneres Bild unbewußt schlummert und in bewußter Auseinandersetzung ans Licht gehoben, verwandelt und im realen Dasein gelebt werden muß, um dem Menschen zu seiner ganzen Entfaltung und Heilwerdung zu verhelfen, hat beispielsweise auch der Psychologe C.G. Jung vertreten. Er hat die innere Frau des Mannes als »*anima*«, den inneren Mann der Frau als »*animus*« bezeichnet. Die völlige Ganzwerdung des Menschen, was das Männliche und Weibliche betrifft, kann auf verschiedene Weise vorangetrieben und entwickelt werden. Die Ebene der echten erotischen Beziehung scheint ein geeigneter Entdeckungsort und Spielplatz zu sein, die noch unrealisierten Anteile zur Entfaltung zu bringen. In der Nachahmung und im Rollentausch lernen wir die Anteile des anderen kennen, und können sie damit vielleicht auch in uns selbst entdecken. Der liebende Blick des anderen läßt uns Vertrauen fassen, auch unsere dunklen Seiten ins Licht zu heben, zu verwandeln, und so in unser Leben einzubringen. Der andere setzt uns Widerstände entgegen, die wir zu überwinden haben, an denen wir wachsen, weil wir über sie hinauswachsen. Die inneren Widersprüche, die uns im Außen begegnen, können erkannt und überwunden werden, weil wir sie in uns zu integrieren lernen.

Es gibt durchaus Menschen, die den Dialog für entbehrenswert halten. Es sind diejenigen, die im Zeichen der Androgynie die Polarität auszulöschen versuchen, indem sie das eigene Sein, das eigene Ich absolut setzen, den anderen Pol negieren, oder zumindest nicht mit ihm in Kommunikation treten wollen. Es mangelt an der Fähigkeit oder Bereitschaft, das eigene Ich zu verlassen, um vom Du lernen zu können. Es ist, als würden diese Menschen ihre unentwickelten inneren Anteile leugnen. Weil sie derart in ihrem Ego verhaftet sind, daß ihnen der Gedanke an das andere, das auch in ihnen selbst liegt, gar nicht kommt?

Das Ich will Alles sein. Es glaubt, bereits Alles zu sein, oder meint, am eigenen Ich, durch das eigene Ich Alles werden zu können, anstatt im Austausch mit der Welt, im Dialog mit anderen Menschen, in der Beziehung mit einem Du. Hier ist nicht von all jenen die Rede, die in der Meditation, einem Dialog ganz anderer Art, den Anschluß zu einer jenseits der Polarität sich befindlichen Kraftquelle suchen, um ihrer Heil- und Ganzwerdung entgegenzustreben. Sondern gemeint sind all jene, die die Idee der Androgynie den Bedürfnissen ihres narzißtischen *Einzelkämpfer-Daseins* anpassen, und in ihrem Alleingang nach Ganzwerdung der Spannung des Eros den Garaus machen, die Sehnsucht nach Hingabe in sich ersticken und die Notwendigkeit und Chance eines Dialogs für null und nichtig erklären.

Aber es ist ein tragischer Versuch, sich nur am eigenen Ich bereichern zu wollen. Denn das unbewußte, innere *Du*, das sich nach Veräußerung sehnt, treibt so nicht nach außen, sondern wendet sich nach innen. Es schlägt die entgegengesetzte Richtung ein. Es wird nicht hinausgeboren, sondern krampft sich im eigenen Innern zusammen. »*Es entfaltet sich*«, so Martin Buber, »*am unmöglichen Gegenstand, am Ich, das heißt: es entfaltet sich dort, wo es gar keinen Ort der Entfaltung hat. Da entsteht das Gegenübertreten in sich selbst, das nicht Beziehung, Gegenwart, strömende Wechselwirkung, sondern nur Selbstwiderspruch sein kann.*« Anstatt den Menschen in sich zu versöhnen, stürzt es ihn in einen quälenden Konflikt, dessen Kampf im eigenen Innern tobt. Sein inneres Bild kann ihm verhängisvoller *Doppelgänger* werden. Im Extremfall bricht eine Kluft in ihm auf, welche die Spaltung des eigenen Ichs zur Folge hat. Anstatt der Intention der narzißtischen Selbsterhaltung gerecht zu werden, tritt paradoxerweise das Gegensätzliche ein: die Selbstzerstörung.

Eine andere Auffassung will die Androgynie als das absolute und statische Verschmolzensein von Weiblich und Männlich im einzelnen Menschen verstanden wissen. Damit vollzieht sie eine Auslöschung der Polarität, die im einzelnen dynamisch, lebendig, spannungsvoll am Werke ist, und nur im Austausch mit anderen Menschen zur Ganzheit erhoben werden kann. Als der Bildhauer Bernini die Idee der Androgynie in einen Marmorblock gehauen und diese berühmte Figur des *Hermaphroditen*, sprich: die ewige Vereinigung des Gottes *Hermes* mit der Göttin *Aphrodite* geschaffen hatte, waren die Reaktionen darauf vielfältiger Art. Der Mystiker Görres gibt beispielsweise zu bedenken: *»Wenn je ein wirklicher Mensch tatsächlich Männliches und Weibliches versteinert in sich vereinigen sollte, dann wäre mit diesem Mannweib der Kreislauf der Menschheit vollendet ... in sich selbst beschlossen stände dies ungeheuere Wesen da, genügend sich für seine ganze Dauer, unfruchtbar und nimmer produzierend, die letzte Knospe am Lebensbaume«*. Zugleich läßt er die Behauptung einfließen, daß *»der Hermaphrodit ... die Arbeit der Menschheit und der Ewigkeit, nicht die eines Individuums«* sein kann. Dieser androgyne Urmensch wäre sich zweifelsohne *selbst ein Paar*, er wäre sich gänzlich selbst genug. Görres kritisiert zu Recht die Auffassung, daß ein Mensch bis in seine Geschlechterrolle hinein niemals die Ganzheit für sich darstellen könne. Er hält dies für völlig absurd. Und es dürfte jedem lebenden Menschen klar sein, und vermutlich hätte auch der Bildhauer Bernini diese Auffassung geteilt, daß die Idee der Androgynie nicht meinen kann, daß der Mann zugleich auch Frau, die Frau zugleich auch Mann sein könnte. Dennoch macht es den Eindruck, daß gerade diejenigen, die das andere Geschlecht grundsätzlich ablehnen und ignorieren, ihr androgynes Wesen selbstgenügsam als die Ganzheit schlechthin auffassen wollen.

Androgynie im Solotanz

Die Idee der Androgynie hat auch in der Tanzwelt Einzug gehalten. Gabriele Klein weist in ihrem Buch *»Frauen-Körper-Tanz«* darauf hin, daß sich in diesem Jahrhundert eine Tanzauffassung entwickelt hat, die die Dialektik der Geschlechter ins Innere einer Person verlegen will. Diese Tanzauffassung erhebt den Solotanz zur konzentriertesten Form tänzerischer Aussage. In ihm soll sich, vor den Augen des Zuschauers, so etwas wie ein innerer Dialog abspielen, in dem der Tänzer Zwiegespräche mit sich selbst und einem unsichtbaren Partner hält. Schon für Mary Wigman besaß der Solotanz eine Einzigartigkeit, die sie in einer Art *»völlig irrationalen Partnerschaft«*, hergestellt durch die Vorstellung eines idealen Geliebten, *»der an die Stelle des realen Geliebten gesetzt war«*, vermutete. Man fühlt sich hier unweigerlich an den phantomischen Eros erinnert, der in der fiktiven Vorstellung des Geliebten sein eigenes Selbst und seine innere Liebe befreien will.

Zugleich, so Gabriele Klein weiter, symbolisiert die Imagination des idealisierten Partners das andere im Ich, und der imaginäre

Dialog mit ihm wäre nichts anderes als eine Metapher für einen inneren Dialog mit den eigenen und fremden, weiblichen und männlichen Anteilen. Der Solotanz als ein Dialog am eigenen Leib? Der Solist stellt beide Pole des Männlichen und des Weiblichen in sich her, und zwar als einen Aspekt der Spannung. Die Spannung läßt den Tanzenden nach außen als vollkommen, als *runde*, in sich geschlossene Einheit, eben als androgynen Menschentyp erscheinen. In dieser Hinsicht realisiert der Solotänzer bzw. die Solotänzerin auch die politische Vision einer gesellschaftlichen Veränderung, die davon ausgeht, daß sich zuerst die Inhalte der menschlichen Projektionen von Männlich und Weiblich zu ändern hätten. Ihr Ziel ist, die Gegensätze Männlich und Weiblich aus der Gesellschaft heraus in das Ich des einzelnen zu verlegen, dort in Balance und zur Versöhnung zu bringen, um eine Symmetrie der Geschlechter anstelle der komplementären Lebensformen zu erreichen.

Es kann nach unseren Überlegungen nicht verwundern, wenn Gabriele Klein einige Seiten weiter in ihrem Kapitel *»Geschlechterbeziehungen im Tanz«* deutlich darauf hinweist, daß, summa summarum und trotz der großen Vision der Androgynie im einzelnen, die Entwicklung des Tanzes vorerst nicht in neue Formen der direkten Paarbeziehung umgeschlagen hat: *«Erotik mündet in Autoerotik, Kommunikation verfällt in Unverbindlichkeit; eine narzißtische Selbsterkundung des eigenen Körpers setzt sich ... zunächst auf Kosten direkter Beziehungen zwischen den Tanzpartnern durch. Beziehungslosigkeit und Vereinsamung auf der einen, vielfältige Möglichkeiten zu Selbsterkundungen des eigenen Körpers durch das breite Angebot einer differenzierten Tanzszene auf der anderen Seite kennzeichnen die Ambivalenz des Fortschreitens der Tanzgeschichte.«* Und sie gibt eine Prognose für den Stand der Geschlechterbeziehung im Paartanz: *»An ihrem derzeitigen vorläufigen Endpunkt tanzen ›autonome‹ Individuen aber erst einmal gleichberechtigter nebeneinander.«*

Die Idee der Androgynie hat in der Tanzwelt also durchaus ihre Fortschritte erzielt. In dem Ziel, die männlichen als auch weiblichen Anteile in einem fiktiven Dialog im eigenen Innern herauszuarbeiten, war eine Entwicklung auf der Bewußtseinsebene des einzelnen sowie der notwendige Schritt in die Gleichberechtigung der Individuen vollzogen. Der Möglichkeit eines zunehmend beiderseitigen Verständnisses wurde der Boden bereitet: Autonomie der Individuen einerseits, beiderseitiges Verständnis andererseits – notwendige Voraussetzungen einer echten Partnerschaft – wären geschaffen. Es wäre schade, wenn sich die Menschen in der hier beschriebenen Isoliertheit und Egozentrik bescheiden würden und die positive Entwicklung an diesem Punkte zum Stillstand kommen müßte, anstatt den Weg in den fruchtbaren Dialog zwischen den Partnern, zwischen Männlich und Weiblich, Mann und Frau zu beschreiten. Böte sich hier der Tango an? Sein Potential liegt ja vor allem darin, daß zwei *autonome* Individuen in der dialogisch spannungsreichen erotischen Wechselbeziehung *füreinander* und *ineinander* tanzen, ohne die Autonomie des einzelnen einzuschränken. Im Gegenteil: Die Selbständigkeit beider ist notwendig und unabdingbare Voraussetzung des tänzerischen Dialogs. Darüber hinaus wird die Integration des Männlichen und Weiblichen im einzelnen gefördert, ohne die Polarisierung von Mann und Frau zu leugnen, der ja im tänzerisch-spielerischen Umgang Ausdruck und Geltung verschafft wird.

Mann und Frau und Frau und Mann

Antoine de Saint-Exupéry hat die Lösung der Probleme auf eine ganz einfache, sehr universale Weise formuliert, wenn er sagt: *»Denn du mußt wissen, daß dich jeder unlösbare Gegensatz, jeder unheilbare Streit dazu bringt, größer zu werden, damit du ihn in dich aufnehmen kannst.«* Diese Haltung tut not, wenn der Kampf zwischen den Geschlechtern ein Ende finden soll, und um das volle Potential, das Eros zu bieten hat, auszuschöpfen.

Die Idee der Androgynie ist lehrreich und sinnvoll, sofern sie die Polarität der Geschlechter aus ihrem unbewußten, zum Teil kriegerischen Umgang heraushebt, die Integration der männlichen und weiblichen Anteile im einzelnen Menschen anstrebt, ohne aber das eine Prinzip über das andere zu stellen und ohne die dynamische Polarität der Geschlechterrollen von Mann und Frau zu leugnen und auszulöschen. Sie ebnet den Weg zu einer erotischen Beziehung, indem sie hilft, dem Mann das Weibliche, der Frau das Männliche näherzubringen und das wechselseitige Verständnis füreinander, das Einfühlungsvermögen auf beiden Seiten zu ermöglichen, zu fördern, zu stärken. Im Dialog und Rollentausch werden sich beide der eigenen Beschränktheit ihrer Rolle bewußt und sind geneigt, die andere Rolle kennenzulernen, um sie in sich aufzunehmen. Weil sie den anderen Pol versöhnlich in sich integriert haben, können sie sich ganz ihrer Geschlechterrolle überlassen, und über ihre Beschränktheit hinaus dennoch ihre Eigenheit empfinden und ausdrücken: *»Nur dadurch, daß der männliche Part den weiblichen als eigene Möglichkeit ahnt und sogar tatsächlich nachahmt, kann er seinen unterschiedenen männlichen (und damit auch reduzierten) wahrnehmen und ausspielen. Nur dadurch, daß die weibliche Rolle die männliche sozusagen im Blut hat, kann sie ihre Weiblichkeit als Pol und als Beschränkung fühlen und genießen«*, schreibt Barbara Sichtermann in ihrem Buch *»Weiblichkeit«*. Hat der Mensch alle Anteile in sich entwickelt, kämpfen sie nicht mehr feindlich gegeneinander, sondern verbinden sich zu einer harmonischen, sich im Zustand der Balance befindlichen Einheit, ohne ihre unterschiedlichen Geschlechterrollen einschränken zu müssen. Weil beide, der Mann als Mann den Pol der Frau, die Frau als Frau den Pol des Mannes in sich tragen, können sie sich so gut verstehen und die Rollen vertauschen. Weil beide in sich *Welt* werden, können sie im Dialog von Welt zu Welt kommunizieren und immer wieder neue Welten erschaffen. Die Beziehung kann alle Variationen, alle Reichtümer, alle Facetten des Umgangs und Spiels ausdrücken und genießen.

In Friedrich Schlegels Roman *»Lucinde«*, der von der klassischen erotischen Mann-Frau-Beziehung handelt, lesen wir zum Thema Rollentausch: *»Eine unter allen ist die witzigste und schönste Freude: wenn wir die Rollen vertauschen und mit kindischer Lust wetteifern, wer den andern täuschender nachäffen kann, ob dir die schonende Heftigkeit des Mannes besser gelingt, oder mir die anziehende Hingebung des Weibes ... ich sehe hierin die wunderbare, sinnreich bedeutende Allegorie auf die Vollendung des Männlichen und Weiblichen zur vollen ganzen Menschheit.«* An anderer Stelle umschreibt Schlegel die Ganzheit des Mannes als wesentliche Voraussetzung der erotischen Beziehung mit den Worten: *»Welcher Jüngling das hat, der liebt nicht mehr bloß wie ein Mann, sondern zugleich wie ein Weib. In ihm ist die Menschheit vollendet, und er hat den Gipfel des Lebens erstiegen.«* Was dieser Jüngling nun genau für Fähigkeiten und Wesenszüge an den Tag legen muß, kann hier nicht ausgebreitet werden. Interessierte Jünglinge oder angehende Tangotänzer müssen dies selbst nachlesen. Aber es ist bezeichnend, daß Barbara Sichtermann diesen Umstand auf die gleiche Weise beschrieben hat, wenn sie sagt: *»Männer, die in der Liebeskunst als bewandert gelten dürfen, haben fast immer ihre »weiblichen« Seiten. Meistens verstehen sie etwas von Passivität. Wer als Mann die Wonnen der Hingabe nicht kosten durfte, sucht sich selten* *ausreichende praktische Gelegenheit, um es in der Ars amandi zu etwas zu bringen. Für Frauen gilt, mit umgekehrtem Vorzeichen, dasselbe.«*

Dieses Verständnis einer erotischen Beziehung steht jenseits aller Problematisierungen und Kämpfe, die von rein männlicher oder weiblicher Seite gefochten werden. Es ist ein von Liebe getragenes Wechselspiel zwischen den Welten, das zwei ganze Welten hervorbringt, um diese beiden zu einer vollkommenen, neuen Welt zu vereinigen. Es ist Funkensprühen, Austausch, Befruchtung und Bereicherung von beiden Seiten und verbindet die Idee der Androgynie, wie wir sie hier verstehen, mit dem Prinzip der Polarität auf wunderbare Weise. Beide, der Mann und die Frau, sind Ganzheiten und haben den Gegenpol in sich. Tiefstes Verstehen ist möglich. Aber als Hauptkraft flammt doch in beiden der Gegensatz. Der Mann kann seine Männlichkeit, die Frau ihre Weiblichkeit auf- und hochleben lassen. Eros, die ewige Sehnsucht nach Einheit und Ganzheit, führt den Menschen seiner Erfüllung zu. Bei Lou Andreas-Salomé heißt es: *»Der Liebende fühlt sich ... einer ganzen Welt gewachsen, als habe er die ganze Welt erobert infolge dieser innern Vermählung seiner selbst mit etwas, was ihn wie den Inbegriff aller schönen Möglichkeiten und Fremdartigkeiten der ganzen Welt anzog.«* Wird dann verständlich, daß der Liebenden *»Heimkommen zu sich und ihr Zueinanderkommen ein und dieselbe Handlung ist«?*

Kleine Philosophie des Herzens

Das Herz war immer schon Gegenstand poetischer und philosophischer Betrachtungen. Der Mystiker Jacob Böhme hat dem Herzen in seinem Werk *»Aurora«* eine alles umfassende Bedeutung zugeschrieben. Er unterscheidet das kosmische vom menschlichen Herzen, weist aber auf deren gleichbedeutende Stellung und Funktion hin. Die Schöpfung, der Makrokosmos, habe im Urquell des kosmischen Geistes seinen Anfang genommen und werde von ihm bis ins Innerste seiner Natur durchdrungen. Dieser kosmische Geist bilde gleichsam das *Herz* des Makrokosmos. Er überträgt diesen Gedanken auf den Menschen, den Mikrokosmos. Denn auch der menschliche Geist, Urquell menschlichen Seins, habe seine Stätte im Herzen und erfülle von hier aus seinen gesamten Organismus: *»Im Quellbrunnen des Herzens geht der Blitz* (d. h. Geist) *auf in die Sinnlichkeit des Herzens ... Gleich wie der Geist eines Menschen in dem ganzen Leib, in allen Adern herrschet und erfüllet den ganzen Menschen, also auch der Heilige Geist erfüllet die ganze Natur und ist das Herze der Natur.«* Man kann dieser inneren Gewißheit Glauben schenken oder nicht. Geht man aber dem Wesen des menschlichen Herzens nach, offenbaren sich universale Prinzipien des Lebens. Es scheint, als spiegle das Herz des Menschen mikrokosmisches Sein. Ist das Herz, wie Novalis sagt, tatsächlich *»der Schlüssel der Welt und des Lebens?«*

Mikrokosmos der Polarität

Das Herz nimmt in vielerlei Hinsicht eine besondere Stellung im menschlichen Organismus ein. Grundsätzlich zeichnet es sich als Gesamtorgan aus, das mehr als eine spezialisierte Teilfunktion ausübt. Es ist ein ganzheitlicher, der zentrale *Ur-Organismus* im ausgestalteten Organismus des menschlichen Körpers. Auf körperlicher Ebene ist es stärkstes Muskelorgan und wird zu Recht als *Organisator, Motor* und *Pumpe* unseres Blutkreislaufes bezeichnet. Es trägt die Verantwortung für den Kraftstrom unseres Lebenselixieres. Als eine Einheit von zwei Kammern verströmt es das Blut in die Mannigfaltigkeit des Körpers, bis hinein in die winzigsten Fasern und

Fibern, und saugt es zur Reinigung aus diesem reich ausgestalteten Organismus in sein polar angelegtes Zentrum zurück. Genauer: Aus der rechten Kammer pumpt es das Blut in rhythmischen Stößen in die Lunge, um es durch den Luftaustausch, die Ein- und Ausatmung, zu reinigen und zu nähren. Dann läßt sie es zurückfließen und führt es der zweiten Kammer zu (1. Teilkreislauf). Diese verströmt und verteilt die Nahrung im erneuerten Blut im gesamten Organismus und nimmt nach deren Verbrauch das belastete Blut zurück, um es wieder zur Lunge zu leiten (2. Teilkreislauf). Nicht der Blutkreislauf als solcher ist interessant, vielmehr sind es die universalen Prinzipien, die sich im Aufbau des Herzens sowie seiner Tätigkeit erkennen lassen.

Erstens besteht das Herz als zentrale Einheit aus zwei Kammern. Der Blutkreislauf als ganzer genommen bedarf dieser beiden Kammern, jede hat aber für sich ihren eigenen Teilkreislauf zu bewältigen *(Einheit der Polarität)*. Zweitens vollzieht sich der gesamte Blutkreislauf im Strömen, ausgehend von der Einheit hinein in die Vielheit und von dort erneuert zurück *(Einheit – Vielheit – Einheit)*. Drittens erfolgt der Kreislauf als ganzer genommen sowie als jeweils eigenständiger Teilkreislauf der beiden Kammern im beständigen Wechsel zwischen dem Aus- und Einströmen *(Geben – Nehmen / Innen – Außen)*. Viertens vereinigen sich im Herzen die Prinzipien des Oben und Unten. Die erste Kammer steht in Verbindung zur Lunge, zur Luft, zum *Oben*, dem *Himmel*, an die sie das verbrauchte Blut abgibt und dessen nährende Qualität sie aufnimmt. Die zweite wirkt im *Unten*, indem sie das angereicherte Blut den Organen der *Erde* zuführt und es zur Reinigung von dort wieder zurücknimmt. *(Oben – Unten / Himmel – Erde)*. Und fünftens ist das Herz mit seinen beiden Teilkreisläufen das wichtigste rhythmische Organ des Menschen. Es schlägt in Zusammenhang mit der Ein- und Ausatmung, wenn auch nicht deckungsgleich, im *Zweiertakt*. Es vollzieht ein Pulsieren, ein Schwingen und Pendeln zwischen den Polen, deren Spannung es austrägt und ohne die das Leben schwerlich weiterbestehen könnte.

Tor zur Wahrheit und Liebe

Nimmt man diese Überlegungen ernst, verwundert es kaum, daß Blaise Pascal, Mathematiker und Philosoph, eine Philosophie und Logik des Herzens aufgestellt und vertreten hat. Er behauptet, *»daß das Herz von Natur aus das umfassendste Wesen ist«.* Als *»umfassendes Wesen«* wird ihm zugleich höchste Erkenntniskraft zugeschrieben, die sich von der der Vernunft deutlich unterscheidet: *»Das Herz hat seine Gründe, die der Verstand nicht kennt« (Le cœur a ses raisons, que la raison ne connaît pas).* Darüber hinaus wird die Herzenserkenntnis als Wahrheitsschau interpretiert. Man rufe sich den Gedanken Böhmes in Erinnerung, der auf die Entsprechung des kosmischen und des menschlichen Urquells des Geistes hingewiesen hat, welcher im Herzen seinen Sitz hat. Liegt es nicht nahe anzunehmen, daß das Herz immer noch Zugang, Fühlung zu diesem Urquell, oder wie immer man ihn nennen mag, hat? *»Es ist das Herz, das Gott spürt, und nicht die Vernunft. Das aber ist der Glaube: Gott im Herzen spüren und nicht in der Vernunft«,* meint Pascal. Die Vernunft, so will es Friedrich Schiller verstanden wissen, ist zwar *»Stimme des Ganzen«,* gibt aber im gleichen Atemzug zu bedenken: *»Dein Herz bist du selber. Wohl dir, wenn die Vernunft immer im Herzen dir wohnt.«* Dein Herz bist du selber? Weil hier der Ursprung des menschlichen Seins, jedes menschlichen Seins liegt? Weil sich hier der Funke des Urquells entzündet hat und diesem zentralen Ur-Organ innewohnt, in dem Einheit und Vielheit, Oben und Unten, Geist und Sinnlichkeit ineinander verschränkt sind? Ist dieses *»mit dem Herzen erkennen«,* wie es auch Jacob Böhme im Mund geführt hat, also ein ganzheitlicheres, allumfassenderes Erkennen, Erspüren, als es das Erkennen der Vernunft sein kann? Hat die Erkenntniskraft des Gehirns weniger das Ganze des Menschen im Auge, weil das Gehirn eben nicht so sehr das Zentrum des Menschen darstellt? Weil es vornehmlich im geistigen, abstrakten Bereich, im *Oben,* im *Kopf* sitzt und wirkt?

Die Erkenntniskraft der Vernunft soll hier nicht in Frage gestellt, auch nicht geschmälert werden. Nichtsdestotrotz: *»Das Herz bist du selber.«* Im Laufe der abendländischen Geschichte wurde der Verstand, die *Ratio* als wesentliche Erkenntniskraft gewürdigt und entwickelt, sogar als das Ganze, als das eigentliche Leben des Geistes zum Hauptwert des Menschen überhöht. Diese Verengung der menschlichen Erkenntnisfähigkeit zur intellektuellen Verstandeskraft gipfelt in der Epoche der Aufklärung, in der wesentliche, auch dem Menschen nützliche natur- und geisteswissenschaftliche Erkenntnisse erbracht wurden. Dennoch bleibt zu fragen, ob diese Epoche der Forschung, oder überhaupt jedes intellektuelle Bemühen, das ausschließlich auf dem Boden der Ratio gedeiht, nicht Gefahr läuft, wesentliche Impulse zur Beherrschung, Entfremdung und Zerstörung der Welt und des Menschen auf seinem Konto zu verbuchen. Vergessen wurde, daß das Gehirn seinen Geistfunken überhaupt erst vom Herzen erhält, worauf Jacob Böhme bereits zu seiner Zeit hingewiesen hat: *»Das Hirn im Haupt nimmt seinen Ursprung von der Kraft des Herzens«*, nicht umgekehrt. Ebenso stellt Blaise Pascal die *Herzenserkenntnis* entschieden in den Mittelpunkt seiner Überlegungen und verteidigt sie mit den Worten: *»Ich weiß, er* (Gott) *hat gewollt, daß* sie (die göttlichen Wahrheiten) *vom Herzen zum Verstand und nicht vom Verstand in das Herz gehen.«* Der zunehmend kursierenden Auffassung, daß die ewigen Wahrheiten erst auf intellektuelle Weise erkannt sein müssen, um sie lieben zu können, streckt er die radikale These entgegen, *»daß man sie lieben muß, um sie zu kennen, und daß man in die Wahrheit nicht eindringt, es sei denn durch die Liebe zu Gott«.* Und nicht ein strebender Geist erfüllt sich in Liebe, reicht an die Liebe, sondern *»ein liebendes Herz sättigt den strebenden Geist!«*, verkündet Novalis.

Damit betreten wir eine neue Ebene. Das Herz wird als Schlüssel zur Wahrheit und Liebe erklärt. Nicht das Herz folgt dem Geiste, sondern der Geist richtet sich auf das, was man von Herzen liebt. Liebe als Hingabe, als ein sich Hineinversenken. Dahinter steht die Sehnsucht, sich mit dem anderen zu verbinden, an sein innerstes Wesen zu rühren. Für die Erkenntniskraft des Herzens ist der Tango wie ein Symbol in Bewegung. Die Kommunikation geschieht zwischen den Herzen, und die Beine folgen diesem Impuls, losgelöst von rationaler Kontrolle.

Ein hochentwickelter Intellekt tritt bewußt in Distanz zum zu Erkennenden und hält, wie man so schön sagt, das *Herzblut* draußen. Es besteht die Gefahr, daß die analytische Ratio zu Besitz- und Machtzwecken instrumentalisiert wird, oder zu einer Wut der Zerstückung ausartet. Denn sie reißt eine Kluft zwischen Forscher und dem zu erforschenden Gegenstand, zwischen dem Suchenden und dem Gesuchten. Sie läßt Entfremdung entstehen. Die Grenze zur Zerstörung ist fließend. Ein rationaler Kopf kann auf glänzende Weise schärfste Analysen vornehmen, Einzelheiten messerscharf voneinander scheiden. Aber fehlt die verbindende, die Zusammenhänge erkennende Kraft, muß alles Stückwerk bleiben. Nimmt man sich die kluge Maxime des Philosophen Jacques Maritain *zu Herzen*: *»Distinguer, pour unir«* – unterscheiden, um zu einigen –, wird klar: Der Intellekt als rein analytische Verstandeskraft ist wichtig, doch er bleibt auf halber Strecke stehen, wenn die einigende, liebende Kraft fehlt.

Wenn nun *»das ganze Werk unseres Lebens ... darauf hinzielt, die Augen unseres Herzens zu heilen«*, wie es Aurelius Augustinus zu Bedenken gab, so schließt dies die Erkenntniskraft sowie die Liebes- und Hingabefähigkeit, die vom Herzen ausgeht, ein. Hier spannt die Bedeutung des Herzens den Bogen von der Erkenntniskraft und *Wahrheitsschau* zur alles umfassenden Liebe. Sie schließt den Eros, insofern sich dieser aus der Quelle der liebenden Hingabe speist, mit ein – ob in der Liebe zum Höchsten, zur Welt, zur Natur, zum Leben, zwischen Ich und Du, zwischen Mann und Frau, oder: in der Liebe des *»Kleinen Prinzen«* zu seiner Rose. Denn nur vor diesem Horizont ist das allseits bekannte Wort zu verstehen, das ihm von seinem Freund, dem Fuchs als *Geheimnis* anvertraut und mit auf den Lebensweg gegeben wird: *»Man sieht nur mit dem Herzen gut. Das Wesentliche ist für die Augen unsichtbar.«*

Dialog der Herzen

Wir wissen heute, daß alles Leben, nicht nur das körperliche, sondern auch das seelische und geistige auf Schwingung beruht. Das Herz ist Hauptorgan des Lebens, weil aus ihm die alles durchblutende, alles lebendigmachende Schwingung und Pulsation kommt. Es ist nicht nur Pumpe des Blutes, sondern seelisch-geistig verstanden vereinigt es Energien unsichtbarer Art. In ihm verbinden sich körperlich-sinnliche und seelisch-geistige Kräfte, die es im gesamten Organismus zirkulieren läßt. Es ist stärkstes Muskelorgan des Körpers, das im Dienste des Blutes steht, weiterhin sensibler Seismograph feinster Kräfte und Schwingungen, die im emotional-seelischen Bereich wirken, schließlich Gefäß und Urquell kosmisch-geistiger Energien. Seine zunehmende Sensibilität bis in die geistige Qualität hinein entspricht seiner *Transparenz* und *Reinheit*, die den Grad seiner Liebesfähigkeit bestimmen und das Ergebnis einer Transformation sind, die es auf allen Ebenen zu durchlaufen hat.

Dem Herzen wurde von jeher *in Sachen Liebe* oberste Priorität eingeräumt. *Die Liebe zweier Herzen* – ein Ausspruch, den wohl jeder kennen dürfte. In der Dichtkunst begegnet man ihm auf Schritt und Tritt, und nicht nur dort. Die Liebe ist ohne das Herz gar nicht denkbar, geschweige denn lebbar, fühlbar. Liebe ist die Kunst des Zusammenschwingens zweier Herzen.

So wie jeder Dialog eines Senders und Empfängers bedarf, so auch die Liebe. Die Reinheit der Liebe, der *Herzensliebe*, die zwischen Sender und Empfänger bzw. zwischen zwei Herzen fließt, hängt von der Reinheit und Durchlässigkeit dieser beiden ab. Folgen wir dem Philosophen und Pädagogen Jean-Jacques Rousseau in seinen Überlegungen. Er wußte einiges über die Reinheit des Herzens zu berichten. In seinem ersten Diskurs, der das schöpferische Produkt eines Erleuchtungs-Erlebnisses war, ist die Rede von einem verlorengegangenen Zustand. Bevor sich der *trübe Schleier* zwischen Gott und Mensch, Mensch und Welt, Mensch und Mensch geschoben hat, hätte nichts die Transparenz und Offenheit der Herzen und Seelen gestört: *»Wir weilten nahe der Wahrheit, in Einheit und Reinheit.«* Die Ursache dieser irdischen Misere läge vor allem in der krankhaften Sucht nach dem eigenen Ich und dessen Trieb nach Selbsterhaltung. Sie hätte den menschlichen Geist, seine Seele, seinen Leib und sein Herz verschlossen und in ein einsames, allem fremd gewordenes und nur mehr maskenhaftes Schein-Dasein verbannt. Damit einhergehend spricht Rousseau von einer Trübung der Erkenntniskraft sowie der Unfähigkeit zu echter und unmittelbarer Liebe und Kommunikation. Bissig zieht er über die Eitelkeit, Koketterie und das Getuschel der Pariser Salons her. Alles Indizien eines Scheindaseins, das nur so tut, als ob, und gar nichts ist. Deren prinzipielle Beschreibungen, so wie das Phänomen an sich – grundsätzlich zeitlos –, könnten ebensogut auf das eine oder andere Szenenleben unserer modernen Gesellschaft anspielen, einschließlich der Tangowelt. Rousseaus Sehnsucht nach Dialog, nach *Herzensliebe* ist groß. Unablässig sucht er *»zarte, offene, vertrauensvolle sich ergießende Herzen«*. Er selbst bedient sich eines Sinnbildes, um die Klarheit und Durchlässigkeit des reinen Herzens zu beschreiben: es sei *»durchsichtig wie Kristall«*. Warum verwendete Rousseau hier das Symbol des Kristalls? Das Besondere am Kristall ist einerseits seine Fähigkeit, Licht aufzunehmen und durch sich hindurchscheinen, sich von ihm durchdringen zu lassen. Andererseits kann er dieses Licht reflektieren und zurückstrahlen. Er wird vom *Blick* durchquert und ist selbst reinster *Blick*. Er symbolisiert Klarheit, Reinheit, Dialogfähigkeit, ist immer gleich durchlässig, verändert sich nicht, ist stets bereit und geöffnet, niemals verschlossen, nimmt unmittelbar auf und gibt unmittelbar ab. Rousseau wünscht der gesamten Menschheit nichts sehnlicher als diesen ehemaligen Zustand, diese leider »*untergegangene Welt ... da die menschlichen Bewußtseine sich mit einem einzigen Blick erkennen und anerkennen*« – über die Herzen. Ein Dialog der Herzen setzt zwei offene Herzen voraus, allein schon deshalb, weil die Kräfte nicht nur im eigenen Innern wirken, sondern Verbindung zur Außenwelt herstellen. Die Liebe zweier Menschen erhält ihren Impuls aus der Sehnsucht nach Ergänzung und Erfüllung. Diese Sehnsucht, auch als *Hunger des Herzens* bekannt, läßt das Herz ungesättigte Kraftlinien von bestimmter individueller Qualität suchend und fragend in die Welt hinausstrahlen. Wenn es, wie man sagt, das Zentrum der Sympathie- und Antipathiekräfte ist, dann öffnet es sich einem liebenden, geliebten oder liebenswerten Menschen, während es sich womöglich ängstlich, angewidert zusammenkrampft, wenn Mephistopheles naht. Oder gibt es Herzen, die bei Mephistopheles weich werden? Gehen wir einfach davon aus, daß es ungeeignete, unverdauliche *Nahrung* nicht oder widerwillig aufnimmt, mag dieselbe auch noch so real und zwingend dargeboten werden. Das Herz hat ja, wie wir bereits wissen, seine Gründe, die der Verstand nicht kennt.

Die Kommunikation der Herzen kann bewußt, oder, wie es weitaus häufiger passiert, unbewußt geführt werden. Tritt also nun der glückliche Fall ein, daß ein offenes Herz auf Resonanz bei einem anderen stößt, setzt ein Austausch ihrer Herzenergien ein. Die Liebeskräfte feinstofflicher Art erschließen und durchströmen nach und nach das immer reicher differenzierte Netz der Kraftlinien und gestalten das Herz bis in seine Organik hinein. Ein fast schöpferischer Prozeß? Ein verwandelnder allemal. Der Weg ist nicht selten ein leidvoller. Denn die Öffnung der Herzen setzt die Bereitschaft voraus, von den eigenen Verhärtungen loszulassen, die das Ego in seinem krampfhaft narzißtischen Selbsterhaltungswahn hinterlassen hat. Es ist leicht vorstellbar, daß der Weg ein schmerzensreicher ist, den ein raffgieriges, eitles, machtbesessenes, oder vielleicht ein einfach nur zutiefst verletztes, daher verhärtetes *Herz aus Stein* nehmen muß, um sich zu einem offenen, hingabefähigen und *weichen* Herzen zu verwandeln. Nervöse Herzstörungen als Folge von *Herzschmerz*? Könnte die Heilung durch das überraschende Glück einer Herzensliebe eintreten? Kann die Trennung zweier Herzen Wunden schlagen, die niemals mehr heilen? Kündet der Wunsch, sich das Geliebte *aus dem Herzen reißen zu wollen* vom Schmerz, der in ihm tobt? Ist es möglich, an gebrochenem Herzen zu sterben, wie es u.a. von Jacopone da Todi mündlich überliefert wurde? Alles nur symbolisch zu verstehen?

Ob sich das Herz zum Herzen findet?

Das menschliche Herz sucht nach Resonanz in einem anderen. Aber es leuchtet ein, daß die Liebeskraft eines Menschen um so weniger Aussicht auf Erfüllung hat, je komplizierter und eigenartiger sein Herzorganismus gestaltet ist. Bedarf es eines Gegenübers, dessen Herz der Ausgestaltung des eigenen ähnlich ist? Je differenzierter und sensibler die Herzen, um so tiefer die Erfüllung, die sie sich gegenseitig gewähren können. Es lohnt sich also, seine Herzen offenzuhalten, sich an vielen Dialogen zu beteiligen, und geduldig auf die Begegnung desjenigen Herzens zu warten, das die Erfüllung verspricht, die im eigenen Herzen ersehnt und erwartet wird. Denn letztlich richtet sich der Hunger des Herzens auf seine Ganzwerdung durch einen ergänzenden Herzensstrom, der all die unbefriedigten Kräfte qualitativ binden kann. Sämtliche Kraft- und Lebenslinien der Herzen könnten hier eine derart vollkommen ausgestaltete Ganzheit bilden, die sie in zunehmend magnetische Verbindung zueinander treten ließe. Dieses Phänomen beruht nicht nur auf bloßem ideellem Wunschdenken oder gefühlsbedingter Autosuggestion. Über weite Distanzen hinweg kann der Liebende fühlen, was dem Geliebten widerfährt. Goethe wußte um dieses unsichtbare Magnetfeld, das die beiden untrennbar miteinander verbindet, wenn er schreibt: *»Empfinde hier, wie mit allmächtgem Triebe / Ein Herz das andere zieht —/ Und daß vergebens Liebe / Vor Liebe flieht.«*

Diese Liebe steht jenseits aller Konventionen und gesellschaftlich-bürgerlicher Barrieren, denn als magnetische, unsichtbare Verbindung kann sie sich über alle äußeren Verhältnisse hinwegsetzen, ohne an Wirkungskraft einzubüßen. Ist es eine Verbindung, die das

Bedürfnis einer nicht mehr gefesselten, den irdischen Mächten enthobenen Liebe einlöst? Und stellt sich hier die Gewißheit und Ruhe ein, die nur möglich wird, wenn sich, wie Friedrich Schiller sagt, *»das Herz zum Herzen findet«*? Dies gilt es seiner Meinung nach zu prüfen, ansonsten sei *»der Wahn kurz, die Reu lang«*.

Im Herzen treffen sich die polaren Grundprinzipien des Lebens. Das Herz als Ausgangs- und Knotenpunkt der vertikalen und horizontalen Achse, wie es das Symbol des Kreuzes zum Ausdruck bringt? Finden sich hier Oben und Unten, *Himmel und Erde*, Geist und Materie, Mann und Frau, Leben und Tod, Glück und Leid tatsächlich zusammen? Khalil Gibran hat den Weg der Liebe als leidvollen Weg beschrieben, auf dem das Glück nur um den Preis des Schmerzes möglich ist. An dessen Ende aber offenbart sich das *Geheimnis* und der *Schatz* des Lebens, denn: *»All dies wird die Liebe mit dir machen, damit du die Geheimnisse deines Herzens kennenlernst und in diesem ein Teil vom Herzen des Lebens wirst.«*

Eros und Kunst

»Die Gabe des Eros ist die einzige genialische Berührung, die den Genius weckt«, heißt es bei Bettina Brentano. Ist die Quelle des Eros dieselbe, aus der das Streben und die Kraft menschlicher Kreativität fließt? Eros erzeugt den Drang zu schaffen, eigene Welten zu kreieren. Er ist die Sehnsucht nach Einheit, das Streben nach Schönheit und Vollkommenheit. Er drängt uns danach, das innere, kreative Potential zur Entfaltung zu bringen. Die Innenwelt will hinausgeboren, will zur Blüte gebracht werden. Der kreative Schaffensprozeß provoziert die noch unentwickelten Fähigkeiten in uns. Wir wollen ihrer mächtig werden und sie teilhaben lassen an der Geburt eines Werkes, das zum Sinnbild und Gleichnis der Welt und des Menschen werden kann. Eros entfacht das Feuer im Menschen, das ihn im Innersten aufwühlt, aufrüttelt, durchdringt und bloßlegt. Er legt die Spalten und Abgründe frei, die sonst bedächtig ruhen, oder mit dem Ballast des auf Selbsterhaltung und Sicherheit ausgerichteten Lebens verschüttet sind. Der Mensch dringt in das Innere seines Seins vor. Die Widersprüche reißen mehr und mehr auf. Der Blick in den Abgrund wird frei. Der Mensch wird sich seiner polar angelegten, seines durch Spannung gehaltenen Lebens bewußt. Der erhöhte Spannungszustand treibt nach außen. Kräfte werden freigesetzt, die nach Entladung drängen. Das kreative Potential wird geboren.

Sehnsucht nach Ganzheit

Friedrich Schiller hat in seinen Briefen *»Über die ästhetische Erziehung des Menschen«* einerseits das Wesen und die Schönheit der Kunst, andererseits deren erzieherische und heilende Kraft auf den Menschen thematisiert. Seine Überlegungen entwachsen dem Grundgedanken, daß die Welt, das Leben des Menschen, seine eigene Existenz in ihrer ursprünglichen Totalität zerstört sei, weil ihre Einheit zerstückt wurde, eine große Kluft zwischen Geist und Materie, Vernunft und Gefühl klafft, und die Harmonie in Disharmonie umgeschlagen ist. Er spricht vom Übel der Spezialisierung und der

Entfremdung von der Arbeit, der Spaltung zwischen Lebenssinn und *Brotberuf.* Er kritisiert die Reduktion des Menschen zu einem bloßen Rädchen in einer überentwickelten Gesellschaft und weist auf seine Entmenschlichung und Entfremdung hin. Sein Leben werde von Gesetzen und Mächten dirigiert, die ihn scheinbar nichts angehen, ihn steuern, beherrschen. Er bedauert die Kluft zwischen jenen, die vom Existenzkampf zu erschöpft sind, um selbständig denken und kreativ sein zu können, und jenen, die zu träge sind, um ihre Muße frei schöpferisch nutzen zu wollen. Das Leben und der Mensch seien *»eine Zusammenstückelung unendlicher vieler, aber lebloser Teile ... Ewig nur an ein einzelnes Bruchstück gefesselt, bildet sich der Mensch selbst nur als Bruchstück aus ...«* Deshalb *»muß es an uns stehen, diese Totalität in unserer Natur durch eine höhere Kunst wieder herzustellen«*.

Balance zwischen Rausch und Grenze

Friedrich Schiller spricht von zwei Grundkräften, die im Menschen angelegt sind und nach Entfaltung drängen: dem *Stofftrieb* und *Formtrieb.* Der erste erwacht mit der Erfahrung des Lebens, mit der Wahrnehmung der sinnlich-stofflichen Welt, die der Mensch ergreifen will (die auch ihn ergreifen will?). Verschiedene Philosophen haben hinter diesem Trieb die eigentliche Kraft des *Eros* vermutet. Hier waltet das pulsierende, spannungsvolle Leben, auch das Unbewußte, Rauschhafte, das *Dionysische,* das seinen Quell in einer überweltlichen, überwältigenden Macht hat, die sich in Rausch und Leidenschaft entladen, entgrenzen will. Der Formtrieb dagegen, philosophisch als *Logos* bezeichnet, entfaltet sich an der Erfahrung und Aufstellung der Gesetze, der Ordnung, der Struktur, durch die der Mensch die Welt begreifen und verstehen will. Im Gegensatz zum Dionysischen handelt es sich hier um das Prinzip des *Apollinischen,* das vernünftige Maßhalten, die Besonnenheit, das Streben, mit dem Verstand und einer gewissen sachlichen Nüchternheit und Objektivität dem entgrenzenden Rausch Einhalt zu gebieten, ihm Gestalt zu verleihen, ihn in Form zu bannen, mit wachem und kritischem Bewußtsein darüber zu herrschen, aus der Distanz heraus zu reflektieren. Während die Welt des Dionysischen eine der Vielfalt, der Verschiedenheit, der Fülle, des Unruhigen und nicht Rastenden ist, steht die Welt des Apollinischen für Ruhe und Beharrlichkeit, für Manifestation, Einfassung und Grenze. Das Dionysische läßt im Schaffensprozeß die inspirativen, geistigen Kräfte, die Ideen und Visionen einfließen, soweit der Künstler fähig ist, sie in sich eindringen zu lassen, sich ihnen zu öffnen, um sie in sich aufzunehmen. Der Künstler ist hier in erster Linie Gefäß, ein passiv Empfangender, bevor er sich in die tatkräftige Arbeit stürzt, die vom apollinischen Prinzip bestimmt ist, und mit dem Plan in Aktion tritt, das Bewegte zu fixieren, das Grenzenlose einzugrenzen, die Kräfte, die von außen an den Künstler herantreten, zentripetal, fokussierend, in einem Mittelpunkt zu sammeln. Es ist ein Prozeß, in dem sich der Künstler durch das Material kämpft, das er zur Gestaltung seiner Ideen erwählt, und das er in der Realisierung technischer, formbildender Gestaltungsprinzipien zu bewältigen sucht. Das umfassend künstlerische Schaffen fließt also als *Doppelstrom* von Passivität und Aktivität, von Innen und Außen, von Nehmen und Geben.

Doch nochmals zurück zum Prinzip des Dionysischen. Das besonders Kostbare an ihm ist das ewig Vorwärtsdrängende, das Suchende, das niemals sich Bescheidende, ewig Unzufriedene. Es schafft dem Menschen ein Ungenügen am Jetzt, es treibt ihn weiter, zu Höherem, Besserem. Es schafft, wie Stefan Zweig in seinem Werk *»Der Kampf mit dem Dämon«* so schön bemerkt, jenes *»höhere Herz, das sich quält«*, jenen *»fragenden Geist, der über sich selbst hinaus seine Sehnsucht dem Kosmos entgegenstreckt«*. Aber es ist auch eine Macht, die den Menschen überwältigen, knechten, und von sich fortreißen kann. Denn Unruhe, das Streben hinaus ins Unendliche, ins Elementarische ist ihm wesenhaft. Das Dionysische wird zu Recht mit dem *Dämonischen* in Verbindung gebracht. Es *»verkörpert in uns den Gärungsstoff, das aufquellende, quälende, spannende Ferment, das zu allem Gefährlichen, zu Übermaß, Ekstase, Selbstentäußerung, Selbstvernichtung das sonst ruhige Sein drängt«*, so Stefan Zweig. Der Mensch wird zum fanatisch Besessenen, zum Triebgesteuerten, zum unbewußt Wilden, zum Sklaven einer Kraft, der er nicht mehr gewachsen ist. Unruhe des Blutes, der Nerven, des Geistes. Platon hat im *»Symposion«* den Sog der Kunst in enge Beziehung zur Macht des Eros gesetzt. Eine gemeinsame Wurzel läge im *»göttlichen Wahnsinn«*, dem *»Enthusiasmus«*, der den Menschen zu Höchstem aufschwingen, ihn aber ebensogut in eine Trunkenheit der Sinne, in eine Verstörung des

Geistes treiben kann, die ihn zum Exzeß und Unmaß tendieren läßt. Vor allem die Immaterialität der Musik kommt dieser Sehnsucht nach Ausfließen, Überströmen entgegen und ist aus diesem Grunde immer wieder als die erotischste Kunst betrachtet worden. Es verwundert nicht, daß die vom Dämon Getriebenen in ihre Magie geraten, wobei Platon darauf hinweist, daß auf dem Gebiet der Musik zwei Eroten zu unterscheiden sind: der eine, der nach zügellosem Genuß verlangt, und der andere, der maßvolle, harmonische Befriedigung sucht.

Weil für den dionysischen Menschen das Streben nach Unendlichkeit in letzter Konsequenz nur dadurch zu erreichen ist, daß er die Endlichkeit verläßt, schreckt er nicht davor zurück, das Irdische, Begrenzte, seinen Körper, in dem er weilt, zu zerstören. Er ist einerseits Gefäß, andererseits wirken die in ihm mobilisierten Kräfte zentrifugal, von Innen nach Außen, aus dem inneren Kreis hinausdrängend und ihn unvermeidlich zerreißend. Das künstlerischerotische Verlangen, das Innere nach Außen zu stülpen, es hinzugeben, kann über die Sehnsucht nach Entrückung und Selbstüberschreitung im Extremfall zur Zerstörung eigenen Seins führen.

Ohne diese inspirative und machtvolle Kraft gibt es keine große Kunst, und auch keine große Leidenschaft. Sie schließt den Menschen auf, durchdringt ihn und macht ihn durchlässig für alles Leben, für die Kräfte und Energien, die ein verhärteter, in sich vertrockneter Mensch schwerlich empfinden kann. Sie kann ihn sensibilisieren, doch ebensogut in ihrer Heftigkeit aus der Bahn werfen, aus dem Gleichgewicht bringen. Sie ist eben nur so lange eine freundliche, fördernde Macht, als der Künstler ihr ein stabiles, tragsicheres Gefäß ist, sie in seinem tatsächlichen Dasein bewältigt, ins reale Leben einbringt, ihr Form verleiht, ihr fruchtbaren Boden bereitet, sie bändigt. Eine große Leidenschaft, eine hohe Kunst kann gelebt werden, wenn der Liebende, der Künstler sie menschlich meistert, wenn er ihr Maß im Irdischen, ihr Richtung nach seinem Willen gibt. Kurz: Wenn er Herr des *Dämons* und nicht sein Knecht wird.

Die Gefahr der Zerstörung liegt jedoch nicht nur in der Maßlosigkeit des dionysischen, sondern auch in der Übermacht des apollinischen Prinzips. Hier lauert ein Tod ganz anderer Art. Der Drang nach Ordnung und Grenze kann zu einer zwanghaften Unart ausarten, die alles Leben eintrocknet und tötet, weil das Gesetz aufgebläht, der Inhalt, das Bedeutungsvolle, die *Füllung* auf der Strecke bleibt. In der Kunst macht sich ein Tod dieser Weise bemerkbar in der Armut an zündenden Ideen, an differenziertem Variantenreichtum, an Charme und Witz. Sie wird platt, immer gleich, banal, formalistisch. Müssen Spezialisierung und Technik die Leerheit überdecken, werden glänzende, kurzzeitig effektvolle *Hülsen* geboten, sollen *Bombast* und *Schwulst* etwas hermachen? Wird Kunst zur *banausischen Bastelei, Effekthascherei?*

Das übersteigert Apollinische ist auch dort zugange, wo dem kostbar gefährlichen Drang des Dionysischen mit allen Mitteln Einhalt geboten wird, der in den meisten Menschen sowieso nur in bestimmten Situationen, in besonderen Augenblicken ihres Lebens ausgelöst, für sie erfahrbar wird. Bald aber wird er aufgesogen, aufgezehrt. Die gemessenen Menschen ersticken diesen faustischen Drang, sie *chloroformieren* ihn mit Moral, betäuben ihn mit Arbeit, dämmen ihn mit Ordnung. Den Menschen gebricht es an Lebenskraft, Leidenschaft, das Chaotische und Unbestimmte wird als gefährdend empfunden, es werden Doktrinen, Normen, Gesetze aufgestellt. Es ist eine Haltung, die im Übermaß eine Sozialisation hervorbringt, dem Menschen eine starre und fixe Ordnung überstülpen will, sich als Nährboden für totalitäre Regime eignet. Es ist aber auch die Welt des strengen und behaglichen Menschen, der das Chaos so sehr scheut, daß er die Ordnung zum lebensbedrohlichen Korsett, zum Feind der Sehnsucht entarten läßt. Die *lauwarme* Behaglichkeit, das anhaltende Gefühl von Sicherheit, die Vermeidung jeglichen Risikos, jeglicher Unberechenbarkeit, erstickt in ihm den künstlerischen Schaffensdrang und die brennende Leidenschaft. Weil er das Entgrenzende, Unvorhersehbare, Überschwengliche und Selbstentäußernde nicht zulassen will, vernichtet er Leben in sich.

Die Balance der gegensätzlichen Kräfte, des Stofftriebes und des Formtriebes, des Dionysischen und Apollinischen, haben Schiller, Goethe und viele andere große Künstler, Universalisten als höchstes Ziel künstlerischen Schaffens, menschlichen Daseins überhaupt betrachtet.

Der Schöpfer des Kunstwerks, der Baumeister seines Lebens hat beide Waagschalen seiner Waage, die Prinzipien des Dionysischen und Apollinischen auszubalancieren. Je mehr er beide Waagschalen belädt, zu um so höherer, schöpferischer Genialität kann er sich aufschwingen. Es geht darum, beide Qualitäten ins Kunstwerk, ins Leben, in die Liebe einfließen zu lassen, sie zueinander in Beziehung zu setzen, sie ineinander wirken zu lassen, anstatt sie ihrer jeweils einseitigen Dominanz zu überlassen. Die Achse der Waage droht einzubrechen, wenn die Last ihrer Waagschalen ein bestimmtes Maß übersteigt. Dies trifft in gleicher Weise auf den Künstler zu. Auch er muß aufpassen, nicht zu strauchen, stürzen, weil er selbst unter der Spannung steht, der er sich in diesem Balanceakt aussetzt. Diese Spannung zeichnet grundsätzlich das Kunstwerk, das künstlerische Schaffen aus, sowie auch Ursprung, Wesen und Kraft des Eros in diesem Spannungszustand zweier Pole begründet liegt: Männlich und Weiblich, Nähe und Distanz, rauschhafte Leidenschaft und wahrende Gestaltung, Hingabe und Selbstbehauptung, Tod und Leben. Stefan Zweig verdichtet das Schöpferische des Menschen, wie wir es hier darzulegen versuchen, in den wenigen Zeilen: »...was sich im künstlerischen Schaffen vollzieht, ist im wesentlichen ein Spannungszustand zwischen diesen beiden Polen. Schöpferische Entladung entsteht fast immer nur durch Spannung zwischen zwei gegensätzlichen Elementen, und so wie sich in der Natur das Männliche und das Weibliche zur Zeugung verbinden muß, so sind im künstlerischen Zeugungsakt immer beide Elemente gemischt. Unbewußtheit und Bewußtheit, Inspiration und Technik, Trunkenheit und Nüchternheit. Produzieren heißt für den Künstler realisieren, von innen nach außen stellen, eine innere Vision, ein Traumbild, das er im Geiste vollendet vor sich gesehen, im widerstrebenden Material der Sprache, (auch Bewegungssprache), der Farbe, des Klangs in unsere Welt zu tragen.« Daher ist Kunst nicht bloßes Handwerk, aber auch nicht nur Inspiration: sondern Kunst ist »Inspiration plus Arbeit«.

Je gewichtiger die Waagschalen, um so schwieriger der Balanceakt, um so gefährdeter der Künstler. Aber je höher die Spannung, desto höher die Lebensformen, desto genialer das Kunstwerk. Genie und Irrsinn liegen nahe beisammen, so wie sich die geniale Liebe gerne nahe am Abgrund, am Rande des Todes ansiedelt. Die Balance zwischen dem einen und dem anderen ist die Voraussetzung, die ein Kunstwerk als solches auszeichnet, die es, im Schillerschen Sinn, »schön« macht. Und weil für das künstlerische Schaffen diese verschiedenen Fähigkeiten und Qualitäten notwendig sind, ist die hohe Kunst einerseits Ausdruck und Spiegel desjenigen, der sie geschaffen hat, andererseits aber auch ein Mittel, ein Medium, den Menschen zu heilen, sein Ungleichgewicht zur Balance zu bringen, denn: *»Durch die Schönheit wird der sinnliche Mensch zu Form und zum Denken geleitet, durch die Schönheit wird der geistige Mensch zur Materie zurückgeführt und der Sinnenwelt wiedergegeben.«* Dieser Balanceakt kann nur ein dynamischer, wandelbarer bleiben, weil Leben aus dieser Spannung besteht und dort, wo sie ganz zum Erliegen kommt, auch das menschliche Leben aufhören müßte. Die große Aufgabe des Künstlers, des Tanzenden, des Liebenden liegt in diesem Sinne darin, den Balanceakt zu meistern, Spannung zu halten. Das ständige Bemühen um Balance hilft ihm, das *Spiel* zu erlernen, und hebt ihn in den Zustand frei-spontaner, nie erlahmender Schaffens- und Ausdruckskraft. Weder der Sog des Dionysischen noch der Drang des Apollinischen kann Übergewicht, und damit Macht über ihn erlangen. Weil er Ausgleich schaffen muß, stellt er in sich selbst Ausgleich her. Ausgleich läßt Freiheit entstehen, Freiheit nach beiden Seiten hin, und schafft Schönheit, die in diesem Sinne innere Übereinstimmung von Notwendigkeit und Freiheit, Körper und Geist, Stoff und Form, Vernunft und Gefühl ist. Sie ist das Gegenteil von Zwang, Gewaltsamkeit, Strenge, Unterdrückung, aber auch das Gegenteil von Anarchie, Willkür und Gesetzeslosigkeit.

Eros im künstlerischen Verhalten

Hingabe

Kunst erfordert vom Künstler Hingabefähigkeit. Das meint zweierlei. Zum einen sollte er aus sich heraustreten können, um als Gefäß leer und damit aufnahmebereit zu sein für die Ideen und Inspirationen, die zu ihm kommen, solange er nicht zwanghaft danach verlangt. *»Im Prozeß dieser Verhaltensweise«*, so Theodor W. Adorno, *»tritt das Ich, geistig, aus der Gefangenschaft in sich selbst heraus.«* Es ist die Geste des Sich-Lösens, des Sich-selbst-Loslassens, sich nicht bei sich selber Haltens und Verhärtens. Stefan Zweig bemerkt, daß *»in Wirklichkeit... dem Künstler Produktion doch nur möglich ist im Zustand eines gewissen Von-Sich-Selbst-Fortseins, einer Ekstase«.* Zum anderen sollte er fähig sein, seine ganze Aufmerksamkeit, Konzentration, sein ganzes Wesen und Sein auf den Gegenstand, den er gestalten will, auf die künstlerischen Anforderungen zu richten, die sich ihm stellen, die der künstlerische Prozeß ihm abverlangt. Diese mimetische Verhaltensweise ist nach Adorno die

»dem Lebendigen tief einwohnende Tendenz, sich an die Umgebung zu verlieren, anstatt sich tätig in ihr durchzusetzen.« Die Hingabefähigkeit ist verbunden mit einer Durchlässigkeit sich selbst, aber auch dem künstlerischen Tun gegenüber. Der Künstler, das Subjekt, bedarf der *»Sensibilität zur Empfindlichkeit für die Regung dessen, was nicht selbst Subjekt ist.«* Das, was nicht selbst Subjekt ist, also sein Werk, seine Melodien, seine Tanz-schritte, seine Farben, seine Gestalten und Visionen sind ihm die ei-gentliche Welt. In ihr lebt und liebt er, in ihr atmet er, während er schafft; – ähnlich dem leidenschaftlich Liebenden, der nichts anderes als das Geliebte wahrnimmt, dem alles andere nur in den Blicken, den Meinungen, dem Wesen des Geliebten erscheint. Zuweilen könn-te man meinen, er sei der realen Welt abhanden gekommen, ihr gänzlich entrückt. Stefan Zweig hat über Bruno Walter, den Dirigen-ten, bemerkt, daß es, wenn er Klavier spielt, den Anschein habe, *»als ob er selber nicht mehr vorhanden wäre, weggetragen von der Welle, selbst nur In-strument, Klang, tönendes Element geworden aus einem Menschen«.* Ähnliches wurde von der Operndiva Maria Callas behauptet. Sie verkörpere ih-re darzustellende Rolle auf der Bühne auf derart innige Weise, daß es den Eindruck erwecke, sie, Maria Callas sei nicht mehr sie selbst, son-dern die *leibhaftige Inkarnation* des Menschen auf der Bühne, der in sei-nem Glück, seinem Leid, seinem Charaktertypus an ihre Stelle getre-ten sei. In den *»Upanishaden«* heißt es vom Tänzer: *»Wenn der Tänzer be-ginnt, ist da nur der Tanz, und keiner Tänzer mehr.«* Der Tänzer wird wie von einer fremden, magischen Kraft gehalten, getanzt. So wie der Liebende sich von Liebe durchströmt, gehalten, geführt erfährt, ganz Liebe wird, wird so der Musiker seine Musik, der Maler sein Bild, der Bildhauer seine Skulptur, der Tänzer sein Tanz? Entspricht die Hin-gabe des Künstlers an sein Kunstwerk der innigen Verbindung zweier Liebender, die beiderseitiges Durchdringen, Erfühlen und Verstehen möglich macht? Stefan Zweig hat dies beschrieben in den Worten: *»Und da Liebe immer eine äußerste Durchdringung sucht, ein Eindringen bis in Fleisch und Blut der geliebten Substanz, muß er (der Künstler) jedesmal bis in seine tiefsten Tiefen sich verbunden fühlen, er muß ein Werk verstanden haben, aber nicht bloß mit dem Verstand, sondern sich der Seele des zu Beseelenden angeglichen, sich mit ihm eingelebt haben bis in den letzten Nerv.«*

Selbstwahrung

Es besteht die Gefahr, sich selbst zu verlieren, sich am Kunstwerk aufzuzehren, sich vom Rausch des Schaffens hinwegfegen zu lassen, anstatt das Selbst zu gewinnen, neu aus dem Schaffensprozeß hervor-zugehen, sich an der Kreativität zu bereichern und zu entfalten. Der Künstler ist notwendige Bedingung, ist passiv Empfangender, aktiv Schaffender und durchlässiger Mittler zugleich. Sollte er nicht seine eigene Basis bewahren, erhalten, um all die verschiedenen Funktionen und Aufgaben leisten zu können, die ihm das künstlerische Schaffen auferlegt? Sollte er sich nicht selbst vervollkommnen, um dem Kunst-werk der Künstler sein zu können, den es zur Vervollkommnung be-darf? Muß er daher nicht beständig bestrebt sein, an seinen eigenen individuellen Kräften zu arbeiten, um sie im künstlerischen Prozeß zum Tragen kommen zu lassen? Bedarf er nicht der äußersten Kon-zentration, der technischen Qualitäten, des gesicherten Handwerks und all jener Fähigkeiten, die das Kunstwerk ihm abverlangt, aus ihm herauskitzelt und zur Weiterentwicklung anspornt?

Selbstdistanz

Wenn der Künstler dem Kunstwerk gerecht werden will, sollte er sich selbst nur soweit in den Mittelpunkt stellen, als es der Kunst und dem Kunstwerk dienlich ist. Kunst ist in erster Linie dienendes, schenkendes Tun, der Künstler selbst ist vor allem Kanal, Medium, Mittler zwischen den Welten. Daher kann sich seine Kunst niemals im Ausdruck persönlicher, subjektiver Gefühlserlebnisse und Gedan-ken, in der Zurschaustellung, im, fast möchte man meinen, *exhibitioni-stischen* Verhalten dem Zuhörer, dem Betrachter gegenüber erschöp-fen. Sein individuelles Sein, seine Persönlichkeit und sein Charakter, welche von subjektiven Erlebnissen, Erschütterungen, Glückszustän-den geprägt sein mögen, fließen wohl ins Kunstwerk mit ein, aber künstlerisches Sein und Schaffen ist weit mehr als das Abbilden und Nachahmen der inneren Welt, der eigenen Existenz: *»Kunst existiert nur innerhalb einer bereits entwickelten Kunstsprache, nicht auf der tabula rasa des Subjekts und seiner angeblichen Erlebnisse«,* gibt Adorno zu bedenken.

Um seine Kunstsprache entwickeln zu können, bedarf der Künst-ler der Fähigkeit zu Selbstdistanz. Er sollte sein Tun bewußt reflek-tieren, sich prüfen, beobachten, sich dem eigenen Schaffen gegen-über kritisch verhalten, und nicht in ihm untergehen. Viele Künstler üben ihre Kunst vor dem Spiegel, um sich selbst der eigene Betrach-ter sein zu können. Der Spiegel leistet quasi das, was der Künstler, zumindest auf körperlicher Ebene, nicht leisten kann: das Aus-Sich-Heraustreten und Gegenübertreten.

Wenn der Künstler sein Kunstwerk aus prüfender Distanz betrachtet, wird ihm zugleich die Freiheit zurückgegeben, sein bereits Geschaffenes aus einer selbst produzierten Verbindlichkeit und Starrheit zu retten, die aus einem Verlust an Spontanität, erlahmender Schaffenskraft und mangelnder Risikobereitschaft herrühren kann. Er sollte nicht nur sich selbst, sondern auch das Kunstwerk loslassen, wenn er es vermeiden will, aus kreativen Impulsen absolut geltende Doktrinen und Gesetze zu konstatieren, an denen er sich festbeißt, an die er sich klammert, um der schwierigen Aufgabe des spontanen, risikobereiten, beständigen Neuschaffens zu entkommen. Denn bequemer ist es allemal, festgesetzten Gesetzen blind zu folgen, als beständig neue zu kreieren. Es gilt, sich nichts als gesichert vorzugeben, wenn der künstlerische Prozeß frei von starren Ordnungsmustern und Regeln bewahrt und dem freien Spiel, wie es auch in Schillers Sinn stand, Tür und Tor geöffnet werden soll. Und dieser freie, spielerische, aber hoch komplexe und bewußte Umgang mit den Kräften ist es, der die Spannung erzeugt und erhält.

Spannung

Wenn Kunst das Austragen von Spannung ist, dann ist sie mehr als ein totes Abbild der Spannung, die im Künstler wohnt und die ihn zu kreativem Schaffen getrieben hat. Sie schlägt sich auch im Kunstwerk nieder, und besteht in der spannungsreichen Formierung der Einzelteile. Der Künstler spannt die Vielheit, die vom Gesetz der Polarität durchzogen ist, zur Einheit zusammen, ohne die Spannung dabei auszulöschen. Denn von der Spannung lebt das Kunstwerk. Im Kunstwerk schwingt Eros. Weil Eros das Kunstwerk nicht nur entstehen ließ, sondern in ihm selbst waltet, wirkt es auf den, der es geschaffen hat, und überhaupt auf all jene zurück, die dem Kunstwerk in der Offenheit und Durchlässigkeit begegnen, die eine Erfahrung des Unsichtbaren, das im Kunstwerk sichtbar, hörbar, fühlbar geronnen ist, möglich macht. So gesehen formt nicht nur der Künstler das Kunstwerk, sondern das Kunstwerk den Künstler. Bildet es, hebt es ihn aus seiner Befangenheit hinaus in den Zustand, der ihn dazu getrieben hat, das Kunstwerk zu schaffen?

Schöpfungsimpulse des Eros

So wie es verschiedene Variationen und Mischformen des Eros gibt, so unterschiedlich können die erotischen *Beweggründe* zu künstlerischem Schaffen sein. Wir führen hier der Klarheit wegen die Extreme auf.

Wer kennt ihn nicht, den Künstler, der sein künstlerisches Tun vor allem als *Instrument* seines eigenen Künstler-Egos gebraucht, das gesättigt werden will. Er ist bestrebt, sich durch die Kunst in den Mittelpunkt zu rücken. Wenn er von seinem eigenen Ego, seiner Kunstfertigkeit auf eine Weise überzeugt ist, die ihn im Gefühl der Selbstbewunderung schwimmen läßt, neigt er gern dazu, sie als Mittel zur Steigerung der eigenen Eitelkeit, Ruhmsucht und Machtanhäufung zu instrumentalisieren. Dann versteht er sich weniger als Diener der Kunst, auch weniger als Mittler zwischen Kunst und Welt, Kunst und Mensch, sondern in erster Linie als auserlesener Träger seiner künstlerischen Begabung. Er stellt sich selbst durch sein künstlerisches Tun ins Rampenlicht. Oftmals wird hier die Kunst als *Zugpferd* benutzt, andere für das eigene Ego einzunehmen, das andere Geschlecht, das Begehrte auf sich aufmerksam zu machen, um es mit den Mitteln der Kunst in die eigenen Netze gehen zu lassen und zu verführen. Ein Künstler, der von diesem Dämon getrieben wird, kann es weit bringen. Die Macht, die ihn beherrscht, kann ihn zu erstaunlichen künstlerischen Leistungen anspornen.

Eine andere Motivation für künstlerisches Schaffen liegt darin, die Kunst als *Ventil* für die Emotionen zu gebrauchen, welche die Kämpfe und Konflikte auslösen, die im eigenen Innern gären. Der Mensch will sich Luft machen, indem er die sich widerstreitenden oder gestauten Kräfte ins Kunstwerk einfließen läßt und zur Balance bringt. Dahinter steht vielleicht die Hoffnung, sie auf diesem Wege überwinden zu können, ihrer Herr zu werden. Kunst wird dann unbewußt oder bewußt zur *Selbst-Therapie*.

Kunst kann auch als eine Art Ersatzbefriedigung für das reale Leben, oder zur Lebens- und Liebesvermeidung werden. Es gibt den Künstler, der den Eros nicht in der Weise leben kann, wie er es sich ersehnt. Solange die Kunst ihm bessere Dienste leistet, weilt er bei ihr, anstatt sich ins Leben aufzumachen. Die Gefahr besteht darin, daß die Kluft zwischen seinen Sehnsüchten, die er in der

Kunst zu stillen hofft, und dem Leben beständig tiefer klafft. Bei Künstlern und Intellektuellen entsteigt die Motivation zu ihren künstlerischen Ambitionen nicht selten einer *gepflegten Introvertiertheit*. Ist Kunst hier eine *nach innen gewandte Libido*, die im künstlerischen Schaffen, vor allem im Bereich des so unkörperlichen Musikalischen die eine oder andere Hemmung und Blockade *unsublimiert*, unaufgelöst und unerfüllt zurücklassen muß?

Die Kunst kann zwar Ausgleich schaffen, dem Menschen immer wieder zur inneren Balance verhelfen. Aber ob sie die Klüfte des menschlichen Innern, die ihn aus dem Gleichgewichtszustand herausfallen lassen, dauerhaft überwinden kann, bleibt fraglich. Wenn sie nichts anderes als Flucht vor dem Leben ist, reißt sie den Graben zwischen Traumwelt und Realität zunehmend tiefer. Der junge Wackenroder hat in einem Briefe *»Joseph Berglingers«* die Kunst als *»eine verführerische, verbotene Frucht«* bezeichnet. *»Wer einmal ihren innersten, süßesten Saft geschmeckt hat, der ist unwiderbringlich verloren für die tätige, lebendige Welt. Immer enger kriecht er in seinen selbsteigenen Genuß hinein, und seine Hand verliert ganz die Kraft, sich einem Mitmenschen wirkend entgegenzustrecken.«* Ricarda Huch bemerkt in diesem Zusammenhang: *»Kaum wird jemals eine Romantik, welche die Kunst vom Leben ablösen, wie eine selige Luftinsel darüber schweben will, lange gedeihen.«*

Wie der Mensch mit Kunst umgeht, liegt letztlich an ihm selbst. Kunst kann *gefährlich* sein. Aber Kunst kann, im Sinne Schillers *»ästhetischer Erziehung«*, ebenso zur Entfaltung und Ganzwerdung des Menschen beitragen. Auch bleibt die Tatsache bestehen, daß im Menschen ein Ur-Bestreben wohnt, eigene Welten zu kreieren. *»Was das Kind empfindet, das im Neuschnee seine Fußspur hinterläßt, zählt zu den mächtigsten ästhetischen Grundkräften des Menschen«*, schreibt Theodor W. Adorno. Und ist die Welt der Kunst nicht allemal eine, die dem Wesen des Menschlichen näher steht, sein kreatives Potential freisetzt, zu erotischen Verhaltensweisen sensibilisiert, also höhere Entfaltungsmöglichkeiten anzubieten hat, als es das *Gros* der Konsum- und Mediengesellschaft mit ihren vorgekochten, *wiedergekäuten* Welten und ihrem verbraucherorientierten Erotikmarkt tut?

Paradoxerweise entzündet sich das künstlerische Schaffen, ähnlich der stürmisch leidenschaftlichen Liebe, gerne an den Grenzen, wie sie das Leben beizeiten zu setzen pflegt. So hat beispielsweise die Unmöglichkeit, Eros in einer realen Liebesbeziehung zu leben, einige der größten Kunstwerke hervorgebracht. Die Kunst kann sich zu hoher Genialität aufschwingen, wenn die Liebe, aufgrund gesellschaftlicher Barrieren, sonstiger äußerer Hindernisse oder auch innerer Hemmschwellen dazu verdammt ist, *Liebe der Ferne* bleiben zu müssen. Es scheint, daß die unerfüllte Liebe das Feuer des Künstlerischen am heftigsten schürt. Kunst wird hier zum Gefäß all der inneren Stürme, Erschütterungen und Wandlungen, die die Tragik einer derartigen Liebesbeziehung mit sich bringt.

Zwei wesentliche Antriebskräfte wirken ineinander: Einerseits legt das Leiden des vom Eros erfaßten Künstlers Abgründe seines eigenen Wesens frei, erschüttert seine Seele, erhöht die Spannung seiner ihm innewohnenden Polarität. Andererseits will er sich, weil es ihm auf realem Wege nicht möglich ist, im selbst geschaffenen Kunstwerk verschenken. Es drängt ihn danach, den Gedanken und Gefühlen, der Verzweiflung und Not, der Sehnsucht nach Hingabe und nach dem Hinausstreben aus dem eigenen Ich künstlerischen Ausdruck zu verleihen. Im Kunstwerk ballen sich die Sehnsüchte, die vom Liebenden zum Geliebten fließen wollen. Das Kunstwerk wird zum Bindeglied zwischen dem Liebenden und dem Geliebten. Es wird zum Gefäß der Liebe. Es scheint, daß im künstlerischen Prozeß das Kunstwerk selbst zum Geliebten wird. Oder liebt sich der Künstler selbst, genießt er sich selbst in diesem liebenden Schaffen?

Vielleicht verdanken wir den unglücklich Liebenden die größten Kunstwerke. Ihre Liebe hat keine andere Wahl, als sich im Überfließen über andere Kanäle zu entladen, im besten und konstruktivsten Fall über die Kunst, die zur Liebe wird. *»Der Anfang aller Kunst ist die Liebe. Wert und Umfang jeder Kunst werden vor allem durch des Künstlers Fähigkeit zur Liebe bestimmt«*, heißt eine der Lebensweisheiten Hermann Hesses.

So wie die Liebe dem Menschen das Ewige, Absolute in sein irdisches, wandelbares Sein hineintragen kann, durchweht die großen, von Liebe getragenen Werke ein Zug des Kosmischen, Unergründbaren, Mächtigen. Kunstwerke dieser Genialität können den Künstler und auch all jene, die dem Kunstwerk entsprechend begegnen, in Zustände versetzen, die einer unbestimmbaren, überirdischen Welt zu entstammen scheinen. Blitzt in solchen Momenten das Nicht-zu-Bezeichnende, das *Numinöse*, das Transzendente durch? Sind es vielleicht jene kurzen Augenblicke, in denen die Pole des Seins zusammenfinden, in denen der kosmische Geist in den sinnlichen *Chiffren* der Kunst in transparenter Weise gerinnt und den Schleier zwischen Diesseits und Jenseits lüftet? Wird dem Menschen das Kunstwerk zum Widerschein dessen, was in ihm selbst als Möglichkeit angelegt ist, und in den Augenblicken künstlerischer, ästhetischer Erfahrung durchbricht? Sind es die Momente, in denen Vergangenheit, Gegenwart und Zukunft im erfüllenden Augenblick einer kurzen Ewigkeit untergehen?

Aber bedarf ein Augenblick, der das Korsett von Raum und Zeit durchschneidet, nicht des Gelingens des Künstlers, der die räumlich-zeitlichen Bedingungen in sich selbst überwinden kann? Glaubt er sich nicht mehr der Zeit und dem Raum unterworfen, weil er die Ewigkeit und Unendlichkeit in sich selbst zu spüren beginnt? Ist es dieser unbeschreibliche Augenblick, wo die irdische Begrenzung des Vergänglichen in uns Menschen endet und das Ewige beginnt? Dann wäre der Mensch dem großen Rätsel des Lebens nähergekommen. Weil er dem Schaffen, dem Geschaffenen in einer grenzenlosen Liebe zugetan war, die ihm selbst einwohnt?

> *»Des Künstlers ist es, das Rätsel zu lieben. Das ist alle Kunst:*
> *Liebe, die sich über das Rätsel ergossen hat, und das sind alle Kunstwerke:*
> *Rätsel, umgeben, geschmückt, überschüttet von Liebe.«*
> (Rainer Maria Rilke)

Demiurgisches Erosschaffen

Eros ist die Spannung, die die polar angelegte Welt und den Menschen, nachdem sie aus ihrer Einheit herausgefallen waren, ins Leben rief und am Leben erhält. Weil in ihm die Erinnerung an diese Einheit wachgeblieben ist, ist er zugleich die Sehnsucht, in diese zurückzukehren. Die künstlerische Inspiration hat im Eros ihren Urgrund. Ein vom Eros ergriffener Künstler, der über das Bewußtsein verfügt, die Widersprüche im Horizont ihrer möglichen Versöhnung zu erahnen, strebt danach, diese Widersprüche auf die Spitze zu treiben, durch sie hindurchzugehen. Er ahnt und erfährt im künstlerischen Prozeß, daß die Einheit des Kunstwerks nur über die polare Spannung nach beiden Seiten hin möglich ist. *»Kunstwerke stellen die Widersprüche als Ganzes dar«*, bemerkt Theodor W. Adorno. Der Künstler sollte jene Einheit des Lebens in den künstlerischen Gebilden auch wirklich aus den Widersprüchen entstehen lassen. Gemeint sind jene Antinomien, Brüche, Entladungen, die die Spur und Kraft des Lebens manifestieren, dem sie entsprangen.

Der Künstler fungiert als Brückenbauer zwischen den beiden Polen: Einheit und Vielheit, Geist und Materie, Stoff und Form, Unsichtbarem und Sichtbarem, Jenseits und Diesseits, Oben und Unten, Innen und Außen. Dies kann er deshalb leisten, weil sich in seinem eigenen Sein die Widersprüche ineinander verschränken. Der künstlerische Prozeß verlangt nach seinen ihm innewohnenden Fähigkeiten und Kräften und treibt diese zur Blüte. Am Künstler liegt es, kraft seines Willens, seiner Geisteskraft, seiner Sinnlichkeit und seiner Freiheit die Widersprüche zur Entfaltung, in Balance zu bringen, zur Gestaltung und zum Ausdruck zu verhelfen. Denn einerseits ist er passiver Empfänger der Ideen und Inspirationen, andererseits aktiv Schaffender, der das Empfangende mit dementsprechenden Mitteln und individuell ausgeprägten, technischen Fähigkeiten im freien und bewußten Spiel in irdische Gestalt bannt. Und weil er der Welt und den Menschen die Kunst darbringen und erfahrbar machen kann, ist er zugleich ein Sendender, Schenkender.

Kunst ist so verstanden Dynamik des Eros, vom Menschen gestaltete Spannung. Damit schwingt sich der Mensch zum Weltschöpfer auf. Wird er zum *Demiurgen*, weil er eine Welt entstehen läßt, die aus den gleichen Prinzipien und der gleichen Spannung aufgebaut ist, wie die gesamte Schöpfung? Ist er Medium, Gestalter und Überbringer der Urkraft? Wirft er die Gegensätze in ihren mannigfaltigen Erscheinungen aus, um sie im freien Schaffen in Spannung zueinander zu halten, ins Gleichgewicht zu bringen, um sie vielleicht in den wenigen Augenblicken, in besonderen Geniestreichen erneut zu vereinen? Wird Kunst dann zum Medium einer Erfahrung, die voller Freiheit und Schönheit ist, und die das Unergründbare, das Geheimnisvolle, Rätselhafte enthüllen und aufblitzen läßt?

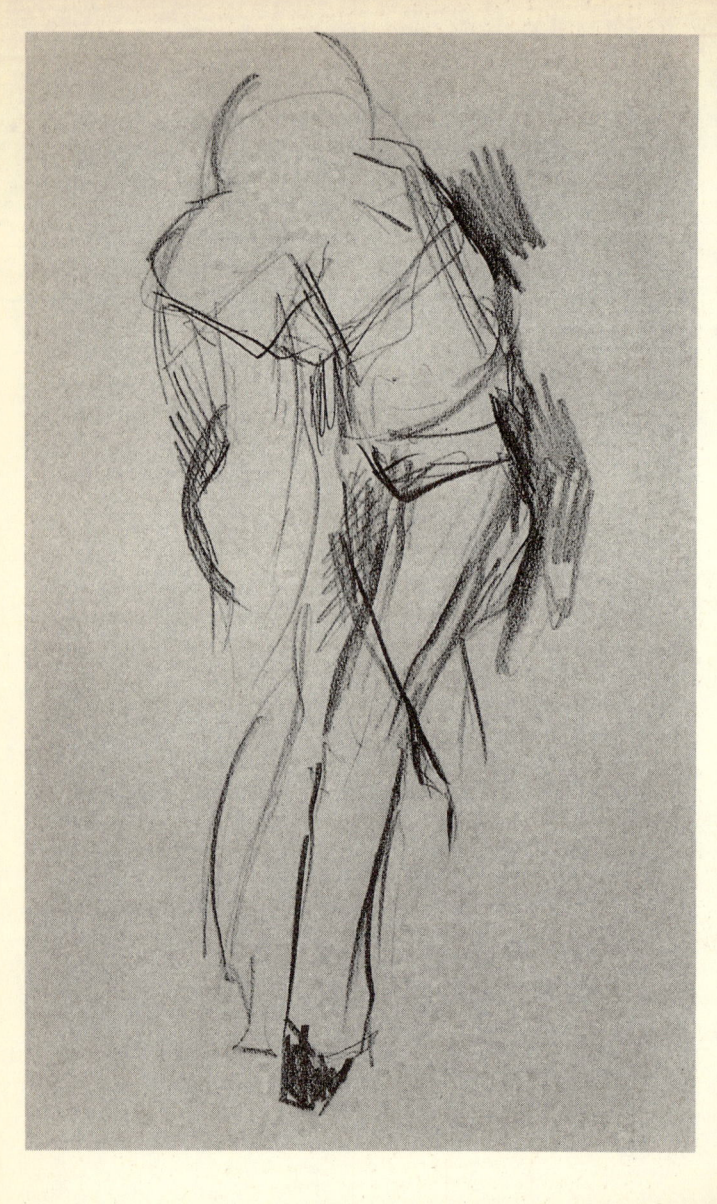

Ich und Du

Kehren wir mit unseren Gedanken zurück zur Einleitung. Dort war die Rede davon, daß im Menschen eine Ahnung seiner ehemaligen Ganzheit schlummert, die andere Hälfte seines Seins als inneres Du, als *eingeborenes* Du, als unbewußtes Drängen, als schweifende Sehnsucht nach unbekannnten Zielen in ihm wohnt. Ist es nun unabtrennbar mit ihm verbunden, ist es ihm eingeboren, tastet sein Widerschein rastlos die Personen ab, um die eine zu finden, die dem inneren Bild entspricht? Existiert dieses einmalige *Du* tatsächlich? Die Gefahr ist groß, einer Selbsttäuschung zu erliegen, wie es uns der phantomische Eros vor Augen geführt hat. Dennoch gibt es Begegnungen besonderer, einmaliger Art, in denen beide von einer Leidenschaft, einem Enthusiasmus ergriffen werden, der ihr Inneres in Aufruhr versetzt, sie erschrocken auffahren läßt, in Verzückung und Bestürzung zugleich. Sie haben den Eindruck, sich immer schon gekannt zu haben. Flüstert ihnen ein unfehlbarer Instinkt ein, daß sie am Ziel sind? Eine Begegnung dieser Art läßt sich nicht willentlich herbeiführen. Sie geschieht, ob man will oder nicht. Sie ergreift den Menschen als Macht, gegen die er sich wehrlos fühlt. Sie stürzt ihn in eine bohrende Unruhe, die er sich nicht erklären kann. Alles scheint verwandelt, weil er sich selbst zu verwandeln beginnt. Alle Aufmerksamkeit richtet sich auf dieses *Du*. Alles andere wird zum Symbol und Gleichnis dieser Leidenschaft, oder muß gänzlich verblassen. Der enthusiastisch Liebende wird seiner Umwelt entrückt, weil ihm die Umwelt nichts anderes mehr bedeuten kann als eine leise Berührung der Oberfläche des Lebens, das jetzt in seiner *Höhe, Breite* und *Tiefe* in ihm wühlt. Ist es die Seelenbewegtheit, die das Hinausstreben aus dem eigenen Ich und das Erlebnis der Einheit vorausahnt? Denn *»in allem Enthusiasmus ist der Einheitssinn, das Merkmal, daß alles ans Ganze gesetzt wird, das Bewußtsein der Gemeinsamkeit mit etwas Unbedingtem, ein Hingerissensein zu einem unbenennbaren Ziele«*, schreibt der Philosoph Karl Jaspers in seiner *»Psychologie der Weltanschauungen«*. Davon überwältigt kommt der Liebende außer sich. Platon hat diese Form der Begeisterung als göttlichen Wahnsinn bezeichnet: *»Edler ist der*

Wahnsinn als die Besonnenheit, denn diese ist stets nur im Menschen, der Wahnsinn aber kommt von den Göttern.« Eros greift hier mächtig um sich, und kann von erlösendem Charakter sein. Weil er den Liebenden seiner engen, in sich versponnenen Welt entreißt? Weil er ihm eine neue Dimension des Lebens eröffnet, ein Universum, das in ihn hinüberströmt und ihm sein eigenes erschließt? Weil ihn eine Liebe erfaßt, die sich schenkend verströmt, und all den Schutt hinwegschwemmt, der den Fluß seiner eigenen Liebe ins Stocken gebracht hatte? Weil er an das Absolute rührt? Das Absolute aber treibt an den Rand der endlichen Welt, damit auch an den Rand des endlichen Bewußtseins, an die Grenzen menschlichen Lebens überhaupt. Hierin liegt die Chance dieser Leidenschaft, und zugleich ihre Gefahr. Je heftiger die enthusiastische Leidenschaft, um so erschütternder die Folgen. Der Liebende muß aufpassen, nicht aus dem Gleichgewicht zu geraten. Diese Gefahr lauert vor allem dort, wo die Leidenschaft unerfüllt bleiben muß, oder wo der Enthusiasmus den selbsterschaffenen Projektionen und Illusionen entsprungen war, von deren Schein sich der Liebende in Besitz nehmen ließ. Hält der fanatisch Liebende zwanghaft am geliebten Wesen und damit an seinem eigenen Wunschdenken, seiner Bedürftigkeit fest, wird er schwerlich in den Genuß seines wahrhaft liebenden Selbst kommen, das einer Welt jenseits der Fragen, Erwartungen, Wünsche entstammt. Das liebende Selbst muß unter Wehen und Krämpfen, unter Schmerzen und Leid aus dem auf Sicherheit und Besitz ausgerichteten Ich hinausgeboren werden, andernfalls gilt, was Nietzsche prophezeit hat mit den Worten: *»Eine Schlange, die sich nicht häuten kann, geht zugrunde.«* Weniger drastisch liest es sich bei Goethe in dem bezeichnend betitelten Gedicht *»Selige Sehnsucht«*: *»Und solang du dies nicht hast, / Dieses Stirb und Werde, / Bist du nur ein trüber Gast, / Auf dieser dunklen Erde.«*

Eine Liebe, die nicht über den kurzzeitigen, gefühlsmäßigen Rausch der Leidenschaft hinausgeht, oder die sich nur der alles lähmenden und *trauerumflorten* Melancholie anheimgibt, wie es oft im Tango geschieht, kann in letzter Konsequenz keine Liebe sein. Sie bleibt bestenfalls auf halbem Weg stecken. Deshalb deutet der Tango in seinen Stimmungen die Metaphysik nur an, ohne sie einzulösen. Eine Liebe aber, die den harten Weg, der *Leiden schafft*, tatsächlich aufnimmt und ihr Ziel nicht verfehlt, verwandelt, heilt und erlöst. Sie bringt neues Leben hervor, weil sie durch das Leid hindurchgeht und: neu daraus hervorgeht. Leben, Liebe, Freiheit, Glück entfalten sich am bewußt durchlittenen, am aufgehobenen, überwundenen Leid.

Was aber passiert, wenn Ich und Du tatsächlich zueinanderfinden? Wie sieht der Wandlungsprozeß aus, der in der Begegnung von Ich und Du seinen Anfang nimmt und seinem Ziel entgegengeht?

Das Du wird am Ich zum Du

Es sei erlaubt, an dieser Stelle kurz ein Märchen einzuflechten: Eine Prinzessin wohnt auf einem Glasberg, an dem jeder, der sich ihr nähern will, abrutscht. Die Prinzessin hat ein tragisches Schicksal. Sie sitzt vor ihrem Spiegel und sieht darin sich selbst, sich selbst als fürchterlich häßliches, entstelltes Gesicht. Daher wagt sie nicht, unter Menschen zu gehen, schon gar nicht läßt sie einen Jüngling zu sich hinauf. Ihre Häßlichkeit, die sie selbst erblickt, steht für den dunklen, schattenhaften, oder einfach für den noch nicht ans Licht gehobenen Teil in ihr. Doch eines Tages kommt ein Prinz des Wegs. Ihm, dem scheinbar *Auserwählten,* gelingt es nun, zu ihr hinaufzusteigen. Als er in ihr Spiegelbild blickt, sieht er aber nicht ein häßliches, sondern ein wunderschönes Gesicht. In dem Moment, als das eigentliche Spiegelbild, ihr tatsächliches Selbst nicht ihr, sondern ihm vor Augen steht, ist sie erlöst.

Der Sinn des Märchens liegt wohl in der Erkenntnis, daß die Sehnsucht nach dem eigenen, höheren, vollkommenen Selbst nicht gestillt werden kann, indem man immer und immer wieder mit sich selbst umgeht. Sondern nur, indem uns ein anderer auf liebende Weise anblickt. In einer Begegnung dieser Art macht Liebe nicht blind. Sie macht sehend, weil nur der Liebende das wahre und vollkommene Wesen des andern erkennen kann. Der Liebende kennt den Geliebten besser, und liebt ihn mehr, als dieser sich selbst kennt und liebt. Er sieht über die Realität des bereits sichtbaren, entfalteten Wesens hinaus zu seiner Idealität. *»Der Blick der Liebe nimmt im geliebten Wesen die göttliche Vollkommenheit und Unendlichkeit wahr, und er täuscht sich nicht«,* so A. Coomaraswamys. Der Blick der Liebe läßt das Du Vertrauen fassen, zu dem anderen, wie zu sich selbst. Hierin liegt die Motivation und Chance, dem Idealbild tatsächlich entgegenzustreben. Das Du wird am Ich zum Du.

Das Ich wird am Du zum Ich

Die Begeisterung und der Enthusiasmus, die den Liebenden ergreifen, lassen ihn am geliebten Wesen alles nur erdenklich Gute und Schöne erblicken. Im Innewerden des andern wird das eigene Bild gestaltungsfähig. Weil das Geliebte gänzlich vollkommen erscheint, will sich der Liebende zur Vollkommenheit aufschwingen. Daher gesteht Shelley: *»Geliebte, du bist mein besseres Ich.«* Die Liebe zum andern erweckt die Sehnsucht und Kraft, höchsten Zielen entgegenzustreben, sein eigenes Ich dort noch zu entwickeln und zu vervollkommnen, wo es nötig ist. Sie erweckt den leidenschaftlichen Drang, Mängel zu beheben, alte, die Liebe hemmende Mechanismen abzulegen. Sie schürt das Feuer, all die uneingelösten Wünsche und Träume, die bereits im Innern schlummern, denen aber möglicherweise der Impuls zur tatsächlichen Realisierung gefehlt hat, zu verwirklichen. Im *»Symposion«* hebt Platon hervor: *»In der Liebe werde der Mangel der Tugend und Schönheit empfunden; der Liebende schäme sich seiner Schwächen am meisten vor dem Geliebten.«* Und er bemerkt, daß ein Heer von Liebenden den Erdkreis besiegen könne, so sehr vervollkommne Eros den Menschen. Er setzt das Streben frei, dem geliebten Menschen ähnlich zu werden, ihm zu genügen, seine Gegenliebe zu verdienen. Er bringt Werte hervor, entbindet Ideale. Goethe bekennt seiner Geliebten: *»Ich will in dreifachem Feuer geläutert werden, um Ihrer Liebe wert zu sein!«* So treibt Eros die Blüten menschlicher Vollendung. Das Ich wird am Du zum Ich.

Ich-Liebe und Du-Liebe

Ich-Liebe

Wenn ich mich zum Nichts mache, kann ich dem anderen Nichts sein. Je mehr ich aber bin, je mehr ich in mir entfaltet habe, um so mehr kann ich schenken, um so mehr den anderen bereichern. Wir müssen hier zwei wesentliche Dinge voneinander unterscheiden. Es gibt den Drang nach narzißtischer *Selbstverwirklichung*, der im Ego begründet liegt. Er verlangt nach Anreicherung der eigenen Macht, nach Befriedigung eigenen Begehrens und entstammt der Haltung des *Habenwollens*. Er degradiert den anderen zum Objekt, gebraucht ihn als Mittel zum Zweck. Ganz anders die *Selbstliebe*, die in einer liebenden Intention, in der Haltung des *Gebenwollens* steht. Ihre

Motivation liegt in dem Wunsch, dem anderen etwas sein zu können, ihm Welt sein zu können. Denn wie kann ich dem anderen Stütze sein, wenn ich selbst nahe am Zusammenbrechen bin? Wie kann ich dem anderen Lebensfülle und -freude sein, wenn ich selbst im Dämmerzustand dahinsieche? Was kann eine Karikatur von Mann einer wahrhaft blühenden Frau sein – und umgekehrt? Wie überhaupt kann ich den anderen lieben, wenn in mir selbst nicht die Liebe wohnt? Die Liebe zum anderen reizt die Selbstliebe geradezu heraus, wirksam zu sein und zu werden. Die Voraussetzung einer dauerhaften Liebe, eines Dialoges zwischen Ich und Du besteht grundsätzlich in der kunstvollen Balance zwischen *Selbst-* und *Andernliebe*. Eine schrankenlose Hingabefähigkeit und Menschenliebe bedarf eines Rückhaltes an kräftiger, *gesunder* Selbstliebe, um das, was sie gibt, aus der eigenen, sicheren, individuellen *Habe* überhaupt entnehmen zu können. Aber sie muß vor Selbstüberhebung ebenso sicher sein wie vor Selbsterniedrigung. *»Nur wer ganz er selbst bleibt, eignet sich auf die Dauer dazu, geliebt zu werden, weil nur er in seiner lebendigen Fülle dem andern das Leben symbolisieren, nur er als eine Macht desselben empfunden werden kann«,* schreibt Lou Andreas-Salomé und kommt zu dem Schluß: *»Nichts ist deshalb so verkehrt in der Liebe wie eine ängstliche Anpassung und Abschleifung aneinander. Je feiner und weiter zwei Menschen entwickelt sind, desto üblere Folgen hat es, liebeshalber Einen auf den Andern zu propfen, Einen auf den Andern schmarotzen zu lassen, anstatt daß jeder breite Wurzeln tief in eigenes Erdreich schlägt, auf daß es dem andern zur Welt werde.«* Ganz ähnlich gibt Rainer Maria Rilke zu bedenken: *»Liebe ist zunächst nichts, was aufgeben, hingeben und sich mit einem Zweiten vereinen heißt (denn was wäre eine Vereinigung von Ungeklärtem und Unfertigem, noch Ungeordnetem –?), es ist ein erhabener Anlaß für den Einzelnen, zu reifen, in sich etwas zu werden, Welt zu werden für sich um eines anderen willen, es ist ein großer, unbescheidener Anspruch an ihn, etwas, das ihn auserwählt und zu Weitem beruft.«*

Du-Liebe

Eros als Hingabe ist leidenschaftliches Streben zu einem anderen hin. Dahinter steht zugleich die Sehnsucht, wirkt der unerbittliche Drang, die Grenzen der in sich selbst versponnenen Ich-Bezogenheit zu überschreiten. Es handelt sich nicht um die Tendenz der Auslöschung des eigenen Selbst, das auf Schwäche und Lieblosigkeit beruht, wenn es sich weder für sich selbst noch für den anderen zu reicher Entfaltung aufschwingen will. Eine Ich-Du-Beziehung lebt vom Ich und Du. Die Brücke zwischen Ich und Du bedarf der Verbindung der Pfeiler und muß einstürzen, wenn sich eine Seite des Verfalls, der Vernichtung anheim gibt. Wie kann man schenken, wenn man sich selbst auslöscht, wie nehmen, wenn man als Empfänger nicht mehr zugegen ist? Hingabe setzt die Bereitschaft voraus, die Mauern des eigenen Egos zu durchbrechen, um überhaupt in fremdes Leben hinüberlauschen, -fühlen, -lieben zu können. Hingabe meint, von den Mechanismen, den Trieben, den Wunschvorstellungen und Forderungen, den zwanghaft selbst erbauten Welt-, Denk- und Gefühlsmustern loszulassen, um sich auf die Liebe einlassen zu können, die in ihrer Fülle, ihren Möglichkeiten voller Unvorhersehbarkeiten ist und zahlreiche Überraschungen bereithält. Lou Andreas-Salomé bemerkt, daß *»der machtvollste, erfolgreichste Egoist ... in seiner innern Einsamkeit auf tausend Glücksmöglichkeiten und Reichtümer verzichten muß, die sich nicht ausbeuterisch rauben lassen, sondern nur zu dem kommen, der sich ihnen anschließt«*. Diese Erkenntnis könnte jedem Menschen auf dem Weg der Hingabe zufallen, weil sie ihn aus seiner Ich-Versponnenheit herausführt, ihn weicher, offener und empfänglicher stimmt für die Gaben, die eben nicht durch Machen, sondern nur durch geduldige, vertrauensvolle Offenheit zu ihm kommen.

Die Sehnsucht nach Hingabe ist ein *Überfließenwollen*, aber dieses Überfließenwollen ist weit mehr als nur ein *Wohlwollen*. Ein wahrhaft Liebender liebt, fühlt, denkt, wünscht und handelt nicht vom Ich, sondern vom Du her. Liebe nötigt zu Handlungen, die sinnlos und zwecklos erscheinen, wenn wir sie mit gewohnten Maßen messen. Die Liebe mißt sich gerne an den Leiden, derer sie fähig ist. Dieses gänzliche Sich-Verschenken hat weder mit Altruismus noch Masochismus zu tun, wenn es ein *frei gewählter, spontaner Selbsterlösungsakt* ist, kein bloß reaktives Verhalten. Dieser Akt leitet den Geburtsvorgang ein, der unter Krämpfen und Wehen das liebende Selbst seiner Enge entbindet, befreit und erlöst.

Zwischen Ich und Du

Solange sich die Liebenden im genauen Abmessen des Gebens und Nehmens, der Diskussion und des Vollzugs, der Verfügung und Funktion immerzu auf den Leib rücken, kann kein Raum bleiben für das freie *Gefädel,* das sie miteinander verbindet und an dem sich nicht nur die Beziehung, sondern das Innenleben beider zu einer immer vielfältigeren, allverbundenen Welt der Bezüge ausgestaltet. Statt dem feinen und kunstvoll *ausziselierten* Netz, das es den Liebenden ermöglicht, ihre Stimmungen, Gefühle, Gedanken, ihren Eros, ihren Geist, ihre Liebe variationsreich einander zuzuspielen, gilt als kürzeste Verbindung zwischen den Menschen die Gerade, so als ob sie bloße Punkte wären. Es macht den Anschein, als sei nicht einmal die Gerade gegeben, wenn sie als zwei schwache Punkte aneinanderhaften, weil sie sich keinen Halt in sich erworben haben. Ganz abgesehen davon beherrschen uns die Anforderungen und Zwänge des verwalteten, planvoll eingerichteten Lebens, und das feine, dichte Gefädel zwischen den Liebenden, der *Kitt der Liebe,* muß sich immer wieder dem groben Gewicht belastender Alltagsprobleme und von außen einstürmender Kräfte und Mächte erwehren. Theodor W. Adorno bringt dies radikal auf den Punkt mit den Worten: *»Wie wenn man heutzutage Häuserwände aus einem Stück gießt, so wird der Kitt zwischen den Menschen ersetzt durch den Druck, der sie zusammenhält.«* Wobei anzumerken wäre, daß dieser Druck nicht nur unfreiwillig von außen erlitten wird, sondern häufig selbst erzeugt und dem eigenen Leben, der Beziehung, der Familie auferlegt und übergestülpt wird, gar als äußere Rechtfertigung menschlichen Daseins, menschlicher Beziehungen herhalten muß. Ganz zu schweigen von der durchorganisierten, kontrollierten, zweckorientierten, vergnügungssüchtigen Gesellschaftswelt, der in gewisser Weise willig auf den Leim gegangen wird. Die Rede ist von den von außen aufgesetzten Normen und Schablonen, den verordneten Notwendigkeiten, der sich an allen Ecken und Enden aufreibenden Geschäftigkeit, reizüberflutenden Medienwelt und Vergnügungsindustrie. Dies alles wirft den Paaren die Prügel zwischen die Beine, zumindest wenn man bedenkt, daß Liebe der Mußestunden, der völlig zweckfreien Hingabe, der Zeiten der Stille und Kontemplation bedarf.

Eine Liebesbeziehung kann nur dort einsetzen, überhaupt nur dort am Leben bleiben, wo genug Raum und Atmosphäre zur Entfaltung geschaffen und auch gewahrt wird. Ganz unabhängig von der Außenwelt, die sich oft genug dieses Raumes bemächtigen will, muß die Innenwelt der Beziehung eine Nähe zulassen, die sich nur in der Distanz voneinander, in dem Raum zwischen Ich und Du ausbreiten kann. Dazu müssen beide gleichermaßen von sich selbst, und auch vom anderen loslassen. Nicht der Besitz, sondern der Bezug kann die Bande der Liebe entfalten. Nur in der Hingabe an das Du, die die Auflösung unserer eigenen Ich-Versponnenheit voraussetzt, können wir die Liebe in uns zur Entfaltung bringen und dem anderen schenken. Zugleich aber dürfen wir nicht am Du haftenbleiben. Wir würden uns selbst dabei vergessen, unsere eigene Wohnstätte aufgeben, die wir dem anderen aufrechterhalten und bieten wollen. Und wir würden den anderen durch unser allzu aufdringliches Ich in seiner eigenen Bewegungs- und Entfaltungsfreiheit einschränken. *»Denn das ist Schuld, wenn irgendeines Schuld ist: die Freiheit eines Lieben nicht vermehren um alle Freiheit, die man in sich aufbringt. Wir haben, wo wir lieben, ja nur dies: einander lassen; denn daß wir uns halten, das fällt uns leicht und ist nicht erst zu lernen«*, so Rainer Maria Rilke. Das erotische Kraftfeld verlangt nach einem starken, freien Ich, nach einem starken, freien Du, und nach dem Raum dazwischen, der Stromfluß ermöglicht, die Spannung erhält. Es gilt nun mal, was Lou Andreas-Salomé auf den Punkt gebracht hat: *»…daß Zwei nur dann Eins sind, wenn sie Zwei bleiben.«*

In einer sehr bildhaften Sprache verkündet *»Der Prophet«* von Khalil Gibran: *»Laßt Raum zwischen euch. Und laßt die Winde des Himmels zwischen euch tanzen …Singt und tanzt zusammen und seid fröhlich, aber laßt jeden von euch allein sein, so wie die Saiten einer Laute allein sind und doch von derselben Musik erzittern …Und steht zusammen, doch nicht zu nah: Denn die Säulen des Tempels stehen für sich, und die Eiche und die Zypresse wachsen nicht im Schatten des anderen.«*

Eine Beziehung mißt sich daran, wie stark der *Kitt* ist, der sich trotz, oder besser, aufgrund der Distanz bildet. Dieser Kitt ist von besonderer Eigenart und von einer scheinbar gewissen Widersprüchlichkeit. Goethe hat in seinem Gedicht mit dem vielversprechenden Titel *»Der wahre Genuss«* verlauten lassen: *»Man kann in wahrer Freiheit leben, / Und doch nicht ungebunden sein!«* Auch Rainer Maria

Rilke kannte dieses Phänomen, wenn er bemerkt: *»Weil ich niemals dich anhielt, halt ich dich fest!«* Zu allen Zeiten wußte man um das Geheimnis der Distanz. Die Rede ist von dem ewigen Mysterium, das besagt, die Trennung der Sich-Liebenden sei nötig zu *schönerer Harmonie,* das Voneinandergehen und Voneinandersein könne zu einem *besonderen Band* zwischen den Liebenden, zu einer Verbindung höherer Art führen. Die Trennung vom anderen, ob selbst auferlegt oder durch äußere Umstände gegeben, kann dazu dienen, all die Qualitäten gezwungenermaßen zu erwerben, die für eine dauerhafte Beziehung vonnöten sind. Der Verlust des anderen, das Leid über die Trennung, die Leidenschaft, die sich gerne an den Grenzen, den Unmöglichkeiten entzündet, entfacht das reinigende Feuer, das unserem verhärteten, in sich versponnenen Innenleben mächtig einheizt, den dort angesammelten Schutt hinwegfegt, Licht in unser Dunkel bringt, und uns nach und nach von unserer Bedürftigkeit, unseren Ängsten, unserem krampfhaften Festhalten erlöst. Zugleich zwingt sie uns, im Alleinsein zurechtzukommen, sie läßt uns kaum eine andere Wahl, als uns selbst zu stärken, unser eigenes Reich zu entfalten, unter Umständen es aus Schutt und Asche neu erstehen zu lassen. Die Trennung wirft uns auf uns selbst zurück und zwingt uns, im eigenen Selbst Sicherheit und Mut zu fassen. Und es prüft unsere Liebe, ob sie Bestand hat oder nur flüchtigem Gefühlsausbruch entstammt, ob das Vertrauen, der Glaube aneinander, die Hoffnung und Liebe stark genug waren und sind. Wenn ja, wird ihr die Distanz nichts anhaben können, im Gegenteil: Die Liebe wird zu einer immer höheren, rein schenkenden, geistigeren Form übergehen müssen, wenn sie von Dauer sein und aller Meere und Mauern spotten will. Wird Entfernung zur nur mehr *auseinandergerückten Nähe?* *»Nichts kann uns trennen und gewiß würde jede Entfernung mich nur gewaltsamer an Dich reissen«*, heißt es in Schlegels *»Lucinde«*.

Das ewige Du

»Die Frau von besonderer Eigenart, sie eröffnet mir einen Weg. Sie spricht so und nicht anders. Ihr Lächeln ist so und nicht anders. Niemand gleicht ihr ... es scheint mir, daß ich Gott dadurch entdecke.« Diese Sätze stammen von Antoine de Saint-Exupéry und werfen unweigerlich die Frage auf, ob in der Begegnung von Ich und Du nicht tatsächlich die Chance einer Zweiheit besteht, die ihre Motivation aus der Ur-Einheit erhält und auf diese zurückweist. Könnte die Liebe zu einem besonderen Du Tor und Durchgang zum ewigen Du sein? Wenn der Liebende nicht sich selbst, nicht seine Begierde, aber auch nicht nur den Geliebten, sondern in ihm, durch ihn, mit ihm die Liebe schlechthin liebt? *»Die irdische Liebe ist nur der Durchgang zur himmlischen«,* lautet ein Tagebucheintrag Hebbels. Diese *himmlische* Liebe geht mitten durch die Welt hindurch, wenn sie das unsichtbare Band ist, das Ich und Du untrennbar miteinander verbindet. Dieses Band wird von der Liebe getragen, die sich schenkend verströmt, keine Gegenliebe ersehnt, keine Frage mehr stellt, keine Antwort erwartet: *»Zwischen Ich und Du steht keine Begrifflichkeit, kein Vorwissen und keine Phantasie. Zwischen Ich und Du steht kein Zweck, keine Gier und keine Vorwegnahme ... alles Mittel ist Hindernis. Nur wo alles Mittel zerflossen ist, geschieht die Begegnung«,* so Martin Buber. Man könnte auch sagen: dann kann die Liebe zwischen Ich und Du ungehindert fließen, und zwar jenseits räumlich-zeitlicher Begrenzungen. Denn die Welt, die sich zwischen und für Ich und Du auftut, hat in Raum und Zeit keinen Zusammenhang. *»Die Liebe hemmet nichts;/ sie kennt nicht Tür noch Riegel,/ Und dringt durch alles sich;/ Sie ist ohn' Anbeginn,/ schlug ewig ihre Flügel/ Und schlägt sie ewiglich.«,* lesen wir bei Matthias Claudius. Kann die Liebe das Band zwischen Ich und Du sein, das die Wunde der Vereinzelung für immer schließt? Ist sie tatsächlich so machtvoll, raumunabhängig, zeitlos? Antoine de Saint-Exupéry ist überzeugt davon: *»Wenn du bei deinem Freunde und bei dir selber, anderswo als in dir und anderswo als in ihm, die gemeinsame Wurzel suchst, wenn es für euch beide einen göttlichen Knoten gibt ... so gibt es keine Entfernung und keine Zeit, die euch trennen könnte, denn jene Götter, auf die sich euere Einheit gründet, spotten aller Mauern und Meere.«* Kann die Liebe in ihrem Geiste die Liebenden, und seien sie noch so weit voneinander entfernt, zu dem Paar verbinden, das sie von Anfang an füreinander sein wollen? *»Es bleibt uns nichts, als der seeligste Glaube*

aneinander, und an das allmächtige Wesen der Liebe, das uns ewig unsichtbar leiten und immer mehr und mehr verbinden wird«, schreibt *Diotima* an Hölderlin. Können sich die Liebenden durch die Macht und Kraft der Liebe zu der Einheit emporschrauben, die von Anfang an als Sehnsucht in ihnen angelegt war? Ruhen sie in sich und durchdringen sich wie Sterne durch den gegenseitigen Strahl? Gleicht die Verbindung einem magnetischem Netz, das dauernd unter funkelnd erschütternder Spannung steht, deren Wechselwirkung niemals aufhört?

Hat sich Eros zu dieser universalen, kraftvollen Liebe emporgeschwungen, kann er die Brücke zwischen Oben und Unten, Himmel und Erde, Innen und Außen, Geist und Körper, Ich und Du schlagen, weil er die beiden Pole zur ursprünglichen Einheit zusammenspannt und alles dazwischen erfüllt? Er erhält hier den Rang einer *strömenden Allgegenseitigkeit,* wird zu *welthaftem Wirken* und steht für ein Sich-Zurückgeben an den Kreislauf und Wechsel fließenden Lebens, dem er entstammt. Er führt zurück zum Ursprung, zur unerschöpflichen Quelle, die sich schenkend verströmt und niemals versiegt.

Es ist, als gehe der Mensch in der Tat in sich selbst zugleich über sich selbst hinaus durch das Du hindurch mit ihm zum ewigen Du. Es scheint, die Liebe zu einem bestimmten Du kann dem Ich die Quelle des ewigen Du erschließen. Und wie das Ich das besondere Du mit dem ewigen verknüpft, so ist es das ewige Du, das das besondere in den Stand der Ewigkeit erhebt.

Bedient sich die göttliche Einheit der menschlichen Zweiheit, um durch sie sichtbar, fühlbar, erreichbar zu werden? Hat sie im Eros dem Menschen ein Mittel der Erlösung, und sich selbst ein Mittel der Offenbarung an die Hand gegeben? Ist das Wesen dieser Liebe also tatsächlich Ausbruch aus der Einsamkeit, Heimkehr in den göttlichen Ursprung, in die ewig seiende Einheit?

»wir ... unsterblich wie die Liebe?
Ich kann nicht mehr sagen, meine Liebe oder Deine Liebe;
beide sind sich gleich und vollkommen Eins, so viel Liebe als Gegenliebe.
Es ist Ehe, ewige Einheit und Verbindung unsrer Geister,
nicht bloß für das was wir diese oder jene Welt nennen,
sondern für die eine wahre, unteilbare, namenlose, unendliche Welt,
für unser ganzes ewiges Sein und Leben.«
Julius an Lucinde
(Friedrich Schlegel)

Epilog

Möge nun nur niemand glauben, daß der Tango ihn von irgend etwas erlösen könnte. Im Gegenteil. Bei den meisten öffnet er erst einmal die *Büchse der Pandora* und verursacht so eine ganze Menge neuer Schwierigkeiten. Bekanntlich ist es nicht leicht, all den *kleinen Dämonen* wieder ein Halsband anzulegen, wenn sie erst einmal frei herumlaufen. Doch um genau diese Reintegration zuvor schlummernder, durch den Tango bewußt gemachter Persönlichkeitsanteile geht es dabei. Letztendlich entscheidet ausschließlich unser Charakter, was wir daraus machen: Ob wir göttliche oder mephistophelische Eigenschaften in uns ausbilden, welcher Seite wir ähnlicher werden wollen. Die Prinzipien, an deren Beschreibung wir uns versuchten, weisen weit über den Tango hinaus. Sie zielen auf Eros, *»der alles begann«*, und werfen die Frage auf: Was passiert, wenn wir uns mit all den Erfahrungen und Entdeckungen aus der *Sphäre des Tangos* zu einem viel größeren Tanz aufmachen, auf einen Tanz mit etwas viel Größerem einlassen?

> *»Wie ist das klein, womit wir ringen,*
> *was mit uns ringt, wie ist das groß; …*
> *Was wir besiegen, ist das Kleine,*
> *und der Erfolg selbst macht uns klein …*
> *Die Siege laden ihn nicht ein.*
> *Sein Wachstum ist: der Tiefbesiegte*
> *von immer Größerem zu sein.«*
>
> (Rainer Maria Rilke)

ANHANG

Eine kleine Geschichte über die Tango-Technik

Polarität und das paradoxe Wesen des Tangos

Nicht selten ist im Tango das eine zu tun, wenn man das andere möchte. Der Tango lebt von den Gegensätzen. Sein Wesen ist paradox. So ist die Aufwärtsbewegung der Aufrichtung des Oberkörpers abhängig von einer guten Erdverbundenheit. Die eigene Unabhängigkeit (von Achse und Gleichgewicht ist hier die Rede) ist abhängig von der Unabhängigkeit des Partners. Das schwerelose Dahingleiten bedarf bei jedem Schritt der Hingabe an die Schwerkraft in der Verwurzelung mit dem Boden. Die Haltung orientiert sich an der Schwerkraft der Materie in umgekehrter Richtung. Man richtet sich daran auf. Die Leichtigkeit der Bewegung ist ein Geschenk der Schwere unserer Beine, die sich unseren Impulsen ohne Anspannung überlassen. Wir geben im Tanz unsere Schwere an die Erde ab. Der Blick der Tanzenden ist weit und nicht konzentriert. Er fixiert nichts. Dadurch erweitert sich das Gesichtsfeld. Dieser Blick schwimmt zur Grenze zwischen Himmel und Erde, zur magischen Linie ihrer Berührung. Wenn die Frau zurück will, muß sie sich nach vorne, gegen den Impuls des Mannes stellen, in die *Kompression* gehen, um sich mitnehmen zu lassen. Wenn sie gestreckten Schrittes gehen will, muß sie sich konsequent der eigenen Schritte enthalten. Wenn sie schnell sein möchte, muß sie langsam werden, auf seinen Impuls warten, um sich von dieser Welle mitnehmen zu lassen. Und es erfordert, jene Ruhe zu finden, aus der die Lockerheit der Beine kommt, ohne die Schnelligkeit gar nicht möglich wäre. Wer mit seiner Bewegung nach außen treten will, beginnt damit in der eigenen Mitte. Auf einer höheren Ebene drückt sich das paradoxe Wesen des Tangos auch darin aus, daß man sich dem Tanz nähert, indem man ihn *losläßt,* ihn sich nicht durch *effektvolles Tun* anzueignen versucht. Wer glänzen will, verblaßt. Wer sich dabei jedoch hingegeben selbst vergißt, leuchtet wie ein ferner Stern. Wer im Tanz die Eitelkeit und sein Ego zurückläßt, gewinnt sich selbst und erlangt Magnetismus. Doch wer dieses *Sterben* vermeiden will, stirbt in der Erstarrung des Festhaltens. Er baut um sich einen festen Wall gegen jegliche Inspiration. Sein Tanz ist festgefahren und ohne Phantasie, was der Eitelkeit erneut Nahrung gibt und ihre nimmersatten Hände endlos nach dem ganz Besonderen greifen läßt.

Die Versöhnung der Polarität

In unserem westlichen Denken gelten Gegensätze meist als etwas, bei dem das eine das andere ausschließt. *Jedoch sollten im Tango all unsere inneren Anteile ihren Ausdruck und spielerischen Rahmen erhalten, wodurch auch ihr Gefüge transparenter wird. Der Tango ist Austragungsort unserer einander gegengerichteten Anteile, solange sie nicht verwandelt, versöhnt und integriert sind.* Polarität existiert im Tango auf allen Ebenen in gleichberechtigter Verbindung: Männlich und Weiblich, Ruhe und Bewegung, Spannung und Lösen, Geben und Nehmen, usw. Und diese Pole durchdringen einander, wenn wir vom Ideal ausgehen, wo sie bereits geeint sind. So ist die Bewegung von konzentrierter Ruhe und der Tänzer, während er in Ruhe ist, trotzdem in Bewegung. Er ist aktiv in der Ruhe und ruhig in der Aktivität. Er entspannt innerlich in die äußere Spannung hinein und hält die Spannung im Innern, wenn sie äußerlich kurz gelöst wird. *Im Spiel der Gegensätze hält die innere Ebene, wenn nötig, die äußere im Gleichgewicht.* So wird auch unser Geben im Tanz zu einem Nehmen und unser Nehmen zu einem Geben. *Die Aufgabe des Tänzers ist, immer die Gegensätze zu vereinen;* und das geschieht, indem er die polare Spannung hochhält, beide Seiten berücksichtigt und maximal differenziert. Er sollte sich darin üben, in dieser polaren Spannung stets Souveränität und dynamisches Gleichgewicht zu wahren, sowohl innerhalb jeder Ebene, wie auch zwischen den einzelnen Ebenen. Durch Betonung der Polarität in der Bewegung läßt sich auch der Rhythmus der Musik tanzend akzentuieren.

Jede Bewegung in diesem Universum von Zeit und Raum ist durch Polarität erzeugt, so wie die Energie in einer Batterie auch nur in der Spannung zwischen zwei Polen fließen kann. Der Tag folgt der Nacht, so wie aus dem Ruhen neuer Tatendrang entsteht und die Erschöpfung wieder zur Ruhe strebt, unser erster Schritt ins Leben auch der erste Schritt ist, den wir auf den Tod zugehen. Die Verzögerung strebt in die Beschleunigung und diese mündet unweigerlich ins nächste Verzögern. *Das eine ergibt sich zum angemesse-*

nen Zeitpunkt aus dem anderen. Laotse sagt: *»Beim Bewegen zeigt sich die Güte in der rechten Zeit.«* Immer mit dem rechten Zeitpunkt in unserer Bewegung Schritt zu halten und allen Gegensätzen in unserem Leben ihren Raum und Platz im passenden Augenblick zu geben, ganz im Fluß zu sein mit den Erfordernissen des Augenblicks, machen in unserem Lebenstanz Balance und Achse aus. Und um dieses Gleichgewicht geht es auch in der von Polarität getragenen, polar geladenen und von der Polarität vorangetriebenen Bewegung des Tangos. Es geht niemals um Ausgleich, sondern um Durchdringung, und Vereinigung. So verlangt der Tango Gleichgewicht und Integration auf allen Ebenen.

Der stärkste Motor in diesem Universum ist der Eros, in dem sich das Bedürfnis nach Einswerdung mit dem Gegenpol am deutlichsten ausdrückt. Der Eros ist das Streben nach Erweiterung zur Ganzheit hin, auf der Basis der Verschiedenheit der Erscheinungen, der Verschiedenheit von Mann und Frau. Das Tangopaar repräsentiert eine Ganzheit. Und immer dort, wo sich die Gegensätze zu einem Ganzen verbinden, bewegen sie sich auf das Ungeteilte und das Absolute zu. *Dieses Bedürfnis nach Einswerdung konfrontiert uns sowohl mit der Forderung nach Hingabe als auch mit der Forderung, bei uns selbst zu bleiben, also relativer Autonomie, da es dort keine stabile Einheit geben kann, wo einer der beiden Pole geschwächt wird.* Die Autonomie der durch Einheit gestärkten Gegensätze drückt sich ideal in Haltung und Funktion unseres Tangos aus. Zwischen den Polen besteht immer eine geheime Beziehung. Wenn man den einen Pol schwächt, zieht man damit immer auch den anderen in Mitleidenschaft, so wie die Einatmung von der Ausatmung abhängt und die Kraft eines Menschen von seiner inneren Ruhe. Genauso ist es auch in der Bewegung des Tangos.

Eine schwungvolle Streckung ist lediglich aus dem Beugen des anderen Beines möglich. Spannung läßt sich nur dort aufbauen, wo man zuvor entspannt. Und jedes Beschleunigen läuft sich ohne darauffolgendes Verzögern im wahrsten Sinne des Wortes tot.

Auf der Ebene des Umgangs miteinander sollte man sich maximal um den Partner sorgen, um seine Bewegungsfreiheit, seine Balance, sein Wohlgefühl und Vergnügen, weil das der Genuß am gemeinsamen Tanz erfordert. Doch man sollte auch sich selbst nicht vernachlässigen, sich ebenso um sich kümmern, darum, den eigenen Tanz zu entfalten, und der Partnerin das Möglichste des

Augenblicks zu geben. Dieser Tanz, der die Erfüllung des Eigeninteresses abhängig von den Belangen des Gegenübers macht, lehrt einen klugen Egoismus. Er zeigt, daß man seine Interressen wahrt, indem man die des Gegenübers wie die eigenen behandelt. »Wenn ich sie aus der Achse bringe, zieht mich ihr Sturz aus meinem Gleichgewicht, da ich mit ihr verbunden bin.« Dieses Prinzip läßt sich ohne weiteres auch auf die Ebene der Gruppe übertragen, wie uns die Erfahrung auf einer Tanzfläche mit anderen Paaren lehrt. Wenn wir in einer polaren Welt das eine wollen, dürfen wir seinen Gegenpol nicht ausklammern, sondern müssen ihn mitberücksichtigen. Denn wie massiver wir den einen Pol stärken und vorantreiben, um so mehr nimmt die Polarisierung zu. Und je einseitiger wir einen Pol favorisieren und über den anderen stellen, um so mächtiger fordert der andere sein Recht aus dem *Untergrund* ein, so wie die Romantik die Reaktion auf die Aufklärung war und die sexuell sadistischen Auswüchse während der kirchlichen Inquisition die Folge einer Ausrichtung auf rigide, den Sinnen feindliche Geistigkeit. Der Tango versöhnt diese Gegensätze. Dieser Tanz ist voll Sinnlichkeit und hoher Spiritualität. Doch die Vereinigung von Sinnlichkeit und Geist ist nur unter der Bedingung möglich, daß der Geist und die Liebe führen. Auch hier führt das männliche, strukturgebende Element, motiviert durch die Anziehung, die das weibliche ausübt. Und wenn wir tatsächlich anerkennen, daß die Gegensätze Teile eines runden Ganzen sind und einander bedürfen, leitet sich daraus wie von selbst die Forderung ab, daß der erotische Lernprozeß, den uns der Tango auferlegt, nur damit enden kann, daß ein jeder Tänzer den Geschlechtergegensatz sowohl im eigenen Wesen wie auch in seinen Beziehungen versöhnt und nicht nivelliert oder unreif als Krieg der Geschlechter inszeniert. Nur die Liebe steht jenseits der Polarität. Sie kommt aus einer anderen Sphäre.

Über die Geometrie des Eros

Das Bedürfnis, richtig und falsch immer eindeutig festzulegen, ist gerade den Deutschen nicht sonderlich fremd. Nicht umsonst gründen sie für die harmlosesten und rührendsten Freizeitbeschäftigungen immer gleich einen Verein, der eindeutige Statuten und Normen festschreibt. Doch funktioniert das beim Tango nicht, da er eine Bewegungskunst ist, die sich stetig weiterentwickelt und verästelt hat und durch unzählige kreative Tänzer gespiegelt und vorangebracht wurde. Ein Kollege sagte mir einmal: »*Wenn sich einige Tangolehrer in Buenos Aires treffen, um über die richtige Technik zu diskutieren, hört man ebenso viele verschiedene Meinungen, wie es Lehrer gibt. Doch bei allen funktioniert es irgendwie.*« Und genau das müssen alle Systeme gewährleisten. Im Tango ist prinzipiell alles führbar. Die Frau muß die Figuren nicht kennen. Es würde ihr ohnehin nichts nützen, da der Mann sie beliebig abwandeln und neu zusammenfügen kann. Sie erlernt im Unterricht bestimmte Grundfiguren, wie auch er, um die ihnen zugrundeliegenden Bewegungsprinzipien und die Führung kennenzulernen und zu verinnerlichen. Dann muß sie lernen, *ins kalte Wasser zu springen*, denn keine zwei Tangos, die je getanzt wurden, sind gleich. Die Tänzerin *erwidert* seine Impulse im konstanten *Widerstand* zu ihm. Dabei befinden sich beider Oberkörper dauernd an der *Grenzlinie* zwischen autonomem Stehen bzw. Gehen und gegenseitigem Aneinanderlehnen, wodurch sowohl das eine wie auch das andere gerade noch möglich ist. *Der Widerstand ist so gering wie möglich, aber so stark wie nötig.* Eine der schwierigsten Anforderungen für die Frau besteht darin, den Widerstand in allen Bewegungsrichtungen sowie deren Umkehrpunkten, permanent aufrecht zu halten, ohne selbst in die Führung oder aus dem Kontakt zu gehen. Besteht für die Tänzerin die Hauptschwierigkeit darin, in jeder Bewegungsphase gleichmäßig gegenzuhalten und mit der Achse nicht nach hinten einzubrechen, liegt die des Tänzers darin, ebenso gleichmäßig Energie über den Oberköper zu geben ohne dessen Bewegungsfluß abreißen zu lassen. Die Oberkörper erfüllen neben der verbindenden Funktion auch eine übertragende. Beide Oberkörper bleiben kompakt und fest, die Beine jedoch locker. Wenn die Achse der Frau nachgibt, geht ein dementsprechend großer Anteil des Impulses des Mannes in dieser Bewegung verloren. Jener sollte den Oberkörper der Frau aber nur durchlaufen und direkt in die Streckung ihres Beines führen. Der Mann nimmt die Energie aus der Erde, indem er sich vom Boden abdrückt und überträgt sie auf die Frau, die sie durch ihren Schritt wieder in die Erde ableitet – ein Energiekreislauf. Bei diesem Modell unterstellen wir den Regelfall: Der Mann geht vorwärts, die Frau rückwärts. Jeder Rückwärtsschritt, den die Frau von sich aus unternähme, würde sie aus dem Kontakt mit dem Partner bringen. Das Bein pendelt jedoch nur mit. Wenn es keine eigene Absicht hat, kann es auch nicht irren. Wird sie jedoch vorwärts in den Schritt des rückwärtsgehenden Mannes, oder seitlich neben ihn geführt, begegnet sie der Herausforderung, im Vorwärtsgehen immer noch gleichmäßigen Widerstand gegen seinen Oberkörper zu halten, ohne dabei aktiv in die Führung zu gehen, ihn also zu schieben.

Die Frau kommt immer zuerst

Die Frau hilft dem Mann, indem sie ihm nicht hilft, sondern ausschließlich auf die Ausübung ihrer Rolle achtet. Dann ist der Mann maximal mit den Resultaten seiner Führung konfrontiert und kann diese über den Prozeß von Fehler und Korrektur vervollkommnen. Wenn sie ihm seine Rolle abnimmt, unterdrückt sie in ihm die Ausbildung und Entfaltung seiner männlichen Persönlichkeitsanteile und verhindert oder zerstört damit die Polarität. Wenn der Mann seine männliche Rolle verweigert, blockiert er die Frau in der Entfaltung ihrer Weiblichkeit und zerstört ebenfalls die Polarität. Da er jede ihrer Grundbewegungen führt, ist es auch seine Aufgabe, immer zuerst die Frau in ihre Bewegung hineinzuführen, bevor er seinen Schritt dem ihren anpaßt. Dieses Anpassen geschieht durch den für den Tango so typischen Moment der Verzögerung, der sowohl den Bewegungen der Männer, wie auch denen der Frauen zu eigen ist. Sie darf nicht gleich losgehen, wenn sie seinen Impuls spürt. Sonst könnte sie seine Führung nicht verstehen. Spüren benötigt Zeit. Je länger sie verzögert, um so mehr Zeit hat sie, um zu spüren. Je länger sie ihren Schritt gegenüber dem seinen verzögert, um so mehr wächst die Spannung in ihrem Körper, die durch seine Bewegungsübertragung erzeugt wird, d.h. die Andruckspannung gegen den Partner, wenn sie rückwärts geht, oder die Verdrehspannung in den Achsen während der Drehungen und Ochos. Je länger sie den Impuls ihres Partners in sich eindringen läßt, ohne den Schritt zu tun, um so klarer vermittelt sich ihr seine Bewegung und wohin diese mit ihr zusammen hinstrebt, bis sie sich schließlich von dieser gegen sie anwachsenden *Welle* mitnehmen läßt. Dabei ist die Grenze erreicht, bevor sie ihr Gleichgewicht verliert, in der Achse einbricht oder in den Beinen blockiert. Beide nähern sich bei lotrecht verweilenden Achsen in ihrer gemeinsamen Oberkörperbewegung der Gleichgewichtsgrenze. Dadurch kommt es zu einem Streckreflex im Bein, der die Achsen in ihrer Bewegung Schritt für Schritt vorweg stabilisiert.

Damit der Mann seinen Schritt dem der Frau anpassen kann, muß er ein wenig länger verzögern als sie, nämlich maximal. Das heißt, da ihm die Aufgabe der Führung obliegt, befindet er sich im Vorwärtsgehen noch näher an der Gleichgewichts-Grenze, als sie. Das ist aber nicht weiter problematisch, wenn sie ihm durch sanften Widerstand gleichmäßigen Gegenhalt gewährt und ihn nicht ins Leere laufen läßt.

Es gibt zwei Phasen der Verzögerung in der gemeinsamen Bewegung von Mann und Frau:

1. Die Frau verzögert ihre Schrittbewegung, um den Streckreflex zu aktivieren, um zu erfühlen, wohin der Mann sie führt und wie groß der Schritt wird. Das könnte sie nicht, wenn sie gleich losginge.

2. Er verzögert seinen Schritt auch noch gegenüber dem ihren, der sich bereits in Verzögerung zu seinem Körper befindet, damit er seine Beinbewegung mit der ihren synchronisieren kann. Das heißt, er verzögert seinen Schritt im Verhältnis zu seinem Oberkörper noch ein wenig länger, als das bei ihr schon der Fall ist, nämlich maximal. Trotzdem setzen beide, wenn er nicht zeitlich, im Takt der Musik, versetzt zu ihr tanzt, gemeinsam.

Die Bewegung des Beines wird verzögernd gehalten. Dazu müssen Beine und Muskeln locker sein. Wenn sie nicht frei laufen, gibt es auch nichts zu halten. Verzögern bedeutet niemals blockieren.

Es gibt zwei Phasen des Verzögerns in den Schritten jedes einzelnen Tanzenden:

Generell gilt, daß sich die erste Hälfte des Schrittes über zwei Drittel einer rhythmischen Einheit, der Taktzeit, erstreckt und für die zweite Hälfte nur noch ein Drittel verbleibt. Wird im Verhältnis ein Schritt auf zwei Taktschläge getanzt, wie das bei den schnellen Rhythmen üblich ist, haben wir es mit zwei Verzögerungsphasen und zwei Beschleunigungsphasen innerhalb eines Schrittes zu tun:

1. Nach dem Heranziehen des Beines an das Standbein.

2. In jedem Schritt wird das soeben entlastete Bein so lange wie möglich am Boden belassen. Man geht nicht aktiv in die nächste Schrittposition. Es ist, wie wenn der Boden mit einem klebrigen Film bestrichen wäre, der einen noch für einen kurzen Augenblick des Verzögerns leicht festkleben läßt, bevor der Oberkörper das

Bein mit erhöhter Dynamik in seine Bewegung mitnimmt. Zwischen diesen beiden Verzögerungsmomenten ist die jeweilige Beschleunigungsphase eingebettet. Im Heranziehen an das Standbein läßt sich durch ein Antippen des Bodens oder einen kleinen *Taconeo* noch ein zusätzlicher rhythmischer Akzent setzen. »Wenn ich das Beschleunigen in der Bewegung betonen möchte, geschieht dies über maximales Verzögern zu Beginn, denn dadurch provoziere ich eine erhöhte Beschleunigung. Wenn ich das eine will, setze ich bei seinem Gegenpol an.«

Betrachten wir einmal den bildhaften Gehalt dieses Verzögerns, das den Fuß noch festhält, während der Oberkörper, das Herz, schon weiterstrebt. Der Körper gerät bei aufrechter Achse in Dehnung und zieht sich in der zweiten Verzögerungsphase beim Heranziehen an das andere Bein wieder zusammen (weitere Polarität des Ausdehnens und Zusammenziehens, die deckungsgleich zu der des Verzögerns und Beschleunigens verläuft). Die Beschleunigung dazwischen ist nicht gemacht, sondern das Resultat des Lösens der inneren Zugspannung im Körper, sowie des Strebens nach Gleichgewicht und Achse. Dieser bildhafte Ausdruck des Spannungsaufbaus innerhalb des Körpers jedes Tanzenden durch leichtes *Festkleben* des entlasteten Fußes und dem Voranstreben aus dem Oberkörper beim Gehen, scheint wie ein Symbol in Bewegung für ein inneres Vorwärtsstreben gegen den Widerstand, den die Erde uns entgegenbringt. Jenes Ziehen am aufgerichteten Körper zwischen dem Voranstreben vom Herzen aus und der Vorstellung, dabei noch an den Beinen gehalten zu werden, ist wie ein Sinnbild für das polare Spannungsfeld zwischen einer Sehnsucht nach Transformation und den Bindekräften der gegenwärtigen Situation. Die aufrechte Haltung im Tango, seine Forderung nach Rückgrat, d.h., nie in der Achse einzubrechen, im Spannungsfeld polarer Kräfte nie Haltung und Würde zu verlieren, sind sehr typisch für diesen Tanz und spiegeln ein Lebensideal der *alten Milongueros* wider. Am deutlichsten drückt sich diese getanzte Metapher im Tanz der Männer aus, welche meist vorwärtsgehen. Derselbe Ausdruck der durch Erdgebundenheit verzögerten Schritte in den Ochos und der Moulinette unterstreicht das sinnlich Weibliche in den entsprechenden Verdrehbewegungen.

Kurz bevor sich im Weitergehen das entlastete Bein in den Schritt löst, entsteht im Körper bei Mann und Frau eine Spannung, die jener eines gespannten Bogens ähnelt. Aus dieser Verzögerung heraus findet der Fuß sein Ziel blind durch die Führung der Achse. Wie ein abgeschossener Pfeil landet er treffsicher in der nächsten Schrittposition, wo der Körper sich erneut streckt und spannt. Dazwischen erfolgt ein Lösen der Spannung. So pulsen durch die Tangobewegung immer mehrere Formen der Polarität gleichzeitig, die sich gegenseitig überlagern. Der Körper wird permanent *durchgearbeitet*. Die Bewegung ist nie eintönig, sondern besitzt eine ihr immanente Rhythmik. Dieser polare Rhythmus in der Gehbewegung dient der Umsetzung des musikalischen Rhythmus und wird zu seinem Ausdruck in Bewegung.

Wenn die Frau vorwärts geht und der Mann rückwärts, dreht sich die Phasenverschiebung in der Verzögerung zwischen den beiden um. Sein Schritt löst sich dann zuerst mit seinem Oberkörper in die Bewegung. Und dadurch, daß sie den Kontakt im Gegendruck zu seinem Brustkorb hält, geht ihr Bein nun dem seinen gegenüber verzögert in die Bewegung. Das ist nötig, damit er ihr Platz machen und sie selbst voll in die Streckung gehen kann, ohne ihm dabei auf die Füße zu treten.

Körperhaltung und Gewichtslagerung

Der Tango besitzt Würde und eine gerade Haltung. Die Achse existiert in uns als Möglichkeit, mit der sich unser Rückgrat verbinden kann. Mit der Würde ist es schwieriger. Sie ist, nach Kurt Tucholsky, der *Konjunktiv von Sein*. Haltung und Gewichtslagerung sind bei Mann und Frau identisch. Beide setzen ihre Füße so weit hinter ihren Schwerpunkt, der zu Beginn der Bewegung durch den Mann etwas abgesenkt wird, zurück, bis die Fersen nicht mehr belastet sind (Ballenlagerung). Dadurch werden die Knie so weit gebeugt, daß deren Beweglichkeit gerade ausreicht, um an der äußersten Grenze des Gleichgewichts nach vorne ausgleichend wirken zu können. Das Becken wird geringfügig gekippt, um die Wirbelsäule zu begradigen. Das Schambein kommt etwas nach vorne, wodurch das Becken regulierend die Wirbelsäule in die Gegenspannung zum Hohlkreuz bringt. Dieser Bereich der Lendenwirbelsäule ist unser erster Referenzpunkt. Von dort aus dehnt sich

der Körper nach hinten aus (gegen das Hohlkreuz). Der zweite Referenzpunkt ist das Brustbein, von dem aus sich der Brustkorb aus dem Schultergürtel heraus nach vorne, dem Partner entgegenwölbt. Dadurch entsteht eine Spannung in der Rückenmuskulatur, die uns hilft, die Achse im Tanz zu stabiliseren. Der dritte Referenzpunkt ist die Schädelbasis, die sich nach hinten verlagert, wodurch der Kopf völlig aufgerichtet über der Wirbelsäule seinen Platz findet. Die Tänzer stehen zentriert voreinander. Die Füße sind gleichermaßen belastet, da dadurch keine Einschränkung der Möglichkeiten, den ersten Schritt zu tun, vorgenommen wird. Beide stehen nur ganz leicht versetzt, so daß der rechte Fuß des Mannes genau zwischen die Füße der Frau paßt.

Umarmung und Spannungsbogen

Sein rechter Arm hält sie stabil vor seinem Herzen, ohne seitlich zu öffnen; und der Mann zieht die Frau niemals an sich heran, sondern kontert nur ihr Abdrücken gegen, wodurch er ihr niemals einen geringeren Abstand aufzwingt, als sie es wünscht. Das würde ihre Achse brechen und Abwehr auslösen. Die Frau definiert den Abstand durch die Form ihres Gegendrucks. Dieser kann über die Oberkörper direkt geschehen, indem sie sich an ihn schmiegt, er seinen Arm weich um ihre Taille und sie ihren linken Arm um seinen Nacken legt. Doch wenn sie mehr Abstand möchte, oder dieser Wunsch von ihm ausgeht, weil er vielleicht gerade eine größere Distanz benötigt, um sie in eine schwierigere Figur, eine komplizierte Drehung zu führen, geschieht die Verbindung beider Oberkörper indirekt durch Bildung eines Spannungsbogens. Das bedeutet, daß die Frau ihren linken Arm entspannt und mit vollem Gewicht auf seinen rechten Arm legt und sich mit der Hand ein wenig an seiner Schulter abdrückt (bei maximalem Abstand, wie es manche Bühnenfiguren erfordern, umfaßt sie seinen rechten Oberarm). Er erleichtert ihr das, indem er sie direkt unterhalb ihrer Arme umfaßt. Seine linke und ihre rechte Hand schließen den Spannungsbogen auf der anderen Seite, exakt zwischen den Schultern, auf ihrer durchschnittlichen Höhe. Alle fünf Finger umschließen die jeweilige Hand des anderen mit dem sanftesten Druck, der eine stabile Verbindung noch ermöglicht, ohne aber den Genuß, den eine gefühlvoll tastende Berührung gewährt, bereits zu schmälern. Die Ellenbogen sind lotrecht nach unten gerichtet und die Schultern entspannt gesenkt. Der gegenseitige Andruck, mit dem sich durch den Händedruck links vom Mann der Spannungsbogen schließt, ist nur wie ein passiver Widerstand, wie ihn uns beispielsweise eine Wand bietet. Beide drücken niemals aktiv mit den Armen. Die Arme haben nur die Aufgabe, die Oberkörper mit einer, sich den Erfordernissen der Dynamik der Bewegung anpassenden Spannung zu verbinden. Bei größtmöglichem Abstand liegt die rechte Hand auf der Wirbelsäule der Frau, bei kleinstmöglichem faßt der Mann ganz um ihren oberen Rücken herum. Und er sollte mit seinem rechten Arm niemals seitlich öffnen. Der Ellenbogen bleibt in einer Linie zur äußeren rechten Grenze seines Torsos. So kann er sie in jeder Phase, auch der verschlungensten Bewegung, direkt vor seinem Herzen halten. Sein linker und ihr rechter Ellenbogen bleiben gesenkt, da sie andernfalls die Oberkörper aus der Parallelität in ein nach außen geöffnetes V zwingen würden. Die einander umschließenden Hände halten bei beiden stets den gleichen Abstand zur Schulter. Die Beugung der Ellenbogen bleibt konstant und hält Ober- und Unterarm in einem Winkel von knapp über 90 Grad. Im Tango de Salon können beide Unterarme und Ellenbogen direkt aneinanderliegen. Wenn die Ellenbogen lotrecht gesenkt sind, parallel zu den aufgerichteten Körperachsen, hat das auch eine positive Auswirkung auf die Aufrichtung der Achsen und begünstigt das Heraustreten des Brustkorbes. Wird der Ellenbogen angehoben, verkrümmt sich dadurch die Haltung ein wenig und verführt zum *Armdrücken*. Dabei sollen die Arme die Oberkörper durch den Spannungsbogen nur verbinden und nicht selbst aktiv werden. Führung geschieht nie vermittels der Arme, da das die Frau aus der Achse brächte. Die linke Hand des Mannes, sein Brustbein und seine rechte Armbeuge, mit der er sie vor seiner Achse hält, bilden ein festes Dreieck, dessen Eckpunkte zueinander fixiert bleiben. Nur die Schultergelenke müssen flexibel sein. Sie drückt sich vom Mann ab, mit ihrem Rücken in seinen rechten Arm hinein, ohne dabei aber das sanfte, gleichmäßige Anlehnen gegen ihn, aus ihrer Achse heraus, aufzugeben. Ihr Brustkorb ruht sicher geborgen zwischen seinem rechten Arm und seinem Herzen. Jede seiner Bewegungen überträgt sich dadurch auf sie.

Das richtige Tun und der rechte Augenblick

Es gibt für alles einen richtigen Zeitpunkt. Ein jedes Ding erfüllt sich zu seiner Zeit, im Leben und im Kosmos. Das gilt auch im Tango. Nicht überlegtes, planmäßiges Tun steht dabei im Vordergrund, sondern ein feines Erspüren des richtigen Handelns sowie des rechten Zeitpunktes, wobei Ersteres mit Zweiterem übereinstimmen sollte, ohne daß dabei noch ein Gedanke dazwischenpaßt. Die Schritte werden niemals getan, sondern durch den Oberkörper des Mannes, gehen wir einmal von einer rein technischen Betrachtungsweise aus, initiiert, und geschehen zum spätest möglichen Zeitpunkt. Wenn beide oben stabil bleiben, ereignet sich der Schritt einfach. Das Bein löst sich wie von selbst, indem es mit betonter Trägheit vom Oberkörper abgeholt und in dessen Bewegungsdynamik einbezogen wird. Heinrich von Kleist beschreibt in seinen Betrachtungen »*Über das Marionettentheater*« das Wesen des Tanzes, insbesondere des Tangos, obwohl dieser zu jenem Zeitpunkt noch in der *kosmischen Wiege* schlummerte.

»...*Jede Bewegung, sagte er, hätte einen Schwerpunkt; es wäre genug, diesen in dem Inneren der Figur zu regieren; die Glieder, welche nichts als Pendel wären, folgten ohne irgend ein Zutun, auf eine mechanische Weise von selbst ... so sind alle übrigen Glieder, was sie sein sollen, tot, reine Pendel, und folgen dem bloßen Gesetz der reinen Schwere...*« Ein anmutiger Tanz, wie es der Tango ohne Frage ist, kann folglich kein Tanz des Schrittemachens sein. Im Tanz der Marionetten drückt sich bereits das Wesen der Bewegung des Tangos aus. Sie nimmt ihren Ausgang aus ihrem Schwerpunkt in der Körpermitte. Der Impuls tritt aus der Mitte hervor, von dort, wo die *Seele steckt*. Die schlafwandlerische Sicherheit und Grazie kommt daher, daß der Schritt nicht durch Eigenwillen gehemmt ist, sondern nur die Dynamik des Schwerpunktes die Bewegung durch die lockeren Gelenke der Beine leitet. Der analytische Verstand und der Wille bleiben im Hintergrund und formen die vom eigenen Willen befreite Grundbewegung der Beine lediglich aus. Der eigentliche Tanz findet sehr klein und konzentriert, gefühlt im Inneren und in der Mitte des Tänzers statt. Und diese innere Mitte kommuniziert in sehr subtiler Weise mit der inneren Mitte der Tänzerin. *Wir haben es im Tango mit genau zwei Schwerpunkten zu tun: dem Herzen, unserem Bewegungsschwerpunkt, und unserem Schwerpunkt im Becken, der uns erdet und aufrichtet.* Im zweiten Teil der Kleistschen Erzählung ist von einem Jüngling die Rede, der seine natürliche Grazie und Anmut durch das Bewußtsein ihrer selbst einbüßt. Darin findet sich eine andere wichtige Entsprechung zum Tango, von der in diesem Buch schon oft die Rede war: das selbstvergessene, hingegebene Tun, das durch Veräußerlichung verliert, wenn die Eitelkeit die Oberhand gewinnt. Kleist beendet seine Erzählung mit einem Bären, gegen den ein Fechter antritt. Der Bär pariert jeden Schlag des Rapiers, ohne auf Finten einzugehen. Er agiert mit der Sicherheit des *Instinktes*, welche die Führung übernehmen kann, sobald sich spekulatives Denken, Angst und Eitelkeit nicht mehr in den Vordergrund drängen. Wie ein Samurai, ein Kampfkünstler, steht der Bär Auge in Auge und erspürt instinktiv die Absichten des Gegenübers, als würde er in seinem Innersten lesen. Auch hier lassen sich unschwer die Parallelen zum Tango entdecken.

Beugen und Strecken – Spannung und Loslassen

Die Wirkung der Polarität von Verzögern und Beschleunigung, die sich aus der betonten Trägheit des Beines ergibt und der Frau hilft, zu erspüren, was der Mann von ihr will, wird durch den betonten Wechsel zwischen Beugung und Streckung der Beine verstärkt. Dadurch läßt sich deutlicher rhythmisch akzentuieren. Grundsätzlich ist das Bein, auf dem sich Gewicht befindet, immer ganz leicht im Knie gebeugt, das andere, das gerade gesetzt hat, aber noch ohne Gewicht ist, voll gestreckt. *Setzen* ist also immer gleichbedeutend mit *Strecken*, *Belasten* mit *Beugen*. Während der Gewichtsverlagerung gehen Beugen bzw. Strecken von einem Bein auf das andere über, was den Tänzern hilft, sich auf einer Ebene zu bewegen und das Becken in Ruhe zu belassen. *Hierin drückt sich beispielhaft aus, wie im fließenden Lauf der Wandlungszustände, innerhalb des polaren Spieles, von Augenblick zu Augenblick das Verhältnis zwischen den Gegensätzen wechselt und der Tänzer sich dieser Bewegung integer, ohne einzuknicken anzupassen hat, wenn er seine Balance nicht verlieren möchte.* Jeder Augenblick fordert von unserem Geist ein Mitgehen und berücksichtigendes Gestalten. Würde sich das Kniegelenk bei der Belastung des Beines nicht beugen, müßte das Hüftgelenk den Ausgleich übernehmen, was die Ruhe in der Achse stören würde. Im Tango bleibt das Becken immer in waagrechter Lage. Es gibt kein Auf und Ab wie in der Salsa. Die Beugung nimmt im gleichen Maße zu, wie die Streckung abnimmt bzw. umgekehrt. Nur im Heranziehen des sich bewegenden Beines an das Standbein sind für einen Moment beide gebeugt. Die Streckung verläuft bei aufrechter Wirbelsäule durch den ganzen Körper vom Brustbein aus nach vorne, von der Schädelbasis nach oben, und von der Lendenwirbelsäule nach hinten, bis in den Fuß nach unten, um den Impuls durch den ganzen Körper hindurch in den Boden zu leiten. Auf dem Bein, welches gerade den Boden berührt, baut sich Spannung auf, damit es den Körper stützen kann. Das entlastete Bein folgt jedoch völlig spannungslos dem Körper, wie ein Pendel. Es verzögert zwar, wo es das Standbein passiert, doch die Oberkörper bewegen möglichst gleichmäßig weiter. Dadurch entsteht ein Wechsel zwischen Ausdehnen und Zusammenziehen, der den ganzen Körper durchläuft.

Musikalische Interpretation durch das Gehen

Am deutlichsten wird die rhythmische Betonung in der Streckphase des Beines, in der man der musikalischen Interpretation entweder einen weichen oder einen harten Akzent geben kann. Durch Beeinflussung der Verzögerungsphase verleiht man ihr ein accellerando oder rubato. Das charakteristischste Merkmal des Tangos in der Musik ist die Synkope. Dies findet im Tanz Ausdruck durch eine starke Betonung im Setzen des Schrittes, der auf die maximale Verzögerung folgt. Die Art der Betonung entspricht der stilistischen Eigenheit des jeweiligen Orchesters, ist mehr oder weniger hart oder fließend. Der Rhythmus im Tango findet seine Ausformung ausschließlich durch Melodieinstrumente, vor allem dem Bandoneon. Es gibt keine Percussioninstrumente, außer bei der Candombe-Milonga, die aus Uruguay stammt. In ihr sind die afrokubanischen und afrikanischen Anteile des Tangos noch am deutlichsten spürbar. Das Schlagzeug wurde im modernen Tango erst durch seinen wichtigsten Erneuerer, Astor Piazzolla, eingeführt, dessen Werke ursprünglich nicht zum Tanz bestimmt waren.

Das Bandoneon

Worin könnte der wechselvolle Atem des Lebens, dieser scheinbar chaotische Hauch besser seinen Ausdruck finden als im Bandoneon, der Seele der Tango-Musik? Dieses asthmatisch seufzende Instrument, schiebt man es tonlos unter Bedienung seines Luftklappenhebels zusammen, wurde 1854 von Heinrich Band in Krefeld für die geistliche Musik entworfen. Gedacht war es für arme Kirchengemeinden, die sich keine Orgel leisten konnten. Der äußeren Armut und dem Elend blieb das Bandoneon auch treu, als es anstatt in den Kirchen, in den Bordellen von Buenos Aires landete und dort mit seiner nuancenreich klagenden Stimme alsbald die Flöte in der Musik des Tangos ablöste und diesem seinen schmerzvoll melancholischen Charakter verlieh. Wodurch könnte in dieser Musik die allgegenwärtige Dynamik zwischen den gedehnten Polaritäten besser ihren sichtbaren Ausdruck finden als im Auseinanderziehen und Zusammendrücken seines Balges, durch den der schwere Atem des Lebens manchmal direkt zu fließen scheint. Die Handhabung seiner Tastatur scheint auch erst einmal unnötiges Kopfzerbrechen zu bereiten, da die Töne in Form von Knöpfen angeordnet sind, als hätten sie zwei Dominospieler links und rechts wahllos gemischt. Die Knöpfe auf der Baß-Seite links sind nicht wie beim Akkordeon zu Akkorden zusammengefaßt, – und zu aller Verworrenheit macht jeder dieser Knöpfe im *Zudruck* auch noch einen anderen Ton als im *Aufzug*. Doch wie mir Bandoneonspieler versicherten, habe das Chaos durchaus seinen Sinn, da es eine größtmögliche Freiheit an spielerischen Möglichkeiten eröffnet. So gesehen paßt es hervorragend zum Tango, da diese Eigenschaft auch dem Tanz innewohnt. Es dient sowohl dazu, den kraftvoll fordernden Rhythmus vorzugeben, der den Körper in die Bewegung treibt, wie auch die melodischen Läufe in der Musik; von ihm geht die größte Kraft von all den am Tango beteiligten Instrumenten aus. Nicht umsonst wurde das Bandoneon vielfach in den Tangotexten thematisiert, wie in »*Bandoneón arrabalero*«, oder »*Che Bandoneón*«.

Spannungspausen

Zum wichtigsten in Musik und Tanz zählen die Pausen. Wie mehr noch trifft das auf den Tango zu. Er lebt vom Innehalten in der Bewegung, das nur eine Annäherung an den Stillstand, doch niemals der Stillstand selbst ist. Das Wesentliche geschieht eigentlich immer, bevor etwas passiert. Diese Verzögerungen, über mehrere Takte der Musik hinweg, dienen der inneren Sammlung sowie der Steigerung der Wachheit zum nächsten Schritt hin. Sie sind aber auch ein genußvolles Innehalten im Lauf oder bevor ein solcher beginnt, bei dem das Gefühl noch einmal ganz in die Tiefe der Umarmung taucht. Es ist, wie den Punkt, an dem eine Welle gegen den Strand hin ausläuft, bevor sie sich wieder ins Meer zurückzieht, bzw. den Punkt der Welle, bevor sie sich über ihrem Scheitel bricht, für einen, sich ins Endlose dehnenden Augenblick zu halten. Dies ist aber nur möglich, wenn beide sich einander tänzerisch völlig hingeben. Um dabei Kontakt sowie Spannung halten zu können, bedarf es einerseits der Erwartungslosigkeit eines nicht fixierten, nicht antizipierenden, aber hellwachen Geistes bei der Tänzerin, und andererseits, auf der körperlichen Ebene, des Gleichgewichtes. Denn nur permanentes Gleichgewicht bietet ihr die Freiheit, beliebig lange mit ihm in der Bewegung innezuhalten und zu verweilen. Nur im Gleichgewicht folgt sie souverän.

Der Tanz steht für die fließende, doch wechselvolle, gemeinsame Bewegung durch Raum und Zeit. Das Innehalten, die Spannungspausen eher für das vertikale Eindringen in die Ewigkeit durch den Augenblick. In den Spannungspausen vollzieht sich eine atmosphärische Verdichtung zwischen den Tanzenden. Sowohl das Moment der Verzögerung während des Tanzflusses sowie das Innehalten im Tanzfluß bedeuten Suche und Hinwendung an einen Schwebezustand. Die Spannung wird maximal gehalten. Sie *strebt ins Unendliche.* Und die Auflösung erfolgt erst im letzten Augenblick, doch nur, um sich von dort aus erneut dem nächsten Schwebezustand zuzuwenden. Dieser seltsame Tango fließt beständig im Herzschlag der Musik zwischen Strecken und Zusammenziehen, Verdrehen und Ausdrehen, Spannung und Lösen. Doch eine gewisse Spannung wird physisch immer gehalten, welche die Oberkörper verbindet und die Führung erst ermöglicht. Der Mann geht nie sofort los. Er schleicht sich wie ein Tiger an jeden Schritt heran, wobei er mit dem Oberkörper immer zuerst in die Bewegung eintaucht.

Und erst im letzten Moment dringt sein Schritt in ihren Schritt ein, gerade noch rechtzeitig mit der Musik, doch mit einem klaren Setzen, ohne nachzurutschen, an das sich mit aufreizender Verzögerung, doch souverän, der nächste Schritt anschließt. Dieses *Innehalten*, über mehrere Takte hinweg, bedeutet noch eine Steigerung der inneren Verzögerungsspannung. *Dabei fließt die Bewegung nach innen zurück, ohne jedoch zu versiegen. Je mehr sie sich zurückzieht, desto dichter wird sie.* Der Mann bleibt nie einfach stehen in den Pausen. Seine Bewegung nähert sich nur *limes unendlich* dem Stillstand, während der Oberkörper im Weiterbewegen schon wieder ansetzt, unendlich langsam in die nächste Welle einzutauchen. Oder er steht scheinbar fast ruhig und schwingt währenddessen mit der Partnerin, kaum sichtbar, aber fühlbar, in der Musik. Beides dient dem Genuß in der Wahrnehmung der gegenseitigen Präsenz, um sich sogleich wieder in einer, für die Frau nicht kalkulierbaren Weise vom Strom der Musik weitertragen zu lassen. *Von der Frau erfordert dies ein extremes Offen- und im Kontaktbleiben. Das Einzige, womit sie immer rechnen muß, ist, daß sie nie mit etwas rechnen kann. Beide sollten völlig präsent im Fluß der Augenblicke schwimmen, ohne vorauszugreifen zu wollen, aber auch ohne sich mit Vergangenem unnötig aufzuhalten. Greift die Frau vor, ist sie nicht mehr in Kontakt, daher ohne Führung. Will sie vergangene Fehler durch Nachkorrigieren wiedergutmachen, fällt sie ebenfalls aus der Gegenwart. Das Wort Gegenwart bekommt im Tango eine ganz neue Bildhaftigkeit, da es tatsächlich darauf ankommt, daß sie nicht vorausgreift, sondern gegen seine Bewegung anwartet, gegenwartet.*

Die unterschiedlichen Gleise beim Gehen

Man unterscheidet einspuriges und zweispuriges Gehen. Die entsprechende Form ergibt sich daraus, ob der Mann in den Schritt der Frau geht, bzw. ob er sie in den eigenen Rückschritt führt, wozu noch keine Verdrehung der Oberkörper erforderlich ist, oder ob er seitlich von der Frau, entweder links oder rechts von ihr, vorwärts oder rückwärts, geht. Immer wenn der Schritt direkt zwischen die Beine des Partners oder der Partnerin führt, gehen beide zweispurig, d.h. ein Bein gleitet eng neben dem anderen vorbei, Fuß an Fuß, Knie an Knie, auf zwei nah aneinanderliegenden parallelen Bahnen, wobei die Fußspitzen von Mann und Frau immer genau voreinander bleiben. Der Mann hat nun die Möglichkeit, nach links oder rechts, vor dem vorangegangenen Fuß nach außen überzukreuzen, um dann neben ihr weiterzugehen. Nach links geschieht das mit dem rechten Bein, nach rechts mit dem linken. In diesem Fall wendet er sich der Frau aber weiterhin über den Oberkörper zu. Daraus ergibt sich über die geschlossene Umarmung für beide gleichermaßen eine Verdrehung ihrer Torsi, die dazu dient, voreinander zu bleiben. Die Beine laufen jetzt bei beiden auf einer Linie, die Füße genau voreinander gesetzt (einspurig), auf zwei getrennten, aber nahe parallel verlaufenden Gleisen.

1. Wenn der Mann in den Schritt der Frau geht, oder umgekehrt, tanzen beide zweispurig eingleisig;

2. Gehen beide nebeneinander, sprechen wir von einspurig, zweigleisig;

Das Übungs- und Arbeitsbuch zur Annäherung an den tanzenden Eros

Eine ausführliche Darstellung der Elemente und weiterer Bausteine des Tangos, wie Moulinette, Ochos, Boleos und Ganchos, Sacadas etc., ist aufgrund ihres Umfangs in diesem Buch nicht mehr möglich gewesen, und bleibt folgendem Unterrichtsbuch vorbehalten: »Tango, Tanz der Herzen. Ein Unterrichtsbuch zum Argentinischen Tango« ist das Arbeitsbuch zum vorliegenden Titel. Es ist ausgiebig illustriert und enthält konkrete und leichtverständliche Übungsanleitungen für die Annäherung an den *tanzenden Eros*. Erschienen ist es beim Kleb-Verlag. Autor und Herausgeber ist Ralf Sartori. Das Buch basiert auf den Grundlagen des Unterrichts der Schule »Tango à la carte«, München (s. Literaturempfehlungen).

Weitere Bücher Ralf Sartoris mit universalen Inhalten

Wiesengrund erschien im Frühjahr 2001 bei ATLANTIS im **Heinrich Hugendubel Verlag** (ISBN 3-7205-2175-3) und ist sowohl ein Führer zu einem beglückenderen Umgang mit unseren ›inneren und äußeren Gärten‹, als auch ein praktischer Gartenratgeber. *Der Ozeangarten* ist ein Lyrik- und Novellenband, in dem die Essenzen des Tangobuches und aus *Wiesengrund* poetisch komprimiert wurden, erschienen im **Kleb Verlag** (ISBN 3-9803795-7-4). Ausführliche Informationen unter: **www.tango-a-la-carte.de**

Literaturhinweise

Literaturempfehlungen zum Thema Tango

Wer sich über den aktuellen Stand des Tangos auf dem laufenden halten möchte, dem sei das zweimal jährlich erscheinende **Tango-Info** empfohlen. Neben interessanten Interviews namhafter Lehrer und Maestros enthält es einen europaweiten Veranstaltungskalender des Tangos (Konzerte, Bälle und Festivals). Es gibt darin Künstlerportraits und ein umfangreiches Werbeangebot des *Tango-Marktes*.
Abonnement: Tango-Info,
Tannenstr. 10,
D-93152 Undorf,
Tel: 00 49-0 94 04-21 76, Fax: 00 49-0 94 04-57 93

Eine weitere Empfehlung möchten wir für das Buch eines Freundes und engagierten Verlegers der Texte von Joseph Beuys, **Rainer Rappmann**, aussprechen. Bei ihm erschien das Buch **»Tango, Obsession, Passion. Ein Text- und Bilderbogen über das Wiederaufleben des Argentinischen Tangos am Ende des 20. Jahrhunderts.«** Was sich hinter dem Titel verbirgt, ist eine Mischung aus Kunstmappe und Interviewsammlung auf hohem ästhetischen Niveau. Es weist aber auch weit über die Historie des Tangos und seine aktuellen Bezüge zu unseren heutigen Gesellschaften hinaus, indem es individuell und poetisch skizziert, wie sehr der Tango zwischen strengen Gesetzen und endloser Gestaltungsfreiheit doch immer wieder eines thematisiert: den suchenden, sich oft verloren fühlenden Menschen der Moderne, in seiner Sehnsucht nach Wärme, Orientierung und Heimat, nach Eros und Transzendenz. **FIU-Verlag, Wangen 1997/98,** ISBN 3-928780-19-0.

Wer sich mehr für eine persönliche Darstellung des Tangos, wie er in den 30er bis 50er Jahren getanzt wurde, interessiert, dargestellt in einer Interviewsammlung mit alten Maestros und Milongueros, sei auf den Titel **»Asi bailaban el Tango«** verwiesen. Es ist ein Zeitzeugen-Dokument von **Gabriela Hanna,** erschienen im **Metro Verlag, Berlin 1993,** ISBN 3-928282-04-2.

Ein absolutes Standardwerk und eine der ersten Veröffentlichungen zu unserem Thema ist das Buch **»Tango«** von **Dieter Reichardt**, erschienen im **Suhrkamp Verlag, Frankfurt a. Main 1984,** ISBN 3-518-37587-3. Es enthält eine umfangreiche Sammlung zweisprachig abgedruckter Tangotexte und eine ausführliche sozio-kultur-geschichtliche Darstellung des Tangos.

Und was in unseren Empfehlungen keinesfalls fehlen darf, ist »**El Tango**«, die Biographie des legendären Carlos Gardel, erschienen im **Transit Verlag, Berlin 1989,** verfaßt von **Jorge Aravena,** ISBN 3-88747-055-9.

»**Tango – Tanz der Herzen. Ein Unterrichtsbuch zum Argentinischen Tango.**« von **Ralf Sartori** ist ein reich illustriertes Arbeits- und Übungsbuch zu »Tango, die einende Kraft des tanzenden Eros«. Es enthält zahlreiche, aufeinander abgestimmte Übungsanleitungen und beschreibt in leicht verständlicher Form ein in jahrelanger Unterrichtserfahrung herangereiftes System zur Bewegungs- und Körperarbeit für den Argentinischen Tango. Des weiteren geht es ausführlich auf die Tanztechnik ein und behandelt detailliert die Bausteine und Elemente des Tangos als Ergänzung und Erweiterung des vorliegenden Titels. Es ist erschienen im **Kleb-Verlag, Wangen 1999,** ISBN 3-9803795-5-8. Es gibt auch eine erweiterte Ausgabe mit umfangreicherem Bildteil: gleicher Buchtitel, ISBN 3-9803795-6-6; sowie eine englische Version: **Tango – Dialogue of Hearts – A practical Learning of the Argentine Tango.** ISBN 3-9803795-4-X.

Verwendete Literatur

Die im Text vorkommenden Zitate wurden folgenden Werken entnommen:

Adorno, Theodor W.: Gesammelte Schriften. Bd. 4, 7, 14, 16. Frankfurt a. Main 1997

Andreas-Salomé, Lou: Die Erotik. Vier Aufsätze. München 1979

Aravena, Jorge: El Tango. Die Geschichte von Carlos Gardel. Berlin 1989

Arte Metropolis, eine Fernseh-Reportage über Tango.

Augustinus, Aurelius: Bekenntnisse. München 1997

Badinter, Elisabeth: Ich bin Du. Die neue Beziehung zwischen Mann und Frau oder Die androgyne Revolution. München 1987

Bataille, Georges: Die Erotik. München. 1994

Baudelaire, Charles: Die Blumen des Bösen. München 1975

Böhm, Winfried: Sucht und Sehnsucht, oder: Eros und Logos bei der Konstruktion des Menschen, in: Entwürfe zu einer Pädagogik der Person. Bad Heilbrunn 1997

Böhm, Winfried: Männliche Pädagogik – Weibliche Erziehung? Innsbruck-Wien 1989

Böhme, Jacob: Gesamtausgabe. Bd. 2. o. O. 1961

Buber, Martin: Ich und Du. Heidelberg 1983

Dante Alighieri: Die Göttliche Komödie. Stuttgart 1951

Deshimari-Roshi, Taisen: Zen in den Kampfkünsten Japans. Heidelberg-Leimen 1994

Fitzgerald, F. Scott: The Great Gatsby. Harmondsworth 1950

Gibran, Khalil: Der Prophet. Düsseldorf 1995

Goethe, J.W. von: Werke in acht Bänden. Wiesbaden o.J.

Guardini, Romano: Der Gegensatz. Mainz 1985

Guardini, Romano: Vom Sinn der Schwermut. Mainz 1983

Härtling, Peter: Hölderlin. Ein Roman. Neuwied 1976

Hölderlin, Friedrich: Sämtliche Werke. Berlin-Darmstadt-Wien 1963

Huch, Ricarda: Die Romantik. Blütezeit, Ausbreitung und Verfall.
  Reinbek bei Hamburg 1985

Humboldt, Wilhelm von: Schriften zur Anthropologie und Geschichte.
  Stuttgart 1960

Klein, Gabriele: FrauenKörperTanz. Weinheim, Berlin 1992

Kleist, Heinrich von: Über das Marionettentheater. Stuttgart 1984

Köhler, Henning: Eros als Qualität des Verstehens. Über das erotische
  Erwachen im Jugendalter und den gemeinsamen Ursprung von Kreativität und Zärtlichkeit. Wangen 1998

Marcel, Gabriel: Sein und Haben. Paderborn 1968

Novalis: Werke. Hrsg. von Gerhard Schulz. München 1969

Pascal, Blaise: Wissen des Herzens. Bern, München, Wien 1967

Platon: Hauptwerke. Ausgewählt von Wilhelm Nestle. Leipzig 1931

Reichardt, Dieter: Tango. Frankfurt a. Main 1987

Rilke, Rainer Maria: Gesammelte Werke. Frankfurt a. Main 1926

Saint-Exupéry, Antoine de: Der Kleine Prinz. Düsseldorf 1976

Saint-Exupéry, Antoine de: Man sieht nur mit dem Herzen gut.
  Freiburg i. Breisgau 1997

Schiller, Friedrich: Über die ästhetische Erziehung des Menschen
  in einer Reihe von Briefen. Stuttgart 1965

Schlegel, Friedrich: Lucinde. Frankfurt a. Main 1980

Schubart, Walter: Religion und Eros. München 1966

Sichtermann, Barbara: Weiblichkeit. Zur Politik des Privaten.
  Berlin 1983

Starobinski, Jean: Jean-Jacques Rousseau. Eine Welt von
  Widerständen. Frankfurt a. Main 1993

Strauß, Botho: Über Liebe. Geschichten und Bruchstücke. Stuttgart 1989

Wagner, Richard: Der fliegende Holländer. Stuttgart 1953

Zweig, Stefan: Das Geheimnis des künstlerischen Schaffens.
  Frankfurt a. Main 1981

Zweig, Stefan: Der Kampf mit dem Dämon. Frankfurt a. Main 1981